BIBLIOTECA ERA

La publicación de este libro contó con el apoyo de la Secretaría de Cultura del Gobierno del estado de Morelos.

Primera edición: 2016
ISBN: 978-607-445-436-9
DR© 2016, Ediciones Era, S.A. de C.V.
Centeno 649, 08400 México, D.F.

Oficinas editoriales:
Mérida 4, colonia Roma, 06700 México, D.F.

Diseño y formación tipográfica: Futura Textos, S. A. de C. V.
Diseño de portada: Juan Carlos Oliver

Fotografía de portada: Acto en Torreón, Coahuila, Caravana del Consuelo, 2011. © Archivo MPJD.

Fotografías: © Archivo MPJD; © Ludovic Bonleux; © Arturo Campos Cedillo/La Jornada/México; © Germán Canseco, Foto/Proceso; © Marta Molina; © Isolda Osorio; © Pepe Rivera; © Argelia Valles.

Impreso y hecho en México
Printed and made in Mexico

www.edicionesera.com.mx

JAVIER SICILIA Y EDUARDO VÁZQUEZ MARTÍN

Editores

El Movimiento por la Paz
con Justicia y Dignidad

JAVIER SICILIA Y
EDUARDO VÁZQUEZ MARTÍN

Editores

El Movimiento por la Paz con Justicia y Dignidad

CECILIA BÁRCENAS GONZÁLEZ, JORGE GONZÁLEZ DE LEÓN,
BRISA SOLÍS Y ROBERTO VILLANUEVA

Compiladores

Altar permanente junto a la puerta del Palacio de Gobierno, Cuernavaca, Morelos.
© Isolda Osorio.

Obispo Vera y Javier Sicilia, Marcha Cuernavaca-D.F., 2011. © Germán
Canseco, Foto/Proceso.

"No están solos", Zócalo de la Ciudad de México, 2011. © Germán Canseco, Foto/Proceso.

Zócalo de la Ciudad de México, 2011. © Germán Canseco, Foto/Proceso.

Diálogo con el Poder Legislativo en el Alcázar del Castillo de Chapultepec, 2011. © Pepe Rivera.

Ciudad Juárez, Caravana del Consuelo, 2011. © Germán Canseco, Foto/Proceso.

Los padres Alejandro Solalinde y Miguel Concha. Morelia, Michoacán, Caravana del Consuelo, 2011. © Isolda Osorio.

Caravana del Consuelo, 2011. © Germán Canseco, Foto/Proceso.

Acto frente al Teatro de la Paz de San Luis Potosí, Caravana del Consuelo, 2011.
© Germán Canseco, Foto/Proceso.

Campo Algodonero Ciudad Juárez, Chihuahua, Caravana del Consuelo, 2011.
© Germán Canseco, Foto/Proceso.

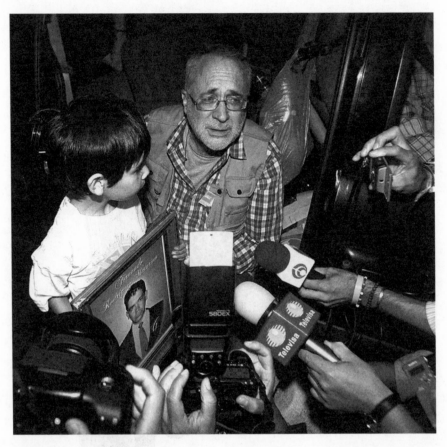

Encuentro con un huérfano de padre asesinado en las afueras de la ciudad de Durango, Caravana del Consuelo, 2011. © Germán Canseco, Foto/Proceso.

Víctima, Estado de Durango, Caravana del Consuelo, 2011. © Germán Canseco, Foto/Proceso.

Xalapa, Veracruz, Caravana al Sur, 2011. © Germán Canseco, Foto/Proceso.

Mitin en Xalapa, Veracruz, Caravana al Sur, 2011. © Pepe Rivera.

Encuentro con el EZLN en Oventic, Chiapas, Caravana al Sur, 2011. © Isolda Osorio.

Monte Álban, Oaxaca, Caravana al Sur, 2011. © Isolda Osorio.

Caravana al Sur, 2011. © Marta Molina.

Teresa Carmona, madre del estudiante de la UNAM, Joaquín García Jurado, asesinado en la Ciudad de México / Madre de militar desaparecido. © Germán Canseco, Foto/Proceso. ▶

DESAPARICION FORZADA DEL
TENIENTE DE INFANTERIA MIGUEL
ORLANDO MUÑOZ GUZMAN
8 DE MAYO DE 1993

Trinidad de la Cruz, *Don Trino*, comunero de Santa María Ostula, Michoacán. Fue secuestrado cuando viajaba con una pequeña caravana del MPJD y hallado muerto al día siguiente el 7 de diciembre de 2011. Pedro Leyva, también de la comunidad de Ostula, en octubre del mismo año fue asesinado por paramilitares. © Archivo del MPJD.

"Tenemos que luchar, venga lo que se venga, pase lo que pase, contra quien sea. Una lucha no es fácil, es desgastante, tanto económica, física y emocionalmente. Nos quieren meter miedo con sus armas, con sus aparatos de poder. Pero ya no hay que tenerles miedo, tenemos que luchar sin miedo, por nuestra tierra, por nuestra libertad, por nuestra dignidad": Pedro Leyva Domínguez
© Arturo Campos Cedillo/La Jornada/México

Alcázar del Castillo de Chapultepec, Segundo Diálogo con el Ejecutivo Federal, 2011. Nepomuceno Moreno, segundo integrante del MPJD asesinado, el 28 de noviembre de 2011 en pleno centro de la ciudad de Hermosillo, Sonora. Hizo la investigación ante la indiferencia de las autoridades de su estado; entregó la documentación al entonces presidente Felipe Calderón sin resultado; fue amenazado en varias ocasiones antes de su trágico deceso. © Pepe Rivera.

Don Nepo, padre que buscando a su hijo desaparecido encontró la muerte.
© Germán Canseco, Foto/Proceso.

María Herrera, madre de cuatro hijos desaparecidos y activista del MPJD
Houston, Texas, E.U. Caravan For Peace, 2012. © Germán Canseco, Foto/Proceso.

Caravan For Peace, E.U., 2012. © Germán Canseco, Foto/Proceso.

Maricopa County, Arizona, E.U., Caravan For Peace, 2012. © Argelia Valles.

Nueva York, E.U., Caravan For Peace, 2012. © Germán Canseco, Foto/Proceso.

Acto en Wall Street, Nueva York , E.U., Caravan For Peace, 2012.

Compra "legal", sin permiso o identificación, de un arma de alto poder en una feria de armerías en Houston, Texas, 2012. El arma fue adquirida para ser destruida en un acto público. Caravan For Peace. © Ludovic Bonleux.

Índice

Nota de los editores y compiladores

Este libro nace de la iniciativa de editorial Era, que ya en 2013 observó la pertinencia de revisar la experiencia del Movimiento por la Paz con Justicia y Dignidad (MPJD); su génesis se debió a las conversaciones que mantuvimos editores y compiladores, diálogo al que se sumó Cristina Faesler cuando el Gobierno del Estado de Morelos decidió apoyar el proyecto a través de la Secretaría de Cultura. Contamos también con los puntos de vista y la colaboración de Futura Textos –de su directora, la diseñadora Rocío Mireles– y desde luego con lo más importante: el apoyo de los autores y fotógrafos incluidos.

Optamos por darle a este libro una estructura que de alguna manera reflejara la naturaleza y evolución del propio Movimiento: el dolor y la indignación de Javier Sicilia y de un grupos más amplio de víctimas transformados en movilización social; la visibilización de las víctimas a través de las caravanas al norte, al sur y a los Estados Unidos; los debates, consensos y disensos de Ciudad Juárez; la relación del MPJD con diversas organizaciones de la sociedad civil, con el EZLN y las iglesias; así como las acciones de resistencia civil llevadas a cabo por el MPJD dentro de la cultura de la no violencia. Incluimos algunos documentos valiosos por ser reflexiones colectivas que en diferentes momentos se convirtieron en la voz misma del Movimiento, así como los poemas más significativos que acompañaron nuestras acciones o incluso fueron escritos al calor de las movilizaciones que emprendimos. Todo este esfuerzo no habría resultado en el libro que el lector tiene en las manos de no ser por la resolución editorial y el punto de vista profesional de Ediciones Era, a través del generoso seguimiento de Marcelo Uribe, Paloma Villegas y Elena Enríquez.

El planteamiento de los contenidos obedece a dos órdenes: primero, el de dar claridad a un movimiento que nació del dolor de la víctimas y en medio del vendaval de la violencia que padece nuestro país; y segundo, el de documentar esta modesta contribución de algunos cientos de mexicanos –que en su momento de mayor incidencia pública lograron movilizar a decenas de miles– a los empeños hacia una paz con justicia, dignidad y concordia, a la construcción de una patria digna, un estado de derecho, y a la fundación de un país incluyente con libertad para todas y todos.

Dar agradecimientos en este libro planteó también problemas de puntualidad pues intentamos hacer una lista completa de los trabajos que han acompañado a un complejo y heterogéneo movimiento; pero inmediata y desmedidamente crecieron las listas de nombres que incluían a las llamadas víctimas, cientos de compañeras y compañeros, comunidades, colectivos y organizaciones nacionales y extranjeras, e instituciones de todo tipo. Estamos hablando de cientos de organizaciones y colectivos, de miles de personas. Ante la posibilidad de excluir involuntariamente a alguien se decidió agradecer en lo general a todos estos miles de corazones justos que han acompañado el dolor de una nación mutilada, desgarrada.

A pesar de lo anterior no podemos dejar de nombrar, con especial dolor e indignación, pero sobre todo con amor y agradecimiento, a aquellos compañeros que formaron parte del MPJD y fueron ejecutados o desaparecidos por fuerzas criminales y/o gubernamentales, como un intento más de acallar la voz de víctimas y defensores de derechos humanos y de imponer el reino de la injusticia, el despojo, la violencia y la impunidad sobre todos los mexicanos. Ése es el caso de Pedro Leyva asesinado en Ostula, Michoacán, en 2011; el de Nepomuceno Moreno, padre de un hijo desaparecido y asesinado en Hermosillo el mismo año; también en Ostula fue asesinado por paramilitares su líder Trinidad de la Cruz en presencia de compañeros del MPJD; asimismo fueron desaparecidos nuestros compañeros Eva Alarcón y Marcial Bautista, líderes de los Campesinos Ecologistas de la Sierra de Petatlán en Guerrero. La comunidad purépecha de Cherán, cuyos líderes se sumaron al movimiento durante la Caravana del Consuelo, ha sumado también varios muertos; es el caso de Urbano Macías y Guadalupe Gerónimo. Ismael Solorio y Manuela Solís, fundadores de El Barzón-Chihuahua y compañeros del MPJD, fueron asesinados en 2012. Nos gustaría decir que la justicia se hizo presente en alguno de estos casos pero mentiríamos: la verdad es que ninguno de estos crímenes ha sido resuelto por autoridad alguna; ni siquiera podemos reconocer que estos crímenes hayan sido investigados. Como en el sexenio de Calderón, en éste, el de Enrique Peña Nieto, reina la impunidad.

También perdimos en este lustro a Roberto Galván, padre del joven ajedrecista Roberto Galván Llop, secuestrado y desaparecido por efectivos de la Policía Estatal de Caminos de Monterrey, y quien buscó a su hijo hasta que las fuerzas y la vida misma lo abandonaron. Y a Blanca Guzmán, quien abrazó la causa de las víctimas y del MPJD y fue una incansable colaboradora junto a su marido Juan Villanueva y sus hijos María y Roberto Villanueva –uno de los compiladores de este libro.

De la misma manera merece ser mencionado aquí nuestro compañero Ignacio Suárez Huape. "Nacho", como todos sus amigos le decíamos, se sumó desde el primer día a las demandas de justicia, paz y dignidad que enarboló el MPJD. Perdió la vida, junto a su esposa, en 2015, en un accidente automovilístico en la carretera México-Cuernavaca. Suárez Huape fue un luchador social de toda la vida, fundador del PRD en Morelos y dirigente del mismo, fue también un militante crítico y un disidente franco y leal. En el MPJD su trabajo se caracterizó por la discreción y la generosidad; solucionaba cosas fundamentales como organizar la comida, el hospedaje o el transporte. Tomaba la palabra pocas veces pero siempre para reconciliar posiciones, salir de los atolladeros semánticos y ponernos de nuevo en el camino. Cuando el cansancio se apoderaba de los activistas y las víctimas aparecía Nacho ofreciendo un abrazo, una sonrisa, consuelo. Este libro es desde luego el fruto inacabado de una reflexión donde se echan de menos muchas voces, entre ellas las de Ignacio Suárez Huape, cuyas palabras hubiesen sido sabias, amorosas y reconfortantes. ◆

Cecilia Bárcenas González, Jorge González de León, Javier Sicilia,
Brisa Solís, Eduardo Vázquez Martín y Roberto Villanueva

Prólogo

En el Derecho arcaico romano, nos dice Giorgio Agamben,[1] existía una extraña figura, el *homo sacer* (hombre sagrado), un ser que por diversas razones
el Estado incluía en sus códigos jurídicos para inmediatamente excluirlo. Así,
reducido a una vida animal, a una "nuda vida", cualquiera podía asesinarlo de
manera impune.

En esa excepcionalidad se encuentra, para Agamben, la razón de ser del
Estado. El hecho de que el Estado considere al ser humano como mera vida
que hay que reglamentar le permite también –si así conviene a los intereses
del poder y sus regulaciones– sacarlo de su contexto social, político, cultural,
y tratarlo como un proyecto, un plan, una tarea histórica, un mero residuo o
un objeto de experimentación que, semejante al *homo sacer*, puede aniquilarse
sin que su muerte entre en la esfera de lo punible.

Dondequiera que en la modernidad volvamos el rostro, los Estados, desde
los más democráticos hasta los más totalitarios, parecen cumplir con ese co-
metido. En todos ellos hay seres sagrados, llámense herejes, migrantes, desplazados, negros, judíos, musulmanes, indios, pobres. Seres que hay que do-
mar, someter, encauzar, utilizar en aras de un proyecto político-ideológico, sea
el de la raza, la sociedad sin clases, la democracia, la libertad.

El ejemplo más evidente y extremo de ello es Auschwitz. A diferencia de
lo que por lo general se nos enseña, Auschwitz no era un sistema de organización técnica y burocrática al servicio del exterminio, sino un campo de
producción de seres sagrados en su sentido más brutal. Lo que Auschwitz
producía, dice Agamben,[2] era lo que en el argot concentracionario se llamaba

---

[1]   *Homo Sacer. El poder soberano y la vida nuda*, Pre-Textos, Valencia, 1998.

[2]   *Lo que queda de Auschwitz. El archivo y el testigo. Homo Sacer III*, Pre-Textos, Valencia,
2003.

el "musulmán" (quizá el epíteto provenga de la asociación que el Occidente hace de la tradición islámica con el fatalismo), un hombre que a fuerza de ser sometido a controles inhumanos perdía la voluntad de sobrevivencia para convertirse en un esclavo perfecto, en un ser vacío de dignidad, despreciado y maltratado incluso por los otros presos.

Desde la caída del muro de Berlín en los años ochenta, símbolo de la hecatombe del último proyecto ideológico de los Estados modernos, el Estado se ha dedicado a administrar la vida de los seres humanos ya no en función de un proyecto político-ideológico, sino del dinero y de los grandes capitales, es decir, de la lógica neoliberal. En esa nueva forma del Estado, cuyo proyecto político no es para todos o para las mayorías, sino para las élites económicas, los hombres sagrados aumentan, al grado de que en el México de los últimos veinte años todos los ciudadanos nos hemos convertido en ellos: se nos puede secuestrar, desaparecer, torturar, destazar, extorsionar, vender en las redes de trata o esclavizar en campos de trabajo clandestinos, sin que el Estado haga nada por nosotros.

La historia es compleja y tiene muchas aristas que, en el marco que he planteado, implicarían un análisis filosófico-político que no cabría en estas páginas. Baste, sin embargo, decir en este prólogo a un libro que trata de un movimiento que reivindicó en México la dignidad de los hombres sagrados, que todo empezó en 2006. Felipe Calderón llegaba al gobierno de México en unas elecciones gravemente cuestionadas. En Estados Unidos, la caída de las Torres Gemelas en 2001 había cerrado la costa del Caribe por donde por años pasaba la mayor parte de la droga que abastece a los 26 millones de adictos de esa nación, y el territorio mexicano se había convertido en un corredor donde los cárteles de la droga comenzaban a disputarse las rutas de trasiego al país vecino. La profunda corrupción del Estado mexicano y su proyecto neoliberal, iniciado en la década de los ochenta con el gobierno de Miguel de la Madrid, tenían al país sumido en la miseria. Repentinamente, casi al principio de su mandato, Felipe Calderón decide declararle la guerra al narcotráfico. Su estrategia, auspiciada por los Estados Unidos desde que en la década de los setenta Richard Nixon proclamó la guerra a las drogas, es la misma que se aplicó en Colombia en los años ochenta: sacar a las fuerzas armadas a la calle, perseguir a los capos de los cárteles e intentar reformar a las policías implicadas con ellos. La respuesta, por parte de los cárteles, fue la construcción de ejércitos de sicarios armados con arsenales semejantes a los del Ejército y la Marina de México. La consecuencia, el incremento del verdadero crimen: el secuestro, la extorsión, la desaparición, la violación a los derechos humanos y la impunidad, es decir, la reducción del ciudadano a un hombre sagrado. Amputados por el descabezamiento de los jefes de la droga, los ejércitos de sicarios se convirtieron en múltiples células criminales que operan como un Estado dentro del Estado. Llevadas a las calles y a los pueblos de México, las fuerzas armadas, hechas para las situaciones de excepción y la guerra extrema, comenzaron, como sucede en toda guerra, a violar los derechos humanos.

Detrás de ese horror, está la misma lógica que Agamben ve en la estructura del Estado, pero, en este caso, al servicio de los capitales. La prohibición de la droga –un poder que ha acompañado a la humanidad a lo largo de su existencia y que en una sociedad hipereconomizada como la nuestra, que carece de los controles sagrados que había y hay en sociedades no economizadas,[3] debía tratarse como una cuestión de salud pública y de administración del Estado– desató una violencia que, desde el horror, produce grandes negocios contraproductivos: el de las armas, el de las cárceles –que en Estados Unidos son privadas–, el de las milicias, el de las procuradurías y los jueces, el del secuestro, el de la trata, el de la extorsión y el de la droga que alimenta la vida de los bancos. Produce también otros negocios auspiciados por las reformas estructurales del Estado que ya estaban en el plan de gobierno de Felipe Calderón. Sometidas por el miedo a la violencia o desplazadas a causa de ella, las poblaciones ceden sus territorios a la explotación de los grandes consorcios mineros, carreteros, energéticos, etcétera. En medio de ello, las victimas que Felipe Calderón y el Estado definían como bajas colaterales, estadísticas de guerra, gente indeseable que se mataba entre sí, seres que la propia sociedad, que no había sido tocada de manera directa por la violencia, despreciaba como los confinados de Auschwitz lo hacían con el "musulmán": "se lo tenían merecido", "algo hicieron", "son criminales". En vano las asociaciones de víctimas y de derechos humanos luchaban por reivindicarlas. En vano, doce años

---

[3] En las sociedades llamadas premodernas, la droga tenía y tiene –como aún lo muestran ciertas comunidades indígenas de México, pienso, por ejemplo, en los wixárikas y su rito con el peyote, el *hikuri*– un lugar sagrado al que sólo se puede acceder de manera iniciática. En un libro espléndido, *Camino a Eleusis* (Fonde de Cultura Económica, México, 1994), el antropólogo R. Gordon Wasson, el filólogo Albert Hofmann y el químico Karl A. P. Ruck hablan del uso de cierta droga, síntesis de la sustancia alucinógena del cornezuelo –el hongo del centeno, generador de la enfermedad del ergotismo–, como parte de los ritos anuales de Eleusis, rito y experiencia fundamentales en la producción de la cultura de Occidente, en particular de la metafísica que nació con Platón.

atrás (1994), el levantamiento zapatista había visibilizado el sufrimiento de los indios y anunciado que de seguir la lógica neoliberal, el Estado le abriría las puertas al infierno. La reducción de la ciudadanía a "hombres sagrados" se había echado a andar: toda víctima, por el solo hecho de serlo, era culpable, un ser de excepción que no merecía ninguna justicia.

Dos momentos iluminaron como relámpagos la perversidad de esa lógica: la lucha en 2009 de la comunidad de los LeBarón en el municipio de Galeana, Chihuahaua, a raíz del secuestro de Eric Le Barón y de los asesinatos de Benjamín LeBarón y de su cuñado Luis Widmar Stubbs, y la protesta de Luz María Dávila en 2010 por la masacre de sesenta estudiantes en Villas de Salvárcar, Chihuahua, entre los que se encontraban dos de sus hijos, todos ellos inocentes. Para el Estado eran meras anomalías, "bajas colaterales" en un mundo de condenados y de un proyecto político al servicio de las élites económicas.

El 28 de marzo de 2011, algo, sin embargo, cambió. Una matanza más, la de siete personas, entre las que se encontraba mi hijo Juan Francisco, en el estado de Morelos, genera un punto de inflexión. Contra la primera reacción del gobierno federal y estatal, la consabida criminalización, activistas, intelectuales, poetas y periodistas comienzan a movilizarse y a protestar. Una ofrenda con los retratos de los muchachos asesinados se coloca a la entrada del Palacio de Gobierno y cada tarde se marcha y se lee poesía. Mi precipitado regreso de Filipinas –en donde me encontraba impartiendo conferencias y recitales de poesía–, un grito, "Estamos hasta la madre", una "Carta abierta a políticos y criminales", publicada el 3 de abril en la revista *Proceso*, y una interpelación frontal al Estado, dan inicio al Movimiento por la Paz con Justicia y Dignidad (MPJD). Toda la reserva moral del país se pone en marcha. Una tragedia personal se había convertido, por un extraño y horrendo milagro cívico, que nunca nadie podrá desentrañar por completo, en un reclamo de la nación.

Frente a la lógica de exclusión, de culpabilización, de fabricación de hombres sagrados, el MPJD hace lo inesperado: comienza a darles, en el nombre de Juan Francisco y su inocencia, nombre y voz a las víctimas. Detrás de cuatro años de guerra hay hasta ese momento 40 mil muertos, 10 mil desaparecidos, 250 mil desplazados que se hacen presentes en los templetes contando sus historias y reclamando justicia.

Por vez primera la izquierda, la derecha, cientos de organizaciones sociales y muchos medios de comunicación se unen en un mismo reclamo. El lenguaje, como sucedió en su momento con el zapatismo, cambia. La poesía y los símbolos con los que el MPJD se expresa deslocalizan los lenguajes unívocos y consabidos de la política, y desconciertan. El 5 de mayo –después de una gran movilización en Cuernavaca el 7 de abril, que se replica en varias partes de la República y en algunos países europeos– el MPJD sale caminando de la Paloma de la Paz, en Cuernavaca, rumbo al Zócalo de la Ciudad de México. Lleva doscientas personas, la bandera de México, un discurso político y una propuesta de seis puntos –el mínimo indispensable para empezar a reconstruir la justicia y la paz de la nación– consensados con muchas organizaciones. El contenido se propone como un pacto nacional que deberá firmarse en Ciudad Juárez, Chihuahua, "el epicentro del dolor", como desde entonces la llama el Movimiento en recuerdo de que fue allí donde, con los asesinatos de mujeres iniciados en Ciudad Juárez en 1993 y aún impunes, dio comienzo el horror.

El 8 de mayo, el MPJD llega al Zócalo. Miles de ciudadanos y cientos de organizaciones, que los recibieron desde su entrada a la Ciudad de México, están allí. Los zapatistas, en un acto de solidaridad, movilizan a veinte mil de los suyos en San Cristóbal de Las Casas. En la UNAM, donde pernoctaron el 7 de mayo, la Orquesta de la Escuela Nacional de Música, bajo la batuta de Sergio Cárdenas, tocó en la gran explanada el *Réquiem* de Mozart. En el templete que se ha colocado en el Zócalo, frente al Templo Mayor, como un símbolo de la necesidad que tiene la nación de ser refundada, las voces de las víctimas suceden a la de los poetas. Ese pueblo invisible, humillado y negado por los criminales y el Estado, desata su palabra.

El gobierno tiene miedo y busca el diálogo. El MPJD acepta, pero después de la firma del Pacto en Juárez que se ha programado para el 10 de junio, fecha que conmemora a las víctimas de la guerra sucia de los años setenta.

El 4 de junio, quinientas personas, trece autobuses y veintidós automóviles parten del Ángel de la Independencia con la Caravana del Consuelo. La esperanza de la justicia y de la paz va en el fondo de cada paso, de cada kilómetro de esa caravana que –eso quiere decir consuelo– va al encuentro de miles de soledades. Conforme avanza por las zonas más adoloridas del país –Michoacán, San Luis Potosí, Zacatecas, Durango, Nuevo León, Coahuila, Chihuahua– el paisaje, como una metáfora de la desolación human y de la indefensión, se va agostando hasta volverse desértico. De todas partes, de los fondos más recónditos de los pueblos y de las ciudades por donde la Caravana pasa, las víctimas, como una muchedumbre que se arrastrara en el infierno, llegan rompiendo su soledad. Cada vez son más, cientos, miles. Suben a los templetes en busca de una bocanada de aire y de un lugar donde gritar y reclamar su dolor. Son *Las Suplicantes* de Eurípides que no se han ido o que, después de 2500 años, vuelven, en otro lugar, en busca de la justicia. Felipe Calderón, en un intento de restarle fuerza al Movimiento, crea, sin consensarla con las organizaciones de víctimas, la Procuraduría de Atención a Víctimas (Províctima).

El 10 de junio, Ciudad Juárez hierve. Pero el pacto no se cumple. Los malentendidos y cierta izquierda dura —esa cuya ideología, hecha no de crítica sino de consignas, vela la realidad; esa que no conoce la íntima relación entre medios y fines; esa que, en la apuesta por el todo o nada, divide y termina en el fracaso— revienta las mesas. Los seis puntos se vuelven un galimatías de demandas absurdas. No hay manera de controlar el desastre. Al día siguiente, en El Paso, Texas, con la comunidad latina y las asociaciones estadounidenses que apoyan al Movimiento, Emilio Álvarez Icaza, que lleva la operación política del MPJD, y yo nos desdecimos: el pacto no es ese conjunto de disparates que se firmó en Ciudad Juárez, sino, como se había pactado, los seis puntos.

Hay turbulencias en el MPJD y en algunas izquierdas duras. Pero la fuerza moral, la visibilización, el clamor de las víctimas y el realismo de los seis puntos son más fuertes.

Volvemos. Comienzan los preparativos para el diálogo con el Ejecutivo. Frente a un Estado exhibido en lo que es: una máquina de corrupción, de exclusión, de construcción de hombres sagrados y de una sociedad aterrada sometida por los controles del Estado al servicio de los grandes capitales sean legales o ilegales, el MPJD pone sus condiciones: el diálogo será de cara a la nación, con la prensa, los medios alternativos de comunicación y en el Museo de Antropología —símbolo de la génesis del hombre y de la nación—. El gobierno, después de aceptar, se desdice. El Museo de Antropolgía lo aterra. No le teme al símbolo. Su estupidez no sabe de poesía. Es la vulnerabilidad del lugar: una explanada abierta que —de ese tamaño es su miedo y su culpa— lo pone en riesgo. Ofrece, como una continuación de la estupidez, el Campo Militar o el Castillo de Chapultepec. El primero es una afrenta, el segundo, el símbolo del imperio decimonónico. Hay tensión. Cedemos el lugar —el Castillo, sitio no del imperio, sino de la firma de los acuerdos de paz de El Salvador—, pero no los términos del diálogo.

El 24 de junio se abre el diálogo. Los sectores duros de la izquierda, que no digieren el deslinde del MPJD en El Paso, lo ven con recelo. Aunque ponderan el diálogo como el rostro de la democracia, cuando se ejerce lo desprecian. Tienen sus razones. La historia del país es la historia de la traición. Pero el MPJD, que es la demanda de las víctimas y que trata de rescatar el suelo democrático, no tiene otra opción. Paradójicamente ese Estado, que está corrompido y que es, desde la perspectiva de Agamben, la fuente de la exclusión, del desprecio y del crimen, es también, desde su supuesta función de garante de la justicia, él único que puede responder por las víctimas.

El MPJD habla claro, duro, fuerte. Los seis puntos del pacto fracasado en Ciudad Juárez siguen siendo el eje. La esquizofrenia de Calderón, que es la esquizofrenia del Estado, reconoce la deuda con las víctimas, pero no lo equívoco de su estrategia, que las produce. Manotea, levanta la voz. Pero el rostro de las víctimas y el reclamo moral de la nación son perentorios. Son el rostro de la profunda tragedia humanitaria y de la emergencia nacional que vive el país, el rostro de un Estado que se ha vuelto cómplice inequívoco del crimen, el rostro develado de la existencia del Estado. Frente a él, las abstracciones y los cálculos políticos se estrellan. Se manda a hacer la Ley de Atención a Víctimas al Instituto Nacional de Ciencias Penales, se abren mesas de trabajo con la Secretaría de Gobernación para atender los seis puntos, y se convoca a un segundo diálogo de seguimiento para el 14 de octubre.

Los sectores duros de la izquierda se desconciertan más. Mi narrativa los confunde. La poesía es siempre inaudita. En un país donde las diferencias son enemistades, el abrazo, el beso y la entrega de un rosario al adversario son sinónimo de traición. En vano explico a una tradición basada en el "descontón", el insulto, la trampa y la violencia política –una continuación, por otros medios, de la violencia que nos azota– mis orígenes evangélicos y gandhianos, y mis raíces que se hunden en el lago insondable de la mística. En vano explico el acto democrático que hay en un beso; en vano los remito a la *conspiratio* de las primeras liturgias del cristianismo, el símbolo que muestra, más allá del mundo griego –en donde los hombres libres eran un puñado de seres que ejercían el poder democrático sobre miles de esclavos y excluidos–, la verdadera democracia[4]. El racionalismo nos ha castrado para entender la tradición poética.

---

[4] En las primeras liturgias cristianas había dos momentos altos, la *conspiratio* –el equivalente hoy al saludo de la paz– y la *comestio* –el equivalente a la comunión. El primero era un beso en la boca, un intercambio de alientos, un respirar –es su sentido etimológico– con el otro. En ese momento, profundamente somático, la comunidad humana se hacía. Ya no había amo ni esclavo, ni judío ni gentil, sino un común creado en el amor de Cristo. Seguramente el imperio romano, que era profundamente estamental, miraba en esos hombres que conspiraban una amenaza a su poder. De allí el sentido que la palabra tiene en nuestros días. Cuando yo abrazaba y besaba hablaba de esa comunidad. Podemos diferir –decía con ese símbolo–, hablarnos con dureza, pero eso no significa la enemistad, sino la búsqueda, en el amor, del común que debemos habitar. Quería decir también que quienes detentan el poder no están por encima de

No hay ruptura con la izquierda dura, pero sí distanciamiento.

El 5 de agosto llamamos al Poder Legislativo al diálogo en el mismo Castillo de Chapultepec. En vísperas de las elecciones, el diálogo con ellos es de su parte obsequioso. Todos quieren agradar. Compiten entre sí por tomar el camino de la justicia y de la paz y mandan también a hacer una Ley de Víctimas a la UNAM.

El 10 de agosto llamamos al Poder Judicial al diálogo. Ese poder opaco, corrupto hasta la médula, se niega. Insistimos. Aceptan, pero lo quieren en su casa. Nos negamos. No podemos tratar a ningún poder de manera distinta a como hemos tratado a los demás. Las conversaciones, en medio de las mesas de trabajo con el Ejecutivo, de la caravana que preparamos para ir al Sur del país y del segundo diálogo, se empantanan. Somos pocos, somos pobres y no podemos darnos abasto frente a lo que se ha desencadenado. Nunca logramos ese diálogo. Lo lamento. Ese poder le debe grandes explicaciones al país y a las víctimas.

El 1 de septiembre el MPJD marcha hacia el Sur del país. La Caravana del Consuelo ahora toma el nombre de Caravana por la Paz. Quince autobuses y seiscientas personas. Vamos a Guerrero, Oaxaca, Chiapas, Tabasco, a la frontera con Guatemala, a Veracruz y a Puebla, a hacer presentes no sólo a las víctimas de la guerra y pedir perdón a esos otros hombres sagrados: los migrantes centroamericanos −setenta y dos de ellos masacrados en San Fernando, Tamaulipas, en 2010−, sino también, en un acto de solidaridad con el zapatismo y los pueblos indios, a las víctimas que a partir de 1994 se hicieron presentes y fueron traicionadas con el incumplimiento de los Acuerdos de San Andrés Larráinzar.

El Sur es la misma desgarradura, pero es distinto. Allí, las organizaciones sociales y los pueblos son fuertes.

Quien ahora está molesta es la derecha que nos miraba con distancia. A su ideología, hecha de inmensos prejuicios, le espanta cualquier cosa que tenga que ver con la izquierda.

Al igual que en el Norte, las víctimas de la violencia llegan a los templetes; a diferencia del arriba del país, aquí vienen acompañadas por las organizaciones y su enorme lección de dignidad y de vida. Son, igual que en el Norte, miles. Cierta prensa, coludida con la derecha y el gobierno, empieza a rodear-

_____

nosotros, como todo poder pretende, sino en un orden de igualdad: la de la comunidad humana.

nos de silencio y a atacarnos. Buscan borrarnos; buscan reducir de nuevo todo al silencio.

Las organizaciones del Sur y la izquierda pensante quieren, sin embargo, crear a partir de ese momento un Movimiento de Movimientos. No entiendo cómo piensan articularlo y creo que es un absurdo: si el zapatismo, que es una organización profundamente pensada, no pudo crear ese Movimiento de Movimientos, mucho menos nosotros que hemos ido construyendo un movimiento sobre el camino y a partir de la intuición. Por lo demás, aunque tengo profundos vínculos con la teología de la liberación y, por lo mismo, con la izquierda, hace mucho que dejé de creer en el devenir histórico y en el mesianismo. No creo en ninguna interpretación ascendente de la historia. Para mí el reino o la democracia –lo estábamos demostrando en cada paso que dábamos– están allí, donde aparecen, y no en un futuro incierto y abstracto. Hay otra cosa. Desde el asesinato de mi hijo estoy en una colisión interior. Todas mis certezas, con excepción del amor, están rotas y me niego a asumir las expectativas de nadie. Desde que se inició todo, trato simplemente de ser fiel a mi corazón y a lo que la oscuridad de mi noche interior –una extraña manera de la luz y de la poesía– me dicta; trato de mantenerme, por lo mismo, en una íntima posesión de mí, de mi libertad y de mi amor. Siento que los decepciono. Pero también siento que no me han entendido ni saben quién soy. Creo que ni siquiera me han leído y que si lo han hecho, lo hicieron sin atención. Las expectativas y las ilusiones que proyectan sobre mí no les permiten verme.

El 9 de septiembre entramos por la frontera de Ciudad Hidalgo a Guatemala. Del otro lado del río Usumacinta las organizaciones de los migrantes centroamericanos nos aguardan. Vamos, en un acto de diplomacia ciudadana, a pedir perdón a nuestros hermanos centroamericanos. Es un señalamiento más a las inmensas responsabilidades del Estado y del gobierno de Calderón en la construcción de "hombres sagrados".

Pocos atienden el símbolo y la profundidad política del acto. Una buena parte de la prensa no sólo lo ignora, sino que continúa atacándonos.

El 14 de octubre todo está listo para el segundo diálogo con el Ejecutivo. Los malentendidos, las incomprensiones, los golpeteos de ciertas izquierdas duras y de la izquierda de López Obrador, que pretenden tener el monopolio de la moral, los ataques de la derecha y el cerco de silencio que el gobierno quiere tender en torno al movimiento comienzan a restarle fuerza movilizadora, pero no fuerza ni presencia moral

Los duros del gobierno quieren también acallarnos. Han buscado, contra el compromiso establecido con Calderón, igualarnos con las organizaciones de víctimas cómodas, es decir, con aquellas que son afines al obierno.[5] Nos negamos. La prensa honesta nos respalda. Me encaro con José Francisco Blake Mora, el secretario de Gobernación: "No somos iguales a ninguna de las organizaciones con las que quiere sentarnos. Nosotros representamos a todas las víctimas del país que ustedes han negado". La tensión es dura. Emilio Álvarez Icaza acuerda dos rondas. Una con el MPJD y otra con las organizaciones que ellos quieren. Los doblamos, pero nos hostigan. La subida al Castillo está llena de militares disfrazados de civiles y a la entrada un equipo de seguridad quiere revisar las bolsas de las víctimas e impedir que entren con las fotografía de sus seres queridos. Detengo la entrada del MPJD al Castillo. La tensión crece. Emilio Álvarez Icaza logra que bajen el nivel de hostigamiento y que las víctimas entren con sus fotografías. El diálogo vuelve a ser duro, ríspido. Las mesas que se habían establecido para dar salida a los seis puntos no han llegado a nada y lo único que existe es la Ley General de Víctimas.

El PRD, hijo bastardo del PRI, nos ofrece a Julián LeBarón y a mí un par de senadurías. Las rechazamos. No sólo no han entendido nada, sino que, entrampados en su reduccionismo político, que es el del Estado, han sido incapaces de tomar la agenda del Movimiento y de las víctimas.

Estamos cansados, desgastados, golpeados y hay poco que hacer. Por un lado, Calderón está al final de su sexenio y, fiel a su pequeñez moral y política, buscará salir de la misma manera en que llegó, como un criminal: el 6 de octubre, siete días antes del segundo diálogo, es asesinado Trinidad de la Cruz, Don Trino, en la comunidad de Ostula, y los dieciocho miembros del MPJD que lo acompañaban son amenazados y hostigados; quince días después del diálogo, Nepomuceno Moreno, que busca a su hijo desaparecido con otros tres muchachos, y que en el último diálogo le ha mostrado al Presidente su caso, es asesinado en Hermosillo por los policías que desaparecieron a su hijo. El 8 de diciembre, Eva Alarcón y Marcial Bautista son desaparecidos en Guerrero. Los diálogos, como siempre, y porque ésa es la naturaleza del Estado, fueron una larga simulación. Por otro lado, las elecciones están a las puertas y las organizaciones, que habían comenzado ya a desertar del MPJD, se preparan para ellas. Se va Julián LeBarón.

---

[5] México SOS, de Alejandro Martí; Alto al Secuestro, de Isabel Miranda de Wallace, y Causa en Común, de María Elena Morera.

Nos lanzamos a buscar la aprobación de la Ley y yo a promover el voto en blanco. Creo que es el único acto de resistencia civil que nos queda frente al fracaso de los seis puntos. Llamar a la nación a no ir a las urnas es, para mí, la única manera de presionar a los partidos a un cambio profundo que nos dé justicia y paz y a caminar hacia la refundación de la nación en un nuevo pacto social. Ese llamado, por lo demás, está en consonancia con el discurso político leído el 8 de mayo: "No aceptaremos más una elección si antes los partidos políticos no limpian sus filas de esos que, enmascarados en la legalidad, están coludidos con el crimen y tienen al Estado cooptado e impotente […] Si no lo hacen, y se empeñan en su ceguera, no sólo las instituciones se convertirán en lo que ya comienzan a ser, instituciones vacías de sentido y de dignidad, sino que las elecciones del 2012 serán las de la ignominia, una ignominia que hará más profundas las fosas en donde, como en Tamaulipas, están enterrando la vida del país", y con el punto 6 que pide una gran reforma política. Se lo recuerdo. Pero los estragos están hechos. Pocos quieren acompañarme en ese llamado. Me acotan. La mayoría quiere ir a las urnas. No entiendo esa desmemoria y me preguntó si realmente entendimos, más allá de la defensa de las víctimas, el programa político que estábamos defendiendo para la justicia y la paz. El alzheimer social es más hondo de lo que me había imaginado. Me acoto y promuevo el voto en blanco a título personal, pero pido al MPJD que tengamos un último diálogo en el Castillo con los candidatos a la Presidencia de la República. Hay que ponerlos de cara a los crímenes de sus partidos en los estados en los que gobiernan, y a la nación de cara a la ignominia de esas elecciones y a la responsabilidad del Estado en el horror que develamos.

El 26 de marzo de 2012 logramos la aprobación de la Ley de Víctimas por unanimidad en la Cámara, pero Calderón, empeñado en pasar a la historia como un criminal, la entrampa en una controversia constitucional.

El 28 de mayo vamos al diálogo con los candidatos. No sólo los discursos son duros, certeros, fuertes, sino que a cada candidato le hemos puesto delante las víctimas que corresponden a los estados que sus partidos gobiernan. Sus omisiones, sus crímenes, sus corrupciones y su estrechez política son la muestra inequívoca de lo que es el Estado. Es evidente que hay que darles la espalda a las elecciones. Quien gane –no dejo de decirlo– sólo llegará a administrar el infierno. Es inútil. Muy pocos están dispuestos a asumir esa verdad que se mide en muertos, desaparecidos y en la indefensión de la población, y se ilusionan con la idea de que aún hay un Estado y una democracia que garantizan derechos y justicia. Se va Emilio Álvarez Icaza como secretario de la Comisión Interamericana de Derechos Humanos. Aparece el Yo Soy 132, que retoma el punto 5 del pacto fallido y se entrampa en las elecciones.

Yo quiero evitar que al movimiento le suceda eso; con las personas que lo comprenden, con Global Exchange y con organizaciones de migrantes y asociaciones de izquierda de Estados Unidos, convocamos a una caravana por ese país. Para mí y otros es claro que la guerra y el horror de México tienen su contraparte del otro lado de la frontera. Son ellos los que en 1971 crearon la guerra contra las drogas; son ellos los que producen las armas que arman tanto al ejército como al crimen organizado; son ellos los que en complicidad con las esferas corruptas de México lavan dinero; son ellos también los responsables junto con México del sometimiento y la destrucción de los migrantes y de las poblaciones negras, cuyo sufrimiento es la narrativa de las víctimas en ese país. A los seis puntos que, a pesar de la ceguera política y del fracaso de los diálogos, siguen siendo vigentes, sumamos esa agenda bilateral.

El 12 de agosto, después de las elecciones que, como había anunciado, resultaron ignominiosas y llevaron a la administración del infierno al PRI y a Enrique Peña Nieto, la Caravana de la Paz parte de Tijuana rumbo a Washington con cien personas, la mayoría víctimas, dos autobuses y una camper. Es la primera vez que una caravana binacional entra a territorio norteamericano con demandas tan duras. El trayecto es largo: un mes de viaje y veintidós ciudades visitadas, durmiendo, al igual que lo hicimos en las otras, en pisos de iglesias y escuelas, y alimentándonos con la generosidad de nuestros anfitriones. A pesar de nuestros golpes mediáticos y de nuestros diálogos con los gobiernos, para la prensa estadounidense somos nada; para México, un *show* que ya no da para más y que, junto con el de las elecciones, ayuda al *rating*. Atrapados en la ignominia electoral, pocos atienden la agenda que llevamos y sus vínculos profundos con nuestra lucha en México y la demanda de los seis puntos.

El 12 de septiembre volvemos. El cansancio, las incomprensiones, las rupturas, el alzheimer social y la atomización que han generado las elecciones obligan al repliegue. Lo único que nos queda es que Peña Nieto, como lo prometió en el diálogo con los candidatos, termine con la controversia constitucional, promulgue la Ley de Víctimas y cree un centro de acopio de la memoria. Yo me retiro a la comunidad del Arca, en Francia, donde están parte de mis raíces espirituales y mi hija y mi nieto. Necesito mirarme en la soledad. Desde allá, con el Arca y otras organizaciones no violentas, hicimos presentes en la embajada de México a dos víctimas extranjeras –Rodolfo Cázares (naturalizado francés y desaparecido en Tamaulipas) y Olivier Chumy (ciudadano suizo desaparecido en Ocotepec, Morelos)– y presionamos para que Peña Nieto cumpla su palabra.

El 9 de enero, Peña Nieto promulga la Ley, asume la deuda con las víctimas y cambia el discurso belicista. No le creemos, pero la nobleza nos obliga a darle un año, como pidió a la nación, para ver resultados.

No los hubo. No los puede haber cuando el Estado, todo Estado, como lo muestra Agamben, se basa en el control y la excepción. La Ley de Víctimas y su Comisión para atenderlas se convirtieron pronto en un elefante blanco, en una máscara al servicio de la injusticia y de un proyecto político gestor de las grandes empresas económicas. Detrás de esa máscara, la estrategia contra el supuesto crimen organizado continúa siendo la misma de la administración calderonista. Sólo que ahora, y a pesar de que las cifras han aumentado enormemente,[6] el gobierno ha optado por no hablar de ellas y por alardear de su reducción y un falso incremento en la seguridad. No hay más declaraciones apoteóticas, al estilo calderonista. Las víctimas, a partir del MPJD, se volvieron humanas, sujetos sociales que hay que sepultar en las fosas comunes del olvido.

No lo han logrado. La lógica de esta nueva forma del Estado, basada en el imperio de los grandes capitales, no puede, como sucedió con los Estados totalitarios y las juntas militares del pasado, ocultar su barbarie, ni tampoco, gracias a la lucha del MPJD, hacer callar a las víctimas. El 30 de junio de 2014 fueron masacrados veintidós supuestos sicarios en Tlatlaya, Estado de México; el 23 de septiembre de 2014, en Iguala, Guerrero, a doscientos kilómetros de donde asesinaron en 2011 a los muchachos que crearon el MPJD, se asesinó a cinco estudiantes de la Escuela Normal Isidro Burgos de Ayotzinapa y a otros cuarenta y tres, de la misma escuela, se les desapareció. El 6 de enero y el 22 de mayo de 2015 otras dos masacres, una en Apatzingán, Michoacán (nueve personas) y otra en Ecuandureo, en la misma región (cuarenta y tres personas). Esos crímenes acusan ya sin cortapisas al Estado.

Cada vez es más clara la nueva lógica totalitaria del Estado que nació de la caída del muro de Berlín y del fin de la guerra fría. Pero también es cada vez más claro que ese proyecto está en una crisis terminal. El Estado moderno,

---

[6] Según la información de Amnistía Internacional, de 2006 a 2014 el número de víctimas es de 192 mil. De las cuales 42 mil están desaparecidas y 150 mil asesinadas. De estas últimas, 55 mil 325 corresponden a los dos años de la administración de Enrique Peña Nieto. Estas cifras no toman en cuenta a los desplazados, víctimas que, a pesar de haber sido también visibilizadas por el MPJD, no están todavía en la conciencia del país. Los expertos hablan de 500 mil.

el que nació de las ideas ilustradas y ha pasado por sus diversas fases –la liberal, la fascista, la comunista, la militar y la socialista– está, probablemente, en su última fase, la más brutal, la del nihilismo basado en los intereses depredadores de los grandes capitales. Las víctimas que se han hecho presentes en México y que ya nadie podrá callar o, en otras palabras, los "hombres sagrados" que ya no quieren serlo, son la denuncia más perentoria del Estado como productor de violencia. Pero también el motor que podría aglutinar a las fuerzas sociales para, en un nuevo movimiento de resistencia y desobediencia civil, refundar la nación y construir un nuevo pacto social basado en relaciones humanas. La visibilización y la lucha que a partir del 28 de marzo de 2011 emprendió el MPJD y que ha mostrado el proyecto fundamental de todo Estado: la reducción de la vida humana a la vida animal de un "hombre sagrado", a la "nuda vida" y su explotación y destrucción, no borra la posibilidad de una ética. Paradójicamente afirma –en su lucha, en su caminar, en su fraternidad, en su denuncia y en su diálogo– que la ética es posible en ausencia de la tarea reguladora e inhumana del Estado y sus intereses ideológicos o puramente económicos. Lo propio del hombre, dice Agamben, es "su impropiedad", es decir su inalienabilidad, y ésta es la enseñanza del MPJD: debe ser asumida como una singularidad sin identidad. El ser que viene, el "Cualquiera", "no es –vuelvo a Agamben– el ser no importa cual [al que nos quiere reducir el Estado], sino el ser tal que, sea cual sea, importa […]".[7] Sobre esas bases habría que refundar la vida de la nación.

El presente libro, escrito por muchos de los protagonistas que acompañaron y acompañan al MPJD –algunos de ellos fueron sus organizadores y dirigentes–, es una primera aproximación a este Movimiento que ha hablado y sigue hablando desde el lugar de la ausencia y el dolor; es también un grito de resistencia contra la brutalidad de ese a quien Nietzsche llamó "el más frío de los monstruos fríos".

Javier Sicilia
Barranca de Acapantzingo,
16 de julio de 2015 ❧

---

[7] *La comunidad que viene*, Pre-Textos, Valencia, 1998, p. 41.

La indignación movilizada

JAVIER SICILIA
Carta abierta a políticos y criminales[1]

México, D.F., 2 de abril de 2011

El brutal asesinato de mi hijo Juan Francisco, de Julio César Romero Jaime, de Luis Antonio Romero Jaime y de Gabriel Alejo Escalera se suma a los de tantos otros muchachos y muchachas que han sido igualmente asesinados a lo largo y ancho del país a causa no sólo de la guerra desatada por el gobierno de Calderón contra el crimen organizado, sino del pudrimiento del corazón que se ha apoderado de la mal llamada clase política y de la clase criminal, que ha roto sus códigos de honor.

No quiero, en esta carta, hablarles de las virtudes de mi hijo, que eran inmensas, ni de las de los otros muchachos que vi florecer a su lado, estudiando, jugando, amando, creciendo, para servir, como tantos otros muchachos, a este país que ustedes han desgarrado. Hablar de ello no serviría más que para conmover lo que ya de por sí conmueve el corazón de la ciudadanía hasta la indignación. No quiero tampoco hablar del dolor de mi familia y de la familia de cada uno de los muchachos destruidos. Para ese dolor no hay palabras –sólo la poesía puede acercarse un poco a él, y ustedes no saben de poesía–. Lo que hoy quiero decirles desde esas vidas mutiladas, desde ese dolor que carece de nombre porque es fruto de lo que no pertenece a la naturaleza –la muerte de un hijo es siempre antinatural y por ello carece de nombre: entonces no se es huérfano ni viudo, se es simple y dolorosamente nada–, desde esas vidas mutiladas, repito, desde ese sufrimiento, desde la indignación que esas muertes han provocado, es simplemente que estamos hasta la madre.

Esta carta se publicó en el número 1796 de la revista *Proceso*.

Estamos hasta la madre de ustedes, políticos –y cuando digo políticos no me refiero a ninguno en particular, sino a una buena parte de ustedes, incluyendo a quienes componen los partidos–, porque en sus luchas por el poder han desgarrado el tejido de la nación, porque en medio de esta guerra mal planteada, mal hecha, mal dirigida, de esta guerra que ha puesto al país en estado de emergencia, han sido incapaces –a causa de sus mezquindades, de sus pugnas, de su miserable grilla, de su lucha por el poder– de crear los consensos que la nación necesita para encontrar la unidad sin la cual este país no tendrá salida; estamos hasta la madre, porque la corrupción de las instituciones judiciales genera la complicidad con el crimen y la impunidad para cometerlo; porque, en medio de esa corrupción que muestra el fracaso del Estado, cada ciudadano de este país ha sido reducido a lo que el filósofo Giorgio Agamben llamó, con palabra griega, *zoe*: la vida no protegida, la vida de un animal, de un ser que puede ser violentado, secuestrado, vejado y asesinado impunemente; estamos hasta la madre porque sólo tienen imaginación para la violencia, para las armas, para el insulto y, con ello, un profundo desprecio por la educación, la cultura y las oportunidades de trabajo honrado y bueno, que es lo que hace a las buenas naciones; estamos hasta la madre porque esa corta imaginación está permitiendo que nuestros muchachos, nuestros hijos, no sólo sean asesinados, sino, después, criminalizados, vueltos falsamente culpables para satisfacer el ánimo de esa imaginación; estamos hasta la madre porque muchos de nuestros muchachos, a causa de la ausencia de un buen plan de gobierno, no tienen oportunidades para educarse, para encontrar un trabajo digno y, arrojados a las periferias, son posibles reclutas para el crimen organizado y la violencia; estamos hasta la madre porque a causa de todo ello la ciudadanía ha perdido confianza en sus gobernantes, en sus policías, en su ejército, y tiene miedo y dolor; estamos hasta la madre porque lo único que les importa, además de un poder impotente que sólo sirve para administrar la desgracia, es el dinero, el fomento de la competencia, de su pinche "competitividad" y del consumo desmesurado, que son otros nombres de la violencia.

De ustedes, criminales, estamos hasta la madre, de su violencia, de su pérdida de honorabilidad, de su crueldad, de su sinsentido.

Antiguamente ustedes tenían códigos de honor. No eran tan crueles en sus ajustes de cuentas y no tocaban ni a los ciudadanos ni a sus familias. Ahora ya no distinguen. Su violencia ya no puede ser nombrada porque ni siquiera, como el dolor y el sufrimiento que provocan, tiene un nombre y un sentido. Han perdido incluso la dignidad para matar. Se han vuelto cobardes como los miserables *Sonderkommandos* nazis que asesinaban sin ningún sentido de lo humano a niños, muchachos, muchachas, mujeres, hombres y ancianos, es decir, inocentes. Estamos hasta la madre porque su violencia se ha vuelto infrahumana, no animal –los animales no hacen lo que ustedes hacen–, sino subhumana, demoniaca, imbécil. Estamos hasta la madre porque en su afán de poder y de enriquecimiento humillan a nuestros hijos y los destrozan y producen miedo y espanto.

Ustedes, "señores" políticos, y ustedes, "señores" criminales –lo entrecomillo porque ese epíteto se otorga sólo a la gente honorable–, están con sus omisiones, sus pleitos y sus actos envileciendo a la nación. La muerte de mi hijo Juan Francisco ha levantado la solidaridad y el grito de indignación –que mi familia y yo agradecemos desde el fondo de nuestros corazones– de la ciudadanía y de los medios. Esa indignación vuelve de nuevo a poner ante nuestros oídos esa acertadísima frase que Alejandro Martí dirigió a los gobernantes: "Si no pueden, renuncien". Al volverla a poner ante nuestros oídos –después de los miles de cadáveres anónimos y no anónimos que llevamos a nuestras espaldas, es decir, de tantos inocentes asesinados y envilecidos–, esa frase debe ir acompañada de grandes movilizaciones ciudadanas que los obliguen, en estos momentos de emergencia nacional, a unirse para crear una agenda que unifique a la nación y cree un estado de gobernabilidad real. Las redes ciudadanas de Morelos están convocando a una marcha nacional el miércoles 6 de abril que saldrá a las 5:00 p. m. del monumento de la Paloma de la Paz para llegar hasta el Palacio de Gobierno, exigiendo justicia y paz. Si los ciudadanos no nos unimos a ella y la reproducimos constantemente en todas las ciudades, en todos los municipios o delegaciones del país, si no somos capaces de eso para obligarlos a ustedes, "señores" políticos, a gobernar con justicia y dignidad, y a ustedes, "señores" criminales, a retornar a sus códigos de honor y a limitar su salvajismo, la espiral de violencia que han generando nos llevará a un camino de horror sin retorno. Si ustedes, "señores" políticos, no gobiernan bien y no toman en serio que vivimos un estado de emergencia nacional que requiere su unidad, y ustedes, "señores" criminales, no limitan sus acciones, terminarán por triunfar y tener el poder, pero gobernarán o reinarán sobre un montón de osarios y de seres amedrentados y destruidos en su alma. Un sueño que ninguno de nosotros les envidia.

No hay vida, escribía Albert Camus, sin persuasión y sin paz, y la historia del México de hoy sólo conoce la intimidación, el sufrimiento, la desconfianza y el temor de que un día otro hijo o hija de alguna otra familia sea envilecido y masacrado, sólo conoce que lo que ustedes nos piden es que la muerte, como ya está sucediendo hoy, se convierta en un asunto de estadística y de administración al que todos debemos acostumbrarnos.

Porque no queremos eso, el próximo miércoles saldremos a la calle; porque no queremos un muchacho más, un hijo nuestro, asesinado, las redes ciudadanas de Morelos están convocando a una unidad nacional ciudadana que debemos mantener viva para romper el miedo y el aislamiento que la incapacidad de ustedes, "señores" políticos, y la crueldad de ustedes, "señores" criminales, nos quieren meter en el cuerpo y en el alma.

Recuerdo, en este sentido, unos versos de Bertolt Brecht cuando el horror del nazismo, es decir, el horror de la instalación del crimen en la vida cotidiana de una nación, se anunciaba: "Un día vinieron por los negros y no dije nada; otro día vinieron por los judíos y no dije nada; un día llegaron por mí (o por un hijo mío) y no tuve nada que decir". Hoy, después de tantos crímenes soportados, cuando el cuerpo destrozado de mi hijo y de sus amigos ha hecho movilizarse de nuevo a la ciudadanía y a los medios, debemos hablar con nuestros cuerpos, con nuestro caminar, con nuestro grito de indignación para que los versos de Brecht no se hagan una realidad en nuestro país.

Además opino que hay que devolverle la dignidad a esta nación. ❦

Eduardo Vázquez Martín

Marcha nacional por la paz con justicia y dignidad

Una conversación en movimiento (5/V/2011)

Primero nos juntamos algunas decenas de personas en el monumento de la Paloma de la Paz de Cuernavaca, que muy pronto se hicieron varios centenares hasta formar una columna más o menos estable pero desordenada de unos mil caminantes. Un cierto caos acompaña el incipiente andar pero el contingente halla su paso: lo suficientemente firme para subir la cuesta y tan mesurado como para propiciar el encuentro, la convivencia y el diálogo. Poco a poco también se disipa el aire fresco de la mañana y el sol de Morelos, afortunadamente filtrado por las nubes, cubre sin herir el paso de la multitud.

Pronto salta a la vista que ésta no es propiamente una manifestación silenciosa en sentido estricto sino una gran conversación trashumante. En esta protesta impera el intercambio de opiniones y no las consignas, la multiplicación de las experiencias y las ideas y no el grito. El ánimo es fraternal, se dijera incluso alegre por momentos, pero no festivo; no puede ser de otra forma, conforme uno escucha la palabra aparecen las narraciones del terror: los hijos asesinados, los parientes secuestrados, los infantes calcinados, los hermanos muertos, los desaparecidos, los mineros sepultados en el socavón y la constante: la incapacidad de la autoridad para hacer justicia y el reinado del miedo a lo largo y ancho del país.

Saludo a Javier Sicilia. Lo primero que comenta son las declaraciones y los manotazos con que Felipe Calderón saludó la marcha el día anterior: "hay quienes, de buena o mala fe –dice el presidente– quisieran ver a nuestras tropas retroceder, a las instituciones bajar la guardia y darle simple y llanamente el paso a gavillas de criminales". "¡Cuánta insensibilidad!", comenta Javier, "Calderón es un hombre desesperado que aunque oye no entiende."

El poeta carga una bandera mexicana que pronto comparte con Julián LeBarón, que la porta con una dignidad solemne. Son pocas las insignias gremiales y las banderas políticas, pero son muchas las mantas con las fotos de personas asesinadas o desaparecidas. En el primer día de marcha sólo es visible en lo alto la bandera nacional que encabeza una muchedumbre un tanto caótica, peripatética y desamparada.

Por ahí el obispo Raúl Vera, vestido de pants, comparte el agua con otro caminante; recostado en la cuneta Eduardo Gallo espera a la manifestación sobre la autopista; Eduardo del Río, Rius, carga el estandarte de "No + Sangre". Casi todo mundo da una entrevista; la proliferación de redes sociales, blogs, radios alternativas o tv por internet ha propiciado que a los medios tradicionales se sumen decenas, quizá cientos, de cámaras y micrófonos informales, lo que transforma la caminata en un foro de reflexión colectiva donde víctimas, defensores de derechos humanos, los participantes todos, encuentran el momento de expresar lo que piensan.

Están también los que se ocupan de dar de beber a los marchistas, gente como el traductor Rafael Segovia que alcanzó la marcha acompañado de su hija María con agua, naranjas y galletas. Hay otros que acompañan a sus familiares. Algunos vienen de movimientos sociales como el zapatismo o son indígenas organizados en las Abejas y cargan la memoria de la masacre de Acteal; los más llegan solos, desde distintos rumbos del país, sin conocer a nadie, pero encuentran pronto con quién compartir el camino. Todos cargan dolor e indignación.

La marcha toma algunos descansos, a la altura de Tepoztlán recibe de sus habitantes agua de chía y limón; en la famosa "pera" el contingente se sube a los camiones que lo siguen para superar la cuesta y el peligro del tráfico. Por fin llegamos a Coajomulco ("Donde se labra la madera"); ahí los habitantes recibieron a Sicilia con copal, un gran quiote de maguey como ofrenda y flores de agave para las víctimas. En esta comunidad indígena, que echada hacia la autopista ofrece quesadillas y sopa de hongos, se rindió homenaje a Javier Torres Cruz, campesino ecologista de estas tierras, defensor de sus bosques, asesinado impunemente por talamontes.

Ya en la plaza del pueblo, que salió a recibir con café y alimentos a los cansados caminantes, Javier Sicilia citó al escritor británico G. K. Chesterton, que se refirió a la fe en Cristo como una forma de caminar hacia algún lugar tomado de la mano de alguien. Esta pequeña república nómada camina tomada de la mano y se pregunta el hacia dónde, polemiza sobre el sentido de un posible pacto por la paz y traza algunos bocetos de organización y de futuras acciones, pero se aprecia que desconoce el destino de su viaje, que al andar, como propone Antonio Machado, hace camino y escribe una ruta distinta a la que la guerra nos ha impuesto.

(6/V/2011) En Topilejo el silencio se hizo celebración y llanto

La mañana de Coajomulco quedó marcada, tras el café y los alimentos, por un minuto de silencio y "meditación" que sólo interrumpieron los pájaros. Tras esa pausa, que en algunos deudos anegó los ojos, volvimos al camino. Un miembro de la comisión de orden, es decir un caminante más pero con megáfono, nos convocó a marchar en riguroso silencio: "ya tuvieron ayer oportunidad de conversar bastante". Desde luego nadie le hizo el menor caso, y la caminata volvió a su peregrinar y a su conversación. Apenas arrancamos y Silvia, estudiante de letras clásicas de la UNAM, me preguntó sobre el papel de la poesía en esta lucha: no recuerdo bien qué dije, pero sí que minutos más tarde la encontré al final de la columna leyendo a Jim Morrison con su voz joven y segura: "... sabes que nuestra madre murió en el mar, / sabes que hay militares de alto rango que nos conducen al matadero y que militares lentos son obscenos con la sangre joven, / sabes que la televisión nos controla. / La luna es una bestia de sangre deshidratada..."

He viajado muchas veces por esta carretera México-Cuernavaca, pero como es natural nunca la había visto tan de cerca: es fresca, sus pinos reparten sombra y mitigan el calor, sus oyameles y sus pastizales de *muhlenbergia* despiden olores a resinas y humedades. Imposible no pensarlo: volveré a viajar por este camino, pero a partir de ahora lo voy a mirar de otra manera.

En la hora del sol más vertical llegamos a Tres Marías, donde comparto la mesa con Teresa Carmona, madre de Joaquín, joven universitario asesinado, y con Patricia Duarte y José Francisco García Quintana, padres de Andrés Alonso, uno de los bebés que murieron en la guardería ABC. Patricia nos narró su encuentro con Calderón, Horcasitas y Bours, el día que éstos hablaban de la tragedia que marcó su vida como si de un accidente de tránsito se tratara y el problema se redujera a un asunto de seguros y deducibles. Ese día doña Patricia invitó a Calderón a que le dijera qué era para él la justicia, pero ni el presidente ni sus acompañantes pudieron articular una respuesta ni sostenerle la mirada a la sonorense. ❦

Mayo de 2011

Javier Sicilia
Discurso en el Zócalo de la Ciudad de México

Hemos llegado a pie, como lo hicieron los antiguos mexicanos, hasta este sitio en donde ellos por vez primera contemplaron el lago, el águila, la serpiente, el nopal y la piedra, ese emblema que fundó a la nación y que ha acompañado a los pueblos de México a lo largo de los siglos. Hemos llegado hasta esta esquina donde alguna vez habitó Tenochtitlan –a esta esquina donde el Estado y la Iglesia se asientan sobre los basamentos de un pasado rico en enseñanzas y donde los caminos se encuentran y se bifurcan–; hemos llegado aquí para volver a hacer visibles las raíces de nuestra nación, para que su desnudez, que acompañan la desnudez de la palabra, que es el silencio, y la dolorosa desnudez de nuestros muertos, nos ayude a alumbrar el camino.

Si hemos caminado y hemos llegado así, en silencio, es porque nuestro dolor es tan grande y tan profundo, y el horror del que proviene tan inmenso, que ya no tienen palabras con qué decirse. Es también porque a través de ese silencio nos decimos, y les decimos a quienes tienen la responsabilidad de la seguridad de este país, que no queremos un muerto más a causa de esta confusión creciente que sólo busca asfixiarnos, como asfixiaron el aliento y la vida de mi hijo Juan Francisco, de Luis Antonio, de Julio César, de Gabo, de María del Socorro, del comandante Jaime y de tantos miles de hombres, mujeres, niños y ancianos asesinados con un desprecio y una vileza que pertenecen a mundos que no son ni serán nunca los nuestros; estamos aquí para decirnos y decirles que este dolor del alma en los cuerpos no lo convertiremos en odio ni en más violencia, sino en una palanca que nos ayude a restaurar el amor, la paz, la justicia, la dignidad y la balbuciente democracia que estamos perdiendo; para decirnos y decirles que aún creemos que es posible que la nación vuelva a renacer y a salir de sus ruinas, para mostrarles a los señores de la muerte que estamos de pie y que no cejaremos de defender la vida de todos los hijos y las hijas de este país, que aún creemos que es posible rescatar y reconstruir el tejido social de nuestros pueblos, barrios y ciudades.

Si no hacemos esto solamente podremos heredar a nuestros muchachos, a nuestras muchachas y a nuestros niños una casa llena de desamparo, de temor, de indolencia, de cinismo, de brutalidad y engaño, donde reinan los señores de la muerte, de la ambición, del poder desmedido y de la complacencia y la complicidad con el crimen.

Todos los días escuchamos historias terribles que nos hieren y nos hacen preguntarnos: ¿Cuándo y en dónde perdimos nuestra dignidad? Los claroscuros se entremezclan a lo largo del tiempo para advertirnos que esta casa donde habita el horror no es la de nuestros padres, pero sí lo es; no es el México de nuestros maestros, pero sí lo es; no es el de aquellos que ofrecieron lo mejor de sus vidas para construir un país más justo y democrático, pero sí lo es; esta casa donde habita el horror no es el México de Salvador Nava, de Heberto Castillo, de Manuel Clouthier, de los hombres y mujeres de las montañas del sur –de esos pueblos mayas que engarzan su palabra a la nación– y de tantos otros que nos han recordado la dignidad, pero sí lo es; no es el de los hombres y mujeres que cada amanecer se levantan para ir a trabajar y con honestidad sostenerse y sostener a sus familias, pero sí lo es; no es el de los poetas, de los músicos, de los pintores, de los bailarines, de todos los artistas que nos revelan el corazón del ser humano y nos conmueven y nos unen, pero sí lo es. Nuestro México, nuestra casa, está rodeada de grandezas, pero también de grietas y de abismos que al expandirse por descuido, complacencia y complicidad nos han conducido a esta espantosa desolación.

Son esas grietas, esas heridas abiertas, y no las grandezas de nuestra casa, las que también nos han obligado a caminar hasta aquí, entrelazando nuestro silencio con nuestros dolores, para decirles directamente a la cara que tienen que aprender a mirar y a escuchar, que deben nombrar a todos nuestros muertos –a esos que la maldad del crimen ha asesinado de tres maneras: privándolos de la vida, criminalizándolos y enterrándolos en las fosas comunes de un silencio ominoso que no es el nuestro–; para decirles que con nuestra presencia estamos nombrando esta infame realidad que ustedes, la clase política, los llamados poderes fácticos y sus siniestros monopolios, las jerarquías de los poderes económicos y religiosos, los gobiernos y las fuerzas policiacas han negado y quieren continuar negando. Una realidad que los criminales, en su demencia, buscan imponernos, aliados con las omisiones de los que detentan alguna forma de poder.

Queremos afirmar aquí que no aceptaremos más una elección si antes los partidos políticos no limpian sus filas de esos que, enmascarados en la legalidad, están coludidos con el crimen y tienen al Estado maniatado y cooptado al usar los instrumentos de éste para erosionar las mismas esperanzas de cambio de los ciudadanos. O ¿dónde estaban los partidos, los alcaldes, los gobernadores, las autoridades federales, el ejército, la armada, las iglesias, los congresos, los empresarios; dónde estábamos todos cuando los caminos y carreteras que llevan a Tamaulipas se convirtieron en trampas mortales para hombres y mujeres indefensos, para nuestros hermanos migrantes de Centroamérica? ¿Por qué nuestras autoridades y los partidos han aceptado que en Morelos y en muchos estados de la República gobernadores señalados públicamente como cómplices del crimen organizado permanezcan impunes y continúen en las filas de los partidos y a veces en puestos de gobierno? ¿Por qué se permitió que diputados del Congreso de la Unión se organizaran para ocultar a un prófugo de la justicia, acusado de tener vínculos con el crimen organizado y lo introdujeran al recinto que debería ser el más honorable de la patria porque en él reside la representación plural del pueblo y terminaran dándole fuero y después aceptando su realidad criminal en dos vergonzosos sainetes? ¿Por qué se permitió al presidente de la República y por qué decidió éste lanzar al ejército a las calles en una guerra absurda que nos ha costado 40 mil víctimas y millones de mexicanos abandonados al miedo y a la incertidumbre? ¿Por qué se trató de hacer pasar, a espaldas de la ciudadanía, una ley de seguridad que exige hoy más que nunca una amplia reflexión, discusión y consenso ciudadano? La Ley de Seguridad Nacional no puede reducirse a un asunto militar. Asumida así es y será siempre un absurdo. La ciudadanía no tiene por qué seguir pagando el costo de la inercia e inoperancia del Congreso y sus tiempos, convertidas en chantaje administrativo y banal cálculo político. ¿Por qué los partidos enajenan su visión, impiden la reforma política y bloquean los instrumentos legales que permitan a la ciudadanía una representación digna y eficiente que controle todo tipo de abusos? ¿Por qué en ella no se han incluido la revocación del mandato ni el plebiscito?

Estos casos –hay cientos de la misma o de mayor gravedad– ponen en evidencia que los partidos políticos, el PAN, el PRI, el PRD, el PT, Convergencia, Nueva Alianza, el Panal, el Verde, se han convertido en una partidocracia de cuyas filas emanan los dirigentes de la nación. En todos ellos hay vínculos con el crimen y sus mafias a lo largo y ancho de la nación. Sin una limpieza honorable de sus filas y un compromiso total con la ética política, los ciudadanos tendremos que preguntarnos en las próximas elecciones por qué cártel y por qué poder fáctico tendremos que votar. ¿No se dan cuenta de que con ello están horadando y humillando lo más sagrado de nuestras instituciones republicanas, que están destruyendo la voluntad popular que mal que bien los llevó a donde hoy se encuentran?

Los partidos políticos debilitan nuestras instituciones republicanas, las vuelven vulnerables ante el crimen organizado y sumisas ante los grandes monopolios; hacen de la impunidad un *modus vivendi* y convierten a la ciudadanía en rehén de la violencia imperante.

Ante el avance del hampa vinculada con el narcotráfico, el Poder Ejecutivo asume, junto con la mayoría de la mal llamada clase política, que hay sólo dos formas de enfrentar esa amenaza: administrándola ilegalmente como solía hacerse y se hace en muchos lugares o haciéndole la guerra con el ejército en las calles como sucede hoy. Se ignora que la droga es un fenómeno histórico que, descontextualizado del mundo religioso al que servía, y sometido ahora al mercado y sus consumos, debió y debe ser tratado como un problema de sociología urbana y de salud pública, y no como un asunto criminal que debe enfrentarse con la violencia. Con ello se suma más sufrimiento a una sociedad donde se exalta el éxito, el dinero y el poder como premisas absolutas que deben conquistarse por cualquier medio y a cualquier precio.

Este clima ha sido tierra fértil para el crimen que se ha convertido en cobros de piso, secuestros, robos, tráfico de personas y en complejas empresas para delinquir y apropiarse del absurdo modelo económico de tener siempre más a costa de todos.

A esto, ya de por sí terrible, se agrega la política norteamericana. Su mercado millonario del consumo de droga, sus bancos y empresas que lavan dinero, con la complicidad de los nuestros, y su industria armamentista –más letal, por contundente y expansiva, que las drogas–, cuyas armas llegan a nuestras tierras, no sólo fortalecen el crecimiento de los grupos criminales, sino que también los proveen de una capacidad inmensa de muerte. Los Estados Unidos han diseñado una política de seguridad cuya lógica responde fundamentalmente a sus intereses globales donde México ha quedado atrapado.

¿Como reestructurar esta realidad que nos ha puesto en un estado de emergencia nacional? Es un desafío más que complejo. Pero México no puede seguir simplificándolo y menos permitir que esto ahonde más sus divisiones internas y nos fracture hasta hacer casi inaudible el latido de nuestros corazones que es el latido de la nación. Por eso les decimos que es urgente que los ciudadanos, los gobiernos de los tres órdenes, los partidos políticos, los campesinos, los obreros, los indios, los académicos, los intelectuales, los artistas, las iglesias, los empresarios, las organizaciones civiles, hagamos un pacto, es decir, un compromiso fundamental de paz con justicia y dignidad, que le permita a la nación rehacer su suelo, un pacto en el que reconozcamos y asumamos nuestras diversas responsabilidades, un pacto que les permita a nuestros muchachos, a nuestras muchachas y a nuestros niños recuperar su presente y su futuro, para que dejen de ser las víctimas de esta guerra o el ejército de reserva de la delincuencia.

Por ello, es necesario que todos los gobernantes y las fuerzas políticas de este país se den cuenta que están perdiendo la representación de la nación que emana del pueblo, es decir, de los ciudadanos como los que hoy estamos reunidos en el Zócalo de la Ciudad de México y en otras ciudades del país.

Si no lo hacen y se empeñan en su ceguera, no sólo las instituciones quedarán vacías de sentido y de dignidad, sino que las elecciones de 2012 serán las de la ignominia, una ignominia que hará más profundas las fosas en donde, como en Tamaulipas y Durango, están enterrando la vida del país.

Estamos, pues, ante una encrucijada sin salidas fáciles, porque el suelo en el que una nación florece y el tejido en el que su alma se expresa están deshechos. Por ello, el pacto al que convocamos después de recoger muchas propuestas de la sociedad civil, y que en unos momentos leerá Olga Reyes, que ha sufrido el asesinato de seis familiares, es un pacto que contiene seis puntos fundamentales que permitirán a la sociedad civil hacer un seguimiento puntual de su cumplimiento y, en el caso de traicionarse, penalizar a quienes sean responsables de esas traiciones; un pacto que se firmará en el Centro de Ciudad Juárez —el rostro más visible de la destrucción nacional— de cara a los nombres de nuestros muertos y lleno de un profundo sentido de lo que una paz digna significa.

Antes de darlo a conocer, hagamos un silencio más de cinco minutos en memoria de nuestros muertos, de la sociedad cercada por la delincuencia y un Estado omiso, y como una señal de la unidad y de la dignidad de nuestros corazones que llaman a todos a refundar la Nación. Hagámoslo así porque el silencio es el lugar en donde se recoge y brota la palabra verdadera, es la hondura profunda del sentido, es lo que nos hermana en medio de nuestros dolores, es esa tierra interior y común que nadie tiene en propiedad y de la que, si sabemos escuchar, puede nacer la palabra que nos permita decir otra vez con dignidad y una paz justa el nombre de nuestra casa: México. 🕊

8 de mayo de 2011

ENRIQUE KRAUZE

Sobre el Movimiento por la Paz con Justicia y Dignidad

Los motivos del lobo

Para enfrentar su indecible dolor, Javier Sicilia ha acudido a la fuente primera y última de su ser –su fe religiosa–, y desde allí lanza un llamado estremecedor a "todos los grupos" de este país (incluidas "las mafias del crimen organizado") para llegar a un pacto que nos permita detener la violencia y "recuperar el amor".

Hay una evidente impregnación mística en tal actitud. En la marcha que encabezó vio la palabra encarnada en acción cívica, vio la poesía transfigurada en comunión. "Creo que los capos aún tienen un sentido de lo humano –declaró a *Proceso*– y tienen que amarrar a sus demonios, tienen que controlarlos." Con todo, en la misma entrevista Sicilia admite su perplejidad ante el mal: "Dicen algunos que son como animales, pero los animales no hacen esto [los asesinatos], que ya pertenece a una esfera más allá de la naturaleza porque no hay nada que se le compare; pertenece a un mundo muy lejos de lo humano, tiene que ver con submundos profundos".

Ante su actitud religiosa y su perplejidad ante el mal, un amigo me recordó el poema de Rubén Darío "Los motivos del lobo". En él, San Francisco de Asís se aventura a la guarida del terrible lobo de Gubbia y le dice: "¡Paz, hermano lobo!" Al escuchar la prédica, el gran lobo, humilde, confiesa sus motivos: el duro invierno, el hambre horrible, pero sobre todo la sangre del jabalí, del oso, del ciervo, vertida sin motivo por el humano cazador: "vi / mancharse de sangre, herir, torturar, / de las roncas trompas al sordo clamor, / a los animales de Nuestro Señor". San Francisco lo persuade. El lobo pacta: "tras el religioso iba el lobo fiero, / y, baja la testa, quieto lo seguía / como un can de casa o como un cordero". El milagro operó por un tiempo. El lobo convivió con la gente de la aldea. Pero de pronto, al ausentarse el santo, el lobo "tornó a la montaña / y recomenzaron su aullido y su saña". A su regreso, el varón de Asís lo increpó "en nombre del Padre del sacro universo", pidiéndole que diese los motivos de su reincidencia. Y sus motivos no eran otros que el triste espectáculo del mal entre los hombres: había visto la ira, la envidia, "y en todos los rostros ardían las brasas / de odio, de lujuria, de infamia y mentira". Vio la guerra de hermanos a hermanos. "Y me sentí lobo malo de repente, / mas siempre mejor que esa mala gente." El lobo pidió al hermano Francisco que volviera a su convento, a su camino de santidad. El santo no le dijo nada, "y partió con lágrimas y desconsuelos". Sólo pudo musitar un Padre Nuestro.

Javier Sicilia reencarna hoy, entre nosotros, el alma franciscana, la misma que fundó la espiritualidad de México. Pero el mal que enfrenta, al que increpa, no es un lobo: es el hombre (lobo del hombre) que puede matar sin motivos. Teólogos y filósofos han interrogado esos motivos con la esperanza de reducir el mal, explicándolo. Tras las guerras de identidad (religiosa, racial, nacional) se han propuesto siempre causas que buscan discernir (y a veces justificar) las acciones violentas. Y en nuestra actual situación, también abundan las explicaciones: la pobreza, la ruptura del tejido social, la quiebra de la familia, el repliegue de la religión y los valores, la penuria educativa, el abandono de los gobiernos, la falta de horizontes profesionales. Todo ello se esgrime como la causa última de la violencia. Un amplio sector de la opinión maneja otro motivo (que Sicilia, con acierto, ha visto como una responsabilidad, no una culpabilidad): la decisión del gobierno de sacar al ejército a las calles.

En todos estos motivos hay un fondo de razón. Y lo hay, por supuesto, también en el último. Pero en términos prácticos no basta con apuntar las causas generales, algunas recientes, la mayoría atávicas. Hay que afrontarlas, pero no podemos esperar a que México se vuelva Suiza para atender con la debida urgencia, eficacia e inteligencia el tremendo problema de criminalidad que nos abruma. Y las argumentaciones, en términos morales, deben hilarse con más cuidado.

¿Es válida, por ejemplo, la correlación entre pobreza y violencia? No lo parece, ni empírica ni moralmente. Es obvio que muchos delincuentes no son pobres, es obvio que muchos pobres no delinquen. Por otra parte, está el concepto de proporcionalidad: una acción violenta provoca una respuesta violenta. Pero es obvio también que esta regla no corresponde a un Estado de derecho, menos aún en el caso de delincuentes que con saña «subhumana» roban, vejan, torturan y asesinan a víctimas inocentes. Aquí no cabe hablar de motivos. Aquí no hay paliativos que valgan. Esas personas, esos actos, son la prueba de que el mal existe. Es uno de los grandes misterios de la vida. Y es irreductible.

Algunos pensarán que el llamado de Javier Sicilia es ingenuo. Yo no. Creo que no hay una vía única para combatir la violencia. Creo que debe combatirse por varias vías. Y una de ellas es la movilización de las conciencias. A muchas almas buenas conmoverá. A algunas malas almas tocará. A otras, que ni siquiera tienen conciencia de lo que está mal, las alertará. En suma, además del combate armado a la violencia armada, es bueno que Sicilia nos recuerde que la conciencia mexicana puede despertar. ❧

17 de abril de 2011

Francisco Segovia y Jesús Silva-Herzog Márquez
Sobre Sicilia y la autoridad

De Francisco Segovia[1]

Jesús:

No te gusta que Javier Sicilia le haya dicho a Carlos Loret de Mola que él no tenía poder, sino autoridad. No te gusta porque crees que no se puede tener autoridad sin tener además poder; y, lo que es peor, porque esa autoridad no puede darse sin al menos cierta dosis de autoritarismo, pues el poder de las autoridades no emana de las urnas, sino del "dedazo". Para exponer este argumento, te apoyas en Hannah Arendt. ¿Por qué te apoyas en ella? Pues porque Hannah Arendt tiene autoridad sobre el tema que discutes. Sí, muchísima autoridad. Pero ¿tiene además poder? Está claro que no. Hannah Arendt está muerta, y para tener poder hay que estar vivo —o ser el Conde Drácula, en quien lo diabólico y monstruoso consiste justamente en ejercer un poder de ultratumba. La muerte le ha quitado todo poder a Hannah Arendt, pero no ha logrado despojarla de la autoría de sus libros, que es en donde sigue basándose su autoridad. De lo anterior no se sigue que la autoridad esté siempre desligada del poder, claro, sino simplemente que puede estarlo. Esta mera diferencia es indicio de que existe más de una forma de autoridad. Una de ellas es, digamos, la del Diccionario de la Real Academia Española, avalada por un rey, y otra muy distinta la del diccionario Webster, construida por la preferencia de sus lectores (es decir, por la sanción de una comunidad de hablantes, expresada en un prestigio social). No se ha votado democráticamente ninguna de estas dos autoridades, pero no hay duda de que una se impone y

---

[1] A propósito de "El sitio de la autoridad", texto en el que Jesús Silva-Herzog Márquez cuestionó una declaración de Javier Sicilia ("No tengo poder, tengo autoridad"), Francisco Segovia envió una réplica al politólogo para precisar, desde su punto de vista, la frase del poeta. Este texto es un fragmento del comentario de Segovia [N. de E.].

la otra se gana. La frase de Sicilia a Loret iba por ese lado. "La autoridad –dijo– es el poder de hacer crecer. El autor hace crecer algo." Sicilia pone sobre la mesa el significado más estricto de la palabra: autoridad es lo propio del autor. En este sentido, la autoridad es, como dije antes, eso que ni siquiera la muerte puede arrebatarle al autor. Sólo fuera de contexto pueden entenderse estas palabras como una defensa del autoritarismo. Quien vea la entrevista[2] escuchará la frase en su contexto y verá que, con ella, Sicilia quiere mostrar que el poder lo incomoda. Varias veces ha dejado en claro que él no se ha puesto al frente de la multitud de víctimas y familiares de las víctimas, sino que son éstas las que lo han puesto a él al frente. Esa multitud, que no tenía voz, se reconoce en la voz del poeta, y el poeta le da voz a la multitud (literalmente: cede siempre el micrófono a las víctimas).

Es cierto que nadie ha votado por él, pero también es cierto que él no usurpa el lugar que tiene, como lo usurpan en cambio muchos que sí lo han ganado en las urnas. No, nadie ha votado formalmente por Javier Sicilia, pero la confianza que los familiares de las víctimas han depositado en él lo ha convertido en un representante legítimo de sus aspiraciones. Es la cabeza del Movimiento por la Paz, pero lo es a su pesar –según ha repetido muchas veces él mismo. En la entrevista con Loret refrenda esta actitud: él no quiere el poder, como lo quiere la mayoría de los profesionales de la política, que nunca son políticos a regañadientes y a su pesar. En esto se ve la diferencia: Sicilia no es un político de la política, sino un político de lo político. Eso es tan inusual que muchos de sus críticos no acaban de asimilarlo. Por eso le exigen que entre al redil de los profesionales y juegue con sus reglas (que, si quiere autoridad, se convierta en candidato y la gane en las urnas, aunque esto sea en sí mismo una contradicción). Él, claro, se niega. Sicilia quiere volver del revés la política mexicana. Por eso actúa como no lo haría nunca un político profesional. En sus marchas y mítines, él es el único acarreado.

Respuesta de Jesús Silva-Herzog Márquez

Le agradezco enormemente a Francisco Segovia este comentario. No niego que Javier Sicilia dé voz a quien no la tiene, que sea conducto para la expresión de muchos. Admiro su capacidad para transformar el dolor en testimonio.

---

[2] http://www.youtube.com/watch?v=o_juRlQ_HXU&feature=share

Mi incomodidad no es con su palabra, sino con el sitio desde el cual se pronuncia y la respuesta que espera como debida. ¿Por qué el Congreso debe aceptar inmediatamente, sin discusión, su palabra? ¿Por qué consideró que el debate de una propuesta era ya un acto de traición? Porque la autoridad no admite réplica. La autoridad es palabra envuelta en silencio. De ninguna manera creo que Javier Sicilia deba ser candidato. No creo que la única vía de actuación política sean los partidos, las elecciones, las instituciones. Pero creo que las voces de la sociedad civil son, por definición, plurales, parciales, limitadas. Mi argumento es que la autoridad no es fuente para la conversación, sino su conclusión, y por eso creo que no embona en un régimen democrático.[3] ❦

---

[3] El tema de esta discusión se aborda también en el intercambio entre Segovia, Krauze y Domínguez que ha recogido el blog Akantilado. [N. del E.]

Palabras del EZLN en la movilización de apoyo a la marcha nacional por la paz

7 de mayo del 2011

Madres, padres, familiares y amistades de las víctimas de la guerra en México:
Compañeras y compañeros bases de apoyo zapatistas de las diferentes zonas, regiones, pueblos y municipios autónomos rebeldes zapatistas:
Compañeras y compañeros de La Otra Campaña y adherentes a la Sexta Declaración de la Selva Lacandona en México y en el mundo:
Compañeras y compañeros de la Zezta Internacional:
Hermanas y hermanos de las diferentes organizaciones sociales:
Hermanas y hermanos de las organizaciones no gubernamentales y defensoras de los derechos humanos:
Pueblo de México y pueblos del mundo:
Hermanas y hermanos, compañeras y compañeros:

Hoy estamos aquí miles de hombres, mujeres, niños y ancianos del Ejército Zapatista de Liberación Nacional para decir nuestra pequeña palabra.

Hoy estamos aquí porque personas de corazón noble y dignidad firme nos han convocado a manifestarnos para parar la guerra que ha llenado de tristeza, dolor e indignación los suelos de México.

Porque nos hemos sentido llamados por el clamor de justicia de madres y padres de niños y niñas que han sido asesinados por bala y por la altanería y torpeza de los malos gobiernos.

Porque nos sentimos llamados por la digna rabia de las madres y padres de los jóvenes asesinados por bandas criminales y por el cinismo gubernamental.

Porque nos sentimos convocados por los familiares de muertos, heridos, mutilados, desaparecidos, secuestrados y encarcelados sin tener culpa o delito alguno.

Y esto es lo que nos dicen sus palabras y sus silencios:

Que la historia de México se ha vuelto a manchar de sangre inocente.

Que decenas de miles de personas han muerto en esta guerra absurda que no lleva a ninguna parte.

Que la paz y la justicia no encuentran ya lugar en ninguno de los rincones de nuestro país.

Que la única culpa de estas víctimas es haber nacido o vivido en un país mal gobernado por grupos legales e ilegales sedientos de guerra, de muerte y de destrucción.

Que esta guerra ha tenido como principal blanco militar a seres humanos inocentes, de todas las clases sociales, que nada tienen qué ver ni con el narcotráfico ni con las fuerzas gubernamentales.

Que los malos gobiernos, todos: el federal, los estatales y municipales, han convertido las calles en zonas de guerra sin que quienes las caminan y trabajan estuvieran de acuerdo y vieran la forma de resguardarse.

Que los malos gobiernos han convertido en zonas de guerra las escuelas y universidades públicas y privadas, y los niños y los jóvenes no entran a clases sino a emboscadas de uno y otro bando.

Que los lugares de reunión y diversión son ahora objetivos militares.

Que al ir al trabajo se camina con la angustia de no saber qué va a pasar, de no saber si una bala, sea de los delincuentes o sea del gobierno, va a derramar la sangre propia o la de un familiar o la de una amistad.

Que los malos gobiernos crearon el problema y no sólo no lo han resuelto, sino que lo han extendido y profundizado en todo México.

Que hay mucho dolor y pena por tanta muerte sin sentido.

Que alto a la guerra.

Que no más sangre.

Que estamos hasta la madre.

Que ya basta.

Las palabras y los silencios de esas buenas personas no representan a los malos gobiernos.

No representan a los criminales que roban, despojan, secuestran y asesinan.

Tampoco representan a quienes, desde la clase política, quieren sacar ganancia de esta desgracia nacional.

Los silencios y las palabras de estas personas son las de gente sencilla, trabajadora, honesta,

Estas personas no quieren un beneficio personal.

Sólo quieren justicia y que el dolor que han sentido y sienten no llegue al corazón de otras madres, otros padres, otros familiares, otras amistades, de niños, niñas, jóvenes, adultos y ancianos que no hacen otra cosa que tratar de vivir, de aprender, de trabajar y de salir adelante con dignidad.

O sea que las palabras, los silencios y las acciones de estas buenas personas demandan algo muy sencillo: una vida con paz, justicia y dignidad.

¿Y qué les responde el gobierno?

Los padres y madres de unos niños y niñas muy pequeños que murieron y se lastimaron en un incendio por culpa de los malos gobiernos, demandan que se haga justicia, o sea que se castigue a los culpables, aunque sean parientes o amigos del gobierno, y que no se vuelva a repetir ese crimen, para que otros padres y madres no mueran un mucho al morir sus hijas y sus hijos.

Y el gobierno les responde con declaraciones y promesas mentirosas, tratando de cansarlos y de que olviden y se olvide su desgracia.

Los familiares y amistades de unos estudiantes que fueron asesinados dentro de una universidad privada demandan que se conozca qué pasó y se haga justicia y no se vuelva a repetir el crimen de convertir los centros de estudio en campos de batalla para que otros familiares, amistades, maestros y compañeros de estudio no mueran un mucho al morir los estudiantes.

Y el gobierno les responde con declaraciones y promesas mentirosas, tratando de cansarlos y de que olviden y se olvide su desgracia.

Los habitantes de una comunidad honesta y trabajadora, creada de acuerdo a su propio pensamiento, se organizan para construir y defender la paz que necesitan, combatiendo al crimen que el gobierno protege. Por eso uno de sus habitantes es secuestrado y asesinado. Sus familiares y compañeros piden justicia y que no se vuelva a repetir el crimen de que se maten el trabajo y la honestidad, para que otros familiares y compañeros no mueran un mucho al morir quienes luchan por el colectivo.

Y el gobierno les responde con declaraciones y promesas mentirosas, tratando de cansarlos y de que olviden y se olvide su desgracia.

Unos jóvenes, buenos estudiantes y buenos deportistas, se reúnen para divertirse o salen a pasear o a platicar sanamente; un grupo criminal ataca el lugar y los asesina. Y el gobierno los vuelve a asesinar al declarar que esos jóvenes eran criminales que fueron atacados por otros criminales. Las madres y los padres demandan justicia y que no se vuelvan a repetir los delitos de no proteger a los jóvenes y de acusarlos injustamente de ser delincuentes, para que otras madres y padres no mueran un mucho al morir dos veces la sangre que para estar viva fue nacida.

Y el gobierno les responde con declaraciones y promesas mentirosas, tratando de cansarlos y de que olviden y se olvide su desgracia.

Compañeros y compañeras, hermanos y hermanas:

Hace unos días empezó a caminar en silencio el paso de un padre que es poeta, de unas madres, de unos padres, de unos parientes, de unos hermanos, de unas amistades, de unos conocidos, de seres humanos.

Ayer fueron sus dignas palabras, hoy es su silencio digno.

Sus palabras y sus silencios dicen lo mismo: queremos paz y justicia, o sea una vida digna.

Estas personas honestas están pidiendo, demandando, exigiendo del gobierno un plan que tenga como principales objetivos la vida, la libertad, la justicia y la paz.

Y el gobierno les responde que seguirá con su plan que tiene como principal objetivo la muerte y la impunidad.

Estas personas no buscan ser gobierno, sino que buscan que el gobierno procure y cuide la vida, la libertad, la justicia y la paz de los gobernados.

Su lucha no nace del interés personal.

Nace del dolor de perder a alguien que se quiere como se quiere a la vida.

Los gobiernos y sus políticos dicen que criticar o no estar de acuerdo con lo que están haciendo es estar de acuerdo y favorecer a los criminales.

Los gobiernos dicen que la única estrategia buena es la que ensangrienta las calles y los campos de México, y destruye familias, comunidades, al país entero.

Pero quien argumenta que tiene de su lado la ley y la fuerza sólo lo hace para imponer su razón individual apoyándose en esas fuerzas y esas leyes.

Y no es la razón propia, de individuo o de grupo, la que debe imponerse, sino la razón colectiva de toda la sociedad.

Y la razón de una sociedad se construye con legitimidad, con argumentos, con razonamientos, con capacidad de convocatoria, con acuerdos.

Porque quien impone su razón propia sólo divide y confronta. Y es así incapaz de razón colectiva y por eso debe refugiarse en la ley y la fuerza.

Una ley que sólo sirve para garantizar impunidad a parientes y amigos.

Una fuerza que está corrompida desde hace tiempo.

Ley y fuerza que sirven para despojar de un trabajo digno, para solapar ineptitudes, calumniar, perseguir, encarcelar y matar a quienes cuestionan y se oponen a esa razón, a esa ley y a esa fuerza.

Tener miedo de la palabra de la gente y ver en cada crítica, duda, cuestionamiento o reclamo un intento de derrocamiento es algo propio de dictadores y tiranos.

Ver en cada dolor digno una amenaza es de enfermos de poder y avaricia.

Y mal hace el mando que les dice a sus soldados y policías que el escuchar a la gente noble y buena es un fracaso, que el detener una matanza es una derrota, que el corregir un error es rendirse, que pensar y buscar mejores caminos para servir mejor a la gente es abandonar con vergüenza una lucha.

Porque el saber escuchar con humildad y atención lo que dice la gente es virtud de un buen gobierno.

Porque el saber escuchar y atender lo que la gente calla es la virtud de gente sabia y honesta.

Compañeros y compañeras, hermanos y hermanas:

Hoy no estamos aquí para hablar de nuestros dolores, de nuestras luchas, de nuestros sueños, de nuestras vidas y muertes.

Hoy no estamos aquí para señalar caminos, ni para decir qué hacer, ni para responder a la pregunta de qué sigue.

Hoy estamos aquí representado a decenas de miles de indígenas zapatistas, muchos más de los que hoy somos vistos, para decirle a ese digno paso silencioso que en su demanda de justicia, que en su lucha por la vida, que en su anhelo de paz, que en su exigencia de libertad, nosotras, nosotros, las zapatistas, los zapatistas, los comprendemos y los apoyamos.

Hoy estamos aquí para responder al llamado de quienes luchan por la vida.

Y a quienes el mal gobierno responde con la muerte.

Porque de eso se trata todo esto, compañeras y compañeros.

De una lucha por la vida y en contra de la muerte.

No se trata de ver quién gana de entre católicos, evangélicos, mormones, presbiterianos o de cualquier religión o no creyentes.

No se trata de ver quién es indígena y quién no.

No se trata de ver quién es más rico o más pobre.

No se trata de quién es de izquierda, de centro o de derecha.

No se trata de si son mejores los panistas o los priistas o los perredistas o como se llame cada quien o todos son iguales de malos.

No se trata de quién es zapatista o no lo es.

No se trata de estar con el crimen organizado o con el crimen desorganizado que es el mal gobierno.

No.

De lo que se trata es de que para poder ser lo que cada quien escoge ser, para poder creer o no creer, para elegir una creencia ideológica, política o religiosa, para poder discutir, acordar o desacordar, son necesarias la paz, la libertad, la justicia y la vida.

Compañeros y compañeras, hermanos y hermanas:

Estas nobles personas no nos están llamando o convenciendo para ser de una religión, una idea, un pensamiento político o una posición social.

No nos están llamando a quitar un gobierno para poner otro.

No nos están diciendo que hay que votar por uno o por otro.

Estas personas nos están convocando a luchar por la vida.

Y sólo puede haber vida si hay libertad, justicia y paz.

Por eso ésta es una lucha entre quienes quieren la vida y quienes quieren la muerte.

Y nosotros, las zapatistas, los zapatistas, elegimos luchar por la vida, es decir, por la justicia, la libertad y la paz.

Por eso hoy estamos aquí para decirles sencillamente a esas buenas personas que en silencio caminan, que no están solos.

Que escuchamos el dolor de su silencio, como antes la digna rabia de sus palabras.

Que en su alto a la guerra, que en su no más sangre, que en su estamos hasta la madre ¡no están solos!

Compañeros y compañeras, hermanos y hermanas:

¡Vivan la vida, la libertad, la justicia y la paz!

¡Muera la muerte!

¡Para todos todo, nada para nosotros!

¡Democracia!

¡Libertad!

¡Justicia!

Desde las montañas del Sureste Mexicano,
por el Comité Clandestino Revolucionario Indígena,
Comandancia General del Ejército Zapatista de Liberación Nacional,
Subcomandante Insurgente Marcos ❦

Ejército Zapatista de Liberación Nacional México

Abril de 2011

Y a ustedes, ciudadanos, cuarenta y nueve niños os hacen saber:
Que en México la justicia recuperó la vista,
Pero sólo mira con el ojo derecho y en sesgada forma.

Que en este país la tal señora es manca como Venus de Milo,
Pero no es bella sino esperpéntica.
Que en razón de los defectos antedichos,
La balanza que sostenía la fulana se arrastra y es del lodo.
Que los sentimientos que vieron nacer la nación mexicana
No viven más bajo la toga de esa doña justicia
Escrita aquí con intencional minúscula.
Por eso, mexicanos, este alado escuadrón os convoca:
A levantar el palacio de la Justicia con las propias manos,
Con el propio amor y con la verdad indefectible.
A romper las tapias que los sátrapas cometen
Para cegar nuestros ojos, corazón y bocas.

A luchar hasta que el último aliento nos alcance
Y se convierta en el primero de un país
Que sea digno paisaje de la paz que nos ganamos.

Juan Carlos Mijangos Noh, fragmento de "49 globos",
en memoria de l@s 49 niñ@s muert@s en la
Guardería ABC de Hermosillo, Sonora.

Para: Javier Sicilia. De: SupMarcos.

Hermano y compañero:

Reciba los saludos de los hombres, mujeres, niños y ancianos indígenas del EZLN. Las compañeras y compañeros bases de apoyo zapatistas me encargan que le diga lo siguiente:

En estos momentos especialmente dolorosos para nuestro país, nos sentimos convocados por el clamor que se sintetiza en sus valientes palabras, provocadas por el dolor del vil asesinato de Juan Francisco Sicilia Ortega, Luis Antonio Romero Jaime, Julio César Romero Jaime y Gabriel Alejo Escalera, y en el llamado que hace para la Marcha Nacional por la Justicia y contra la Impunidad, que saldrá el 5 de mayo del 2011 de la ciudad de Cuernavaca, Morelos, y llegará al Zócalo de la Ciudad de México el día domingo 8 de mayo de este año.

Aunque es nuestro deseo sincero el marchar a su lado en la demanda de justicia para las víctimas de esta guerra, no nos es posible ir ahora hasta Cuernavaca o a la Ciudad de México.

Pero, de acuerdo a nuestras modestas capacidades, y en el marco de la jornada nacional a la que nos convocan, l@s indígenas zapatistas marcharemos en silencio en la ciudad de San Cristóbal de Las Casas, Chiapas, en ejercicio de nuestros derechos constitucionales, el día 7 de mayo del 2011. Al finalizar la marcha en silencio, diremos nuestra palabra en español y en nuestras lenguas originarias, y después regresaremos a nuestras comunidades, pueblos y parajes.

En nuestra marcha silenciosa llevaremos mantas y carteles con los mensajes de: "Alto a la guerra de Calderón", "No más sangre" y "Estamos hasta la madre".

Le pedimos por favor que haga llegar estas palabras a los familiares de los 49 niños y niñas muertos y los 70 lesionados en la tragedia de la Guardería ABC de Hermosillo, Sonora; a las dignas madres de Ciudad Juárez; a las familias LeBarón y Reyes Salazar, de Chihuahua; a los familiares y amistades de las víctimas de esta ensoberbecida guerra; a los defensores de los derechos humanos de nacionales y migrantes; y a tod@s l@s convocantes a la Marcha Nacional por la Justicia y contra la Impunidad.

Respondiendo a su llamado de nombrar a las víctimas inocentes, hoy nombramos a las niñas y niños muertos en la Guardería ABC de Hermosillo, Sonora, quienes aún esperan justicia:

María Magdalena Millán García, Andrea Nicole Figueroa, Emilia Fraijo Navarro, Valeria Muñoz Ramos, Sofía Martínez Robles, Fátima Sofía Moreno Escalante, Dafne Yesenia Blanco Losoya, Ruth Nahomi Madrid Pacheco, Denisse Alejandra Figueroa Ortiz, Lucía Guadalupe Carrillo Campos, Jazmín Pamela Tapia Ruiz, Camila Fuentes Cervera, Ana Paula Acosta Jiménez, Monserrat Granados Pérez, Pauleth Daniela Coronado Padilla, Ariadna Aragón Valenzuela, María Fernanda Miranda Hugues, Yoselín Valentina Tamayo Trujillo, Marian Ximena Hugues Mendoza, Nayeli Estefanía González Daniel, Ximena Yanes Madrid, Yeseli Nahomi Baceli Meza, Ian Isaac Martínez Valle, Santiago Corona Carranza, Axel Abraham Angulo Cázares, Javier Ángel Merancio Valdez, Andrés Alonso García Duarte, Carlos Alán Santos Martínez, Martín Raymundo de la Cruz Armenta, Julio César Márquez Báez, Jesús Julián Valdez Rivera, Santiago de Jesús Zavala Lemas, Daniel Alberto Gayzueta Cabanillas, Xiunelth Emmanuel Rodríguez García, Aquiles Dreneth Hernández Márquez, Daniel Rafael Navarro Valenzuela, Juan Carlos Rodríguez Othón, Germán Paúl León Vázquez, Bryan Alexander Méndez García, Jesús Antonio Chambert López, Luis Denzel Durazo López, Daré Omar Valenzuela Contreras, Jonathan Jesús de los Reyes Luna, Emily Guadalupe Cevallos Badilla, Juan Israel Fernández Lara, Jorge Sebastián Carrillo González, Ximena Álvarez Cota, Daniela Guadalupe Reyes Carretas, Juan Carlos Rascón Holguín.

Para ell@s pedimos justicia.

Porque nosotros sabemos bien que nombrar a los muertos es una forma de no abandonarlos, de no abandonarnos.

Don Javier:

Sepa que también haremos un llamado a nuestr@s compañer@s de La Otra en México y a quienes están en otros países para que se sumen a la movilización que han convocado.

Estaremos atentos a lo que vaya aconteciendo para apoyar en lo que podamos.

Vale. Salud y no olviden que no están sol@s. ❧

Desde las montañas del Sureste Mexicano,
Subcomandante Insurgente Marcos
México, abril del 2011

Los seis puntos del Pacto Nacional por la Paz

Ante la emergencia nacional, hoy más que nunca resulta necesario tomar medidas urgentes para detener esta guerra con su escalada de violencia y regenerar el tejido social y comunitario.

Este momento histórico, adverso y profundamente violento, es resultado de estructuras económicas y sociales que generan desigualdad y exclusión Aquí impera la muerte lenta causada por la miseria, la pobreza, el desempleo, la destrucción del ambiente y la falta de oportunidades para el desarrollo pleno de nuestras vidas.

La guerra contra el narcotráfico es una manifestación de políticas y acuerdos internacionales que sitúan a México como el campo de batalla donde a los pobres de este país y de Centroamérica les toca pagar una alta cuota de vidas humanas para que las drogas lleguen a su destino y consoliden grandes negocios.

Frente a este escenario el Estado ha optado por una estrategia militar para enfrentar al crimen organizado y la protesta social privilegiando un proceso de militarización intensivo y extensivo de la seguridad pública no sólo por el amplio despliegue de las fuerzas militares en territorio nacional sino también por la creciente presencia de los mandos castrenses en la dirección de las policías civiles.

El resultado de esta estrategia, que pone en el centro la confrontación violenta, es una guerra civil donde mexicanos matan a mexicanos generando 40 mil ejecuciones en lo que va del sexenio.

Sólo en el mes pasado, en abril, se contabilizaron 1 427 asesinatos, considerando los cuerpos hallados en las narcofosas. Las víctimas civiles se cuentan ya por miles en todo el país: más de 230 mil personas desplazadas, 10 mil huérfanos –la Redim calcula 30 mil–, 10 mil secuestros de migrantes y más de 30 alcaldes asesinados.

Un componente fundamental que explica esta escalada de violencia y guerra es la enorme corrupción y su infiltración en el Estado en todos sus niveles.

El otro, es la impunidad –98.3 % de los delitos quedan sin castigo. Nuestro sistema de procuración e impartición de justicia es incapaz de investigar y sancionar a quienes cometen los delitos y la violación de derechos. Por ello:

1 Exigimos esclarecer asesinatos y desapariciones y nombrar a las víctimas

A.- Se deben esclarecer y resolver los asesinatos, las desapariciones, los secuestros, las fosas clandestinas, la trata de personas y el conjunto de delitos que han agraviado a la sociedad, y recuperar la identidad de todas las víctimas de homicidio.

B.- Exigimos a las autoridades estatales y federal la presentación pública de los autores intelectuales y materiales de algunos de los casos emblemáticos que han agraviado a la sociedad, entre ellos el de la familia Reyes Salazar, el de Marisela Escobedo y su hija Rubí, el de Bety Cariño y Jiri Jaakola, el de las niñas y niños de la guardería ABC, el de la familia LeBarón, el de los jóvenes de Villas de Salvárcar y el de los jóvenes de Morelos.

C.- Convocamos a la sociedad civil a rescatar la memoria de las víctimas de la violencia, a no olvidar y exigir justicia colocando en cada plaza o espacio público placas con los nombres de las víctimas.

2 Exigimos poner fin a la estrategia de guerra y asumir un enfoque de seguridad ciudadana

A.- Se debe cambiar el enfoque militarista y la estrategia de guerra de la seguridad pública y asumir una nueva estrategia de seguridad ciudadana con enfoque en los derechos humanos.

B (I).- Exigimos que antes de dos meses los Congresos locales aprueben la reforma constitucional en derechos humanos y sea publicada para darle plena efectividad, y que en el mismo plazo se instituya el mecanismo de protección a periodistas y a defensores de derechos humanos.

B (II).- Exigimos que no se aprueben leyes o normas que conculquen los derechos humanos y las garantías individuales bajo el concepto de seguridad nacional y que no se aprueben las modificaciones propuestas al dictamen de la Ley de Seguridad Nacional.

3 Exigimos combatir la corrupción y la impunidad

A.- Se requiere una amplia reforma en la procuración y administración de justicia que dote de verdadera autonomía al Ministerio Público y al Poder Judicial, y que establezca el control ciudadano sobre las policías y los cuerpos de seguridad. Se requiere un avance significativo en la reforma de los juicios orales y que se establezcan sistemas más efectivos de control judicial que reduzcan la discrecionalidad en los procedimientos y resoluciones de fondo. La justicia no puede seguir al servicio de intereses y cálculos políticos. También se requiere legislar para generar la capacidad para investigar y castigar a funcionarios públicos de los tres órdenes de gobierno en casos de corrupción.

B.- Exigimos que en máximo seis meses el Congreso elimine el fuero de legisladores y funcionarios de los tres órdenes de gobierno en materia de actos de corrupción, delitos del orden común y de crimen organizado.

4 Exigimos combatir la raíz económica y las ganancias del crimen

A.- La criminalidad y su violencia tienen como motor las ganancias derivadas del narcotráfico, el secuestro, la trata de personas, la extorsión, la venta de protección y demás delitos que, después, reinyectan en la economía mediante el lavado de dinero. Exigimos un combate frontal al lavado de dinero y activos de los delincuentes mediante la creación de unidades autónomas de investigación patrimonial en coordinación con la Unidad Federal de Inteligencia Financiera. Esto permitiría reunir material probatorio para formular acusaciones y dictar sentencias por actos de negocios ilegales.

B.- Exigimos la presentación de un informe a la Nación sobre los resultados de la investigación patrimonial y el lavado de dinero que muestre los casos más notorios que se han sancionado en este sexenio y sobre el avance en la integración de las unidades de investigación sobre lavado de dinero de las 32 entidades federativas y la federal.

5 Exigimos la atención de emergencia a la juventud y acciones efectivas de recuperación del tejido social

A.- La seguridad ciudadana no se resolverá con armas y violencia. Exigimos una política económica y social que genere oportunidades reales de educación, salud, cultura y empleo para jóvenes que son las principales víctimas de esta estrategia de guerra. Exigimos la recuperación del carácter público de la educación y la ruptura del control corporativo que ejerce la cúpula del SNTE sobre la política educativa, así como el incremento inmediato en los recursos destinados a las acciones sociales de seguridad ciudadana al menos en la misma proporción que los destinados a las fuerzas armadas y de seguridad pública.

B.- Exigimos que en los próximos tres meses se establezca un programa especial de emergencia nacional para los jóvenes que invierta las prioridades del presupuesto y garantice al menos el mismo monto destinado a la seguridad para la construcción de escuelas y el aumento de la matrícula en educación secundaria, media superior y superior; exigimos también un sistema universal de becas para estudiantes de secundaria y educación superior de escuelas públicas, así como recursos para proyectos culturales, deportivos, productivos y sociales realizados por los propios jóvenes y sus organizaciones, con el fin de reconstruir el tejido social en sus barrios, comunidades y unidades habitacionales.

6 Exigimos democracia participativa

La seguridad requiere democracia y nuevos medios de participación ciudadana. Exigimos, por lo mismo, que se amplíen los medios e instrumentos de participación ciudadana en los asuntos públicos mediante el reconocimiento institucional de la consulta popular, las candidaturas independientes, la revocación de mandato, la contraloría social y las acciones colectivas.

Se requiere una política de Estado en materia de telecomunicaciones que rompa en el menor tiempo posible los monopolios y genere una amplia democratización y apertura no sólo a la competencia sino al fortalecimiento de los medios públicos.

Exigimos a la Cámara de Diputados que, en un periodo extraordinario, a más tardar en dos meses apruebe la minuta de reforma política constitucional aprobada por el Senado que establece la consulta popular, la iniciativa legislativa, las candidaturas independientes y la reelección inmediata de legisladores y alcaldes.

Proponemos dos momentos para lograrlo:

1. Un pacto ciudadano entre los miembros de la sociedad civil y
2. una serie de planteamientos y de mandatos y exigencias a los gobernantes, a los líderes de los partidos políticos y a los actores del poder.

Este momento requiere de un esfuerzo de unidad y de organización de la sociedad civil nacional para que tengamos una sola voz y un conjunto de acciones conjuntas que nos permitan detener este estado de violencia, corrupción e impunidad que nos está destruyendo como personas y como nación. ❧

8 de marzo de 2011
Zócalo de la Ciudad de México

La Caravana del Consuelo y el Epicentro del Dolor

JULIÁN LeBARÓN
Carta al hijo de Javier Sicilia

Al inicio de la Caravana por la Paz a Ciudad Juárez
Ángel de la Independencia, Ciudad de México, a 4 de junio de 2011

1

Yo no llegué a tiempo para estrechar tu mano. Jamás pude verte a los ojos. No sé cuántos años viviste, ni a qué jugabas, ni cuál era tu comida favorita. No llegué a saber si tomaste de la mano a una mujer. Y nunca escuché tu voz.

Pero me duele mucho tu ausencia. Me la ha contagiado la mirada de tu padre.

Tampoco sé gran cosa de la vida ni de la suerte de tus compañeros, los que fueron asesinados junto contigo. Ni qué decir de los cuarenta mil hombres, mujeres y niños que ya no están aquí hoy.

¿Sabes? Yo perdí un hermano también. Lo mataron por querer vivir en paz. Pero tú tampoco lo conociste.

La cuenta de sangre es demasiado grande. El color rojo se acumula en el piso y comienza a borrar nombres, apellidos, vocaciones, edades, sexos, clases sociales y color de piel.

Hoy la tragedia colectiva tiene que ser capaz de reunirnos. Como nunca antes en la historia.

Esta vez la causa no es un terremoto ni una inundación. La causa es una semilla de desprecio por nosotros, la gente mexicana, que hemos cultivado en silencio por muchos años. Y ahora tenemos sus frutos a la vista.

Yo vengo a marchar para gritar que todos los muertos son hijos de alguien. No son piedras o números.

2

Imagina a los padres y las madres de toda la gente que está muriendo en México. Todos somos hijos de alguien. Y los ojos de los padres y las madres están acumulando tristeza y dolor. Pero los corazones acumulan decisión.

El hijo de Javier Sicilia ya no está aquí. Muchos otros hijos e hijas ya no están aquí. Yo quiero marchar en su nombre, porque no quiero ser el hijo anónimo de nadie. No quiero que la apatía acabe por borrarnos el rostro a todos.

Esta marcha es para volvernos a encontrar, entre nosotros, en una ruta de humanidad y fuerza.

Éste es el comienzo de la solución.

Dice el filósofo Keith Raniere que "el dolor humano es la fuerza motriz detrás de nuestra capacidad para ser nobles".

Yo los invito a que durante los próximos diez días marchemos y dejemos atrás, paso a paso, los prejuicios y el odio que nos impiden mirar al otro.

Propongamos en esta Caravana del Consuelo sentir profundamente y respetar nuestro dolor. Usemos ese gran instrumento como nuestra arma para conectar con el espíritu y la verdad. ✔

Julián LeBarón
A la Sultana del Norte

Monterrey, Nuevo León, 7 de junio de 2011

Conforme avanza esta Caravana, con cada ciudad que visitamos, con cada tragedia que nos platican, me queda cada vez más claro que las mexicanas y los mexicanos somos profundamente ignorantes y terriblemente pobres.

No tenemos ni entendemos la noción más elemental de comunidad; somos ignorantes. Y no somos capaces de ver a otros como seres humanos; somos pobres.

Esta ignorancia y esta pobreza nos han traído hasta aquí. Es por eso que en esta plaza no hay cien millones de personas tomadas de la mano para repudiar la muerte de más de cuarenta mil de nosotros.

¿Dónde están los demás? ¿En su trabajo? ¿En la escuela? ¿Viendo la tele? ¿Echando la hueva?

Todos los que no están aquí es porque hay algo que les importa más que la vida. Así de simple.

La ignorancia de comunidad y la pobreza de humanidad nos tienen aislados. Trabajando cada quien por su lado. México no sabe ser un equipo.

Tenemos que aprender.

Y esta Caravana es un buen referente. ¿Saben por qué? Porque Javier Sicilia es tan fuerte que se atreve a llorar en público el dolor que otros no quieren ni siquiera ver. Él es capaz de abrazar a las mujeres y los niños y estremecerse con ellos en un lazo de hermandad imponente.

¿Hay alguna otra forma de hacer equipo? ¿Hay alguna otra solución distinta al Amor? 🕊

JULIÁN LEBARÓN
Alas de alegría

Torreón, Coahuila, 8 de junio de 2011

¿Saben por qué vamos a ganar nosotros?

¿Saben por qué estoy más seguro que nunca de que la vida le va a ganar a la muerte?

Porque ayer en la noche, después de dos mil kilómetros de camino, a esta Caravana le salieron alas.

Ayer en la noche, en algún lugar de Monterrey, se extendieron sobre nosotros las alas de la alegría.

Encima del dolor, como protegiéndolo para que jamás se nos olvide, colocamos entre todos una sábana de música, canciones y baile.

Cerca de la medianoche, en una de las ciudades más violentas de México, una niña y un payaso nos iban guiando por las calles. La niña cantaba y el payaso saltaba. Los policías ya no querían ser policías porque sus ojos estaban sonriendo.

¿Dónde estaba el miedo anoche? ❧

VÍCTOR M. QUINTANA S.

Chihuahua ensangrentado y el MPJD

Pensaron que en Chihuahua, un estado tan extenso, cabrían sangre y muerte sin fin. La vasta entidad norteña y sobre todo Ciudad Juárez se convirtieron entre 2008 y 2011 en "el epicentro del dolor" como bien señaló Javier Sicilia a su llegada a la vulnerada frontera. Pero también, gracias a la gente y a la caravana que vino desde el sur, se empezó a reconstruir aquí la esperanza.

1. El remedio que desata la enfermedad

La malhadada "guerra contra el narcotráfico" de Felipe Calderón laceró particularmente estas tierras y a esta gente. El 27 de marzo de 2008 los gobiernos federal y estatal declaran que se inicia el Operativo Conjunto Chihuahua, con la llegada a la entidad de 2 026 elementos del Ejército además de efectivos de la Policía Federal. El titular de la Defensa anuncia que este operativo sería "permanente y agresivo, pues el objeto es fracturar a las células criminales y desmantelar su acción en la frontera norte del país".[1] A principios de 2009, llegan a Ciudad Juárez siete mil elementos más del Ejército, para enfrentar las crecientes ejecuciones. A pesar de ello, los homicidios se incrementan.[2]

El 18 de enero de 2010, el operativo se modifica. Se anuncia que el Ejército dejará las calles de las poblaciones del estado de Chihuahua y llegarán 2 000 elementos de la Policía Federal para hacer frente a los delitos de más alto impacto. No ha pasado ni siquiera el mes de haberse iniciado esta etapa cuando el 30 de enero de 2010 un comando armado ataca una vivienda donde se celebra una fiesta de jóvenes en Villas de Salvárcar, en Ciudad Juárez, y

---

[1] *El Heraldo de Chihuahua*, 28 de marzo de 2008, nota de Jorge Armendáriz.

[2] *El Heraldo de Chihuahua*, 4 de abril de 2010, nota de la redacción.

ejecuta a 18 personas. La indignación de los padres de los muchachos asesinados, de múltiples grupos de la sociedad civil, es tal que el mismo Felipe Calderón tiene que acudir a Juárez a escuchar las justas demandas de la población y en el mes de febrero anuncia un nuevo programa: "Todos somos Juárez", con millonarias inversiones para "hacer frente a la violencia y el delito y restaurar el tejido social de esa frontera".

A partir del inicio de estos operativos lo que se vive –y lo que se muere– en el estado de Chihuahua no se había vivido ni en lo cuantitativo ni en lo cualitativo nunca antes. Veamos algunos de los principales indicadores de la violencia criminal:

Homicidios dolosos: El año antes del operativo, el 2007, hubo alrededor de 519 homicidios en todo el estado; el siguiente año, el del inicio del Operativo Conjunto Chihuahua, el número de homicidios se multiplicó por cinco prácticamente, hasta llegar a 2 604; en 2009 la cifra llegó a 3 680 para alcanzar un máximo de 6 421 en el año 2010, y luego iniciar un descenso relativo en el número de asesinatos dolosos: 3 085 en 2011 y 1 758 en 2012 hasta el mes de octubre. Un total de 18 066 homicidios desde que comenzó el sexenio de Calderón hasta que terminó, y de 17 548 desde que comenzó el citado operativo de las fuerzas federales y estatales. Todo con datos de la Fiscalía General del Estado. En cuanto a la tasa de homicidios por 100 mil habitantes, de un 16.97% en 2007 se pasa a un terrorífico 148.9 por 100 mil habitantes en 2010. Según el prestigiado semanario *Zeta*, de Tijuana, B. C., prácticamente uno de cada cinco homicidios dolosos perpetrados durante el sexenio de Felipe Calderón se cometió en Chihuahua.

Asesinatos dolosos de mujeres: El estado de Chihuahua se empezó a distinguir desde el año 1993 por los asesinatos de mujeres, sobre todo de muchachas, en Ciudad Juárez y en la capital del estado. A partir de aquí se acuña el término *feminicidio* para designar al hecho de asesinar con lujo de crueldad a una mujer por el hecho de ser mujer, buscando hacerla sufrir al máximo. Ya que resulta difícil determinar cuáles de los asesinatos son feminicidios en este sentido del término, consideramos los asesinatos dolosos de mujeres en general. En el año en que el hecho empezó a llamar la atención, 1993, hubo 16 y hasta 2007 la cifra anual máxima fue de 55 en 2002; sin embargo, hay un descomunal ascenso de los homicidios dolosos de mujeres al comenzar los operativos policiaco-militares, pues de 42 en 2007 se triplica la cifra a 125 en 2008 y se multiplica por 10 en 2010 al llegar a 442.

Juvenicidios: El INEGI reporta que los homicidios de jóvenes de entre 15 y 29 años pasaron a ser la primera causa de muerte en este grupo de edad entre 2007 y 2009, pues la cifra se elevó de 2 977 al año a nivel nacional, a 7 438, un incremento de 147%. En Chihuahua, en el año 2007, el anterior al Operativo Conjunto, fueron ultimados 201 jóvenes, y en 2009, 1 647, un aumento de 719%. En Chihuahua los jóvenes corren un peligro cinco veces mayor de ser víctimas de homicidio que el promedio nacional.

Delitos en general: Según datos de la Fiscalía General, el total de delitos cometidos en el estado de Chihuahua en el año 2007 fue de 34 800; para 2010, la cifra se elevó a 66 125, un 90% más que antes del operativo.[3]

Desapariciones de personas: desde marzo de 2008 se cuentan alrededor de 200 *desapariciones forzadas* hasta abril de 2011 y de enero a agosto de 2011, 107.[4]

Pero no sólo es la violencia criminal la que sufre Chihuahua. Con motivo de esta *guerra* se ha desatado la *violencia de Estado*, es decir, las agresiones de diversos cuerpos policíacos y militares contra la población civil, atropellando los derechos humanos de ésta. Al 22 de septiembre de 2011 se cuentan 1 092 denuncias en toda la entidad por violaciones a las garantías individuales cometidas por fuerzas militares y policíacas desde que comenzó el Operativo Conjunto Chihuahua, pero se calcula que esto representa sólo el 10% de los casos ocurridos.[5]

Éstos son los guarismos de la muerte, de la sangre y del dolor. Podríamos hablar también de los tremendos impactos económicos, sociales, psicosociales y culturales que han producido en Chihuahua todos estos años de violencia, pero para este espacio baste decir que fueron años de regresión, de deterioro generalizado en todos los aspectos.

---

[3] Datos de la Fiscalía General del estado.

[4] Datos de *Justicia para Nuestras Hijas*, A.C. consultados en: http://www.justiciaparanuestrashijas.org/

[5] *El Diario*, Ciudad Juárez, 22 de septiembre de 2011.

2. De víctimas a sujetos

A pesar de que el grueso de las y los chihuahuenses fue presa del espanto y de la inmovilidad todos estos años, hay muchos casos individuales, familiares y colectivos en que las víctimas y/o sus familiares convirtieron en acción su dolor, su pena en indignación, y se pusieron de pie para luchar colectivamente por la justicia y por la paz. De víctimas pasaron a ser sujetos.

Este tránsito de víctimas a sujetos es evidente en las madres de las muchachas desaparecidas, sobre todo en Ciudad Juárez y en la capital del estado; en las familias de las y los jóvenes masacrados en Villas de Salvárcar el 31 de enero de 2010; en el proceso que siguió la parentela de Benjamín LeBarón y Luis Widmar, asesinados en julio de 2009 en Galeana, para organizarse y desafiar a los secuestradores del hermano de aquél, Erick. También dan este paso los familiares de las decenas de personas objeto de desapariciones forzadas en el norte del país: en Torreón, en Saltillo, en Monterrey, o la familia de los Alvarado, desaparecidos en el ejido Benito Juárez en diciembre de 2009, así como la valerosa familia Reyes Salazar, del Valle de Juárez, a quienes la violencia criminal o de Estado les arrancó a un hermano, dos hermanas, un sobrino y una cuñada. Proceso de transformación, también, el de Marisela Escobedo que nunca cejó de exigir justicia ante el feminicidio de su hija Ruby Frayre y que la condujo a ser asesinada por ello a las puertas mismas del Palacio de Gobierno de Chihuahua el 16 de diciembre de 2010.

Acompañan a estas víctimas devenidas sujetos diversas organizaciones sociales y defensoras y defensores de los derechos humanos en este lacerado estado norteño: el Centro de Defensa de los Derechos Humanos de las Mujeres, el Centro de Derechos Humanos Paso del Norte, la Comisión de Solidaridad y Defensa de los Derechos Humanos, Mujeres por México, el Movimiento por la Paz y la Vida Digna... Todas estas agrupaciones y otras más emprenden desde que es sacrificada Marisela Escobedo, en diciembre de 2010, una labor continua de protesta, de denuncia y de cultivo de la memoria de la sangre, plantándose cada jueves, como el jueves del feminicidio, afuera del Palacio de Gobierno, con ofrendas de flores y de velas. Una y otra vez colocan en la acera regada por la sangre de Marisela una placa, otras tantas veces la placa es arrancada por el gobierno.

Hay en todas estas personas y organizaciones mucho camino recorrido, experiencia acumulada, sabiduría extraída de sinsabores, enfrentamientos, represión, gestiones, búsquedas, denuncias. Son tal vez las organizaciones chihuahuenses las que más han sabido de combatir por la paz con justicia y dignidad en un estado dominado por la sangre y la violencia. Sin embargo, observan con gran respeto, esperanza y humildad el "Ya estamos hasta la madre", lanzado por Javier Sicilia aquella aciaga y a la vez prometedora primavera de 2011.

3. Chihuahua en las caravanas y las caravanas en Chihuahua

Cuando Sicilia convoca a la primera caravana, la de Cuernavaca al Zócalo, en abril de 2011, de inmediato se hacen presentes las personas que representan las luchas de Chihuahua. Van Gabino Gómez, de El Barzón, veterano de mil marchas, cabalgatas y tractoradas, Lucha Castro, del Centro de Defensa de los Derechos Humanos de las Mujeres, varias madres y padres de muchachas desaparecidas; entre varios dirigentes barzonistas, Ismael Solorio, quien será asesinado en octubre de 2012, junto con su esposa Manuelita, por defender la tierra y el agua de su ejido contra la minera Mag Silver; Luly, la mamá de Pamela Portillo, muchacha desaparecida en julio de 2010; Olga Reyes Salazar, de la familia diezmada en el Valle de Juárez, y el señor Rayas, padre de otra joven desaparecida, la "Güera Alvarado", de la familia de las dos jóvenes y un joven desaparecidos en el ejido Benito Juárez, presuntamente por el Ejército Mexicano. Se sumará también Julián LeBarón quien ha tomado el liderazgo de su comunidad en Galeana, luego del asesinato de su hermano Benjamín.

En general es un acompañamiento humilde, que aporta con discreción la vasta experiencia de tantos años de sangre, de muerte y de lucha en el norte. Al mismo tiempo, otras personas desde Chihuahua y Ciudad Juárez se empiezan a integrar al gran movimiento que despunta, participando en la elaboración de los documentos que habrán de leerse en el Zócalo.

Al partir de la Ciudad de México la "Caravana del Consuelo", rumbo a Ciudad Juárez, la mayoría de las víctimas-sujetos antes mencionadas se integran a ella. Gabino Gómez e Isabel Encerrado llevan en una camioneta la campana que año y medio antes hicieron tañer, casi en el mismo recorrido, las mujeres chihuahuenses del "Éxodo por la Vida".

La recepción de la caravana en el estado de Chihuahua es la ocasión que permite el reencuentro de muchos grupos y organizaciones sociales, así como de ciudadanas y ciudadanos distanciados o dispersos hasta entonces, tanto en la propia capital del estado como en Ciudad Juárez: familiares de víctimas, organizaciones de derechos humanos, organizaciones campesinas, de mujeres, de consumidores, de jóvenes, de cultura, etcétera, trabajan por superar sus diferencias y no sólo dar una adecuada recepción a los caravaneros, sino aprovechar el acontecimiento para avanzar en la propia lucha en Chihuahua.

La llegada el 8 de junio a territorio chihuahuense es mucho más emotiva de lo pensado: retrasan a la caravana los múltiples actos de recepción o al menos de saludo al pasar que la gente brinda espontáneamente en las principales localidades del sur y centro del estado. Al llegar a la capital, al filo de la medianoche, se da un cálido y solidario acto de recepción. Mujeres organizadas, derechohumanistas, barzonistas, frentistas, gente sin organización o partido abrazando, repartiendo comidas y bebidas, trasladando a los caravaneros al albergue. Es la noche de la fraternidad y solidaridad que hace mucho Chihuahua estaba demandando.

Al día siguiente, 9 de junio, la ciudad vive una jornada que hace mucho merecía. Se comenzó con una marcha encabezada por Javier Sicilia desde el Santuario hasta el Palacio de Gobierno. El contingente del recorrido y del mitin posterior es el mayor que se ha dado en todos estos años de dolor en la capital norteña. En el mitin toman la palabra las víctimas, las que antes habían sido localizadas y las que en ese momento fueron atraídas por el imán de la lucha por la justicia y la dignidad.

El evento tiene un final justiciero: luego de medio año de quitar y de poner la placa conmemorativa del feminicidio de Marisela Escobedo en la acera de Palacio de Gobierno, Javier Sicilia atornilla la placa definitiva, metálica, que nunca se ha vuelto ni se volverá a arrancar. Memoria en hierro para mujeres de hierro y de ternura.

Ese mismo día se parte a Ciudad Juárez: emocionada recepción en la joroba del puente de la entrada a la adolorida ciudad. María Elena Dávila, madre de dos muchachos sacrificados en Villas de Salvárcar, da la bienvenida a Sicilia y a los caravaneros, la misma madre que año y medio antes le había espetado a Calderón, días después del asesinato de los jóvenes: "Usted no es bienvenido a Ciudad Juárez".

Noche calurosa aquélla, en todos los aspectos. Gran concentración en la unidad deportiva construida en Villas de Salvárcar. Encuentro de Sicilia con los dolientes. Palabras de consuelo, abrazos, lágrimas por los caídos, lágrimas de los que se pusieron de pie. Memoria de los 10 000 muertos que hasta esta fecha ha pagado esta heroica frontera.

Viernes: el día en que se quiere que la caravana dé más y más, de lo que puede dar. Mesas de discusión en el campus de la Universidad Autónoma de Ciudad Juárez. La diversidad del movimiento es patente, como también los jaloneos para conducirlo a este o a este otro lado; inconformidad en las mesas al no reflejar todo lo que se dijo; cuasi imposibilidad de la comisión relatora para extraer del fárrago lo esencial, lo mejor para el presente y futuro próximo del movimiento. Se termina por una solución intermedia que no satisface a nadie. El manifiesto final, esperado por todo el mundo, llega a manos de Javier Sicilia justo en el momento en que se va a leer. Conforme le da lectura en su rostro se va expresando el desacuerdo con algunos de los planteamientos. Hay además algo de confusión en el acto y, en un momento dado, en el presídium sólo hay varones, sobre todo clérigos, y ninguna mujer. Sin embargo, este cierre en el monumento a Juárez destaca por su poder de convocatoria y por su fuerza expresiva más allá de las diferencias.

Las actividades en El Paso, Texas, el sábado once, muestran dos cosas: la primera, que la capacidad de convocatoria del movimiento es grande también allende el Bravo, no sólo entre hispanos, sino también en algunos sectores anglos. En segundo lugar, la presencia de varias personas, mexicanas, refugiadas en los Estados Unidos demandando asilo político, revela que Washington mismo, antes que Los Pinos, reconoce que esta insensata guerra ha hecho que para muchas personas honestas y trabajadoras de México el seguir habitando en su querido país representa peligro inminente de muerte.

Se ha comentado, se ha criticado la postura de Javier Sicilia, quien declaró que el Pacto Ciudadano leído y firmado la noche del viernes 11 no es sino una relatoría de las mesas y que el verdadero pacto son las seis exigencias del documento del 8 de mayo leído en el Zócalo de la Ciudad de México. Algunos incluso se dicen traicionados. Aquí no debe verse la mala voluntad o el afán de manipular, sino una deficiencia propia de un movimiento que tiene más de carisma, de carácter simbólico expresivo, que de estructura organizativa y retórica política. A nadie se le ocurrió que resultaba demasiado ambicioso que luego de tres horas de discusión en nueve meses de trabajo, a las que acudieron más de 600 personas, sería prácticamente imposible salir con un documento –el pacto– sólido, incluyente, bien trabajado, que orientara las siguientes etapas del Movimiento. Tal vez Sicilia se excedió en su apreciación sobre esa redacción del pacto, pero es explicable por la responsabilidad que siente de que nadie se aleje del Movimiento, de que nadie se sienta excluido o excluida del mismo.

En su paso y en su llegada a Chihuahua, la Caravana del Consuelo vino a consolar a tanta víctima de este ensangrentado estado. Pero también vino a visibilizar los trabajos y los días de las familias de tantas mujeres y hombres desaparecidos o asesinados; de las organizaciones sociales y de derechos humanos que los acompañan; vino a fortalecer todas estas luchas, a legitimarlas ante una opinión pública a veces incrédula o apática. Vino a darles ánimo y a fortalecer su mística, a cultivar la memoria de gente como Marisela Escobedo. También vino a aprender, a beber de las experiencias de un puñado de mujeres y de hombres que, aun antes que el MPJD naciera, ya estaban luchando en estas lejanas y áridas tierras norteñas por los mismos propósitos.

4. La Caravana del Sur y la de los Estados Unidos.

Las dos caravanas que emprende luego el Movimiento por la Paz con Justicia y Dignidad tienen poca participación de chihuahuenses. En la Caravana del Sur se integran, como siempre Gabino Gómez y Olga Reyes, además de Rosalía Morales, el ingeniero Arvizo y, en Tabasco, Julián LeBarón. Como en Chihuahua continúan las violencias, las y los activistas se concentran en atender toda la diversidad de problemas que se presentan.

Un año después, sólo Olga Reyes Salazar y Cipriano Jurado, juarense que ya ha obtenido el asilo político en los Estados Unidos por las amenazas de que fue víctima, se integran a la caravana por aquella nación. Un nutrido grupo de activistas norteñas y norteños se da cita en El Paso Texas, cuando la caravana pasa por ahí. Alguno de ellos le dice a Javier Sicilia:

> Javier: la historia de los Estados Unidos ha estado plagada de caravanas del Este al Oeste. Han sido las caravanas de los conquistadores y los colonizadores, quienes venían a despojar a los indígenas, a apoderarse de sus tierras y sus recursos. Fueron caravanas de la codicia y de la sangre […] Ahora tú encabezas una caravana en sentido contrario: del Oeste al Este, pero también en sentido ético y simbólico contrario: vas a encontrar a la gente que sufre, a solidarizarte con quienes han sido víctimas de violencias y despojos. No a apoderarte de tierras, sino a hacer un llamado a las conciencias […] esta caravana tiene por eso mucho de las *road pictures*, de *Easy rider*, resuena al *On the road* de Jack Kerouac, pues la integra gente que busca la paz y la justicia por caminos nuevos, peregrinando, contradiciendo. Tiene reminiscencias, también,

de esa terrible y actual novela de Cormack McCarthy: *The Road* donde un padre y un hijo cruzan un Estados Unidos devastado por la guerra atómica, defendiéndose de las bandas depredadoras, buscando el mar sólo porque creen que en el mar las cosas serán diferentes [...] tus caravanas como poeta y como sujeto del dolor no podrán ser evaluadas con parámetros precisos, porque son caravanas que nos quieren decir que a pesar de las ruinas y de las cenizas hay que ponerse de pie y buscar la mar.

5. Algunas reflexiones para terminar...
y seguir reflexionando

Las caravanas que promovió el Movimiento por la Paz con Justicia y Dignidad encabezado por Javier Sicilia tal vez no pudieron detener la guerra calderoniana ni detener las violencias en este país; sin embargo, sus recorridos y los diálogos con el gobierno en el Castillo de Chapultepec obtuvieron logros muy importantes:

Visibilizaron a las víctimas: El caminar de tantos pies por la geografía de las violencias levantó, no el polvo de los senderos, sino el miedo de los espíritus, el silencio de los atemorizados, la denuncia de los amenazados. Las víctimas irrumpieron en el espacio público nacional. Sin demérito alguno de sus dramas personales y familiares plantearon asuntos públicos, agendas que van mucho más allá de sus condiciones particulares. Exigieron soluciones estructurales, no respuestas a su dolorosa coyuntura: atender las raíces sociales de la violencia, sobre todo atendiendo los derechos de los jóvenes; cancelar las concesiones mineras que atropellan a las comunidades indias en su propio territorio, el derecho de ellas mismas al agua; establecer leyes de víctimas, fiscalías especiales para feminicidios y desapariciones forzadas, etcétera.

Rompieron el monopolio de la "esfera pública", dominada casi totalmente por las instancias de gobierno y los partidos: Llegaron hasta la cocina, los ciudadanos y las ciudadanas, como en años pasados lo hicieron los zapatistas. No sólo empezaron a abrir la esfera de lo público, empezaron también a cambiar el lenguaje formalista de la política institucional por los códigos de la autenticidad, de la fidelidad de las palabras a los intensos dolores y a las justas exigencias.

Visibilizaron la negligencia del gobierno: No hubo prácticamente ningún caso, entre los cientos que se presentaron de asesinatos, secuestros, desapariciones forzadas, violaciones, en que las y los denunciantes dejaran de señalar la actitud, cuando menos irresponsable, de los diversos órdenes de gobierno

Hicieron vigente una nueva ética pública: En su trayecto se practicaron nuevos o tal vez muy viejos y olvidados valores: el encuentro fraternal, sororal también, con las y los diferentes, la no violencia como actitud cultivada desde muy adentro, hecha efectiva no sólo en no levantar el brazo contra alguien, sino en la palabra que se emite.

Empezaron a cambiar los lenguajes: De ella va surgiendo un nuevo lenguaje, verbal y no verbal, muy alejado del engolamiento oral y la arrogancia gestual de los profesionales de la política. El discurso de la sencillez, del sentimiento auténtico, de la figura poética desterrada de las peroratas centradas en el poder.

Derrumbaron el mito gubernamental de que "se están matando entre ellos": Con la frase categórica de Sicilia en el diálogo del Castillo de Chapultepec, "no somos víctimas colaterales", y con la elocuente presencia ahí mismo de las víctimas, personas honestas, madres y padres de familia, dirigentes indígenas, agricultores, amas de casa, cuyos seres queridos han sido asesinados, secuestrados, desaparecidos forzadamente; con todo eso se impone una verdad incuestionable: en esta guerra que libran gobiernos y criminales ha habido miles de víctimas inocentes. No son blancos casuales del fuego cruzado, sino objetivo directo de muchas acciones criminales y, lo más reprobable, de violaciones a sus garantías constitucionales por parte de las fuerzas del orden.

Las y los representantes de este Chihuahua ensangrentado le apostamos al Movimiento por la Paz con Justicia y Dignidad. En las caravanas, en las reuniones posteriores vimos en él la opción que este país tenía de hacer frente a tanta sangre y a tanta muerte. Puede ser que el Movimiento no haya respondido a las expectativas de mucha gente; eso es normal en cualquier movimiento social: el salto de la muerte del momento carismático-simbólico al de la eficacia y la instrumentación de políticas. Pero en todo caso nos queda claro que el MPJD y quienes luchamos en estas tierras norteñas respondimos con honestidad a lo que esas horas terribles nos demandaban. Por otro lado, no podíamos pedirle al Movimiento que viniera a resolver los mil y un problemas que las violencias nos siguen planteando. Por eso seguimos luchando por acá, siempre listos a llamar o a ser llamados de nuevo a otra lucha más allá de todos nosotros. ❦

JULIÁN LEBARÓN

Antes de recolocar la placa de Marisela Escobedo

Ciudad de Chihuahua, 9 de junio de 2011

Aquí donde estoy parado es el suelo donde se regó su sangre. ¡Esa sangre moja el suelo de todo el estado de Chihuahua!

Yo acuso al gobierno federal por la muerte de Marisela. También acuso a todos los panistas del país, y a todos los priistas.

Yo acuso también a los perredistas.

Y a los que no tienen partido político.

Yo acuso a las iglesias por la muerte de Marisela. Y también a todos los que no creen en Dios.

Acuso a los gobernadores, a los presidentes municipales; a los padres de familia. Y también a sus hijos.

Yo los acuso a todos ustedes por la muerte de Marisela Escobedo.

Yo me acuso a mí mismo, Julián LeBarón, por la muerte de esta mujer. Su sangre está fresca en este suelo y moja mis zapatos. ¡Mis manos están manchadas con su sangre!

Porqué debí haber estado con ella aquí ese día. Todos debimos haber estado con ella. Pero la dejamos sola. ¡Sola! Por eso la mataron. Por eso siguen matando a más hermanas y hermanos nuestros. Porque nos dejamos solos unos a otros. ¡Y por eso yo acuso hoy!

He decido mirar al futuro para detener esta guerra. He guardado mi dolor en mi corazón, y también el de todos ustedes. Hoy me bajo del autobús de las víctimas. Así debe ser.

No puedo viajar en él toda mi vida. Es tiempo de ser agentes del cambio y trabajar activamente en comunidad para que los que todavía no nacen aspiren a un futuro de paz.

¡Que viva esta Caravana por siempre! ❧

E D U A R D O V Á Z Q U E Z M A R T Í N
Y el dolor se hizo al camino

Lejos de las agendas de los partidos, de la disputa por el poder que inunda los medios y desata una lucha de intereses donde participa la clase política, los empresarios y sindicatos, los poderes públicos y fácticos, incluido el crimen organizado, un grupo de alrededor de quinientos ciudadanos, encabezados por Javier Sicilia, Julián LeBarón y Olga Reyes Salazar, seguidos por decenas de víctimas de la violencia y apoyados por defensores de derechos humanos, comunidades eclesiásticas de base y personas de todas las identidades imaginables (estudiantes, ambientalistas, indígenas, poetas, teatreros, payasos, músicos, maestros, sindicalistas…), parten el 5 de junio de Morelos, para visitar el Distrito Federal, Michoacán, San Luis Potosí, Zacatecas, Durango, Coahuila y Chihuahua, y encontrarse en el camino con cientos de víctimas de la violencia que asuela el país para compartir con ellas experiencias, brindarles solidaridad y consuelo, y abrir espacios públicos para escuchar su dolor e indignación.

Esta movilización tuvo dos momentos: el primero, el más extenso y valioso, fue la caravana misma, el encuentro con los habitantes de las ciudades y con las víctimas y agraviados de cada entidad, con la gente de pueblos y rancherías que salió al paso para celebrar el esfuerzo de Sicilia y sus acompañantes por poner fin al silencio que pesa sobre las víctimas, que a este momento suman decenas de miles de mexicanos. Un segundo escenario tendría lugar en Ciudad Juárez, donde la cita a un diálogo sobre la agenda del Pacto Nacional y sus seis puntos convocó mayor interés entre los activistas, organizaciones políticas, sindicales y estudiantiles que acompañaban la caravana, pero que no habían tenido la oportunidad de expresar sus proyectos ni sus cosmovisiones (marxistas, anarquistas, animistas, católicas, cristianas, humanistas, etcétera), ya que los frágiles templetes que se levantaron en las distintas ciudades han estado reservados para las víctimas, con la única excepción de la poesía, que en todas las plazas ha abierto y cerraba el uso de la palabra, para dar paso después a un minuto de silencio.

Participar en la caravana nos cambió definitivamente la imagen del país: la indefensión de la ciudadanía frente a los hombres de la muerte es absoluta, el furor criminal es de una enfermedad mental aterradora, la autoridad es omisa, cómplice o directamente forma parte del crimen organizado. La desgarradura es terrible, el dolor no para. Me vienen en cascada las imágenes que escuché relatadas en las diferentes ciudades: talamontes escoltados por policías, las cabezas rodando en las carreteras, la madre a la que le mataron tres hijos, el niño al que le mataron al padre, el rostro de un muchacho asesinado en Monterrey desfigurado a balazos tras ser abatido por soldados para dificultar su identificación, la madre a la que le mataron al esposo y hoy tiene que defender a su hija adolescente del asedio sexual de los asesinos, los jóvenes detenidos en las plazas públicas de los que no se vuelve a saber nada, los adictos acribillados en centros de recuperación miserables, las muchachas a las que se violó y mutiló hasta provocarles la muerte, los defensores de derechos humanos asesinados en la calle, a pleno día, para escarmiento de la sociedad, y lo de siempre: ni ministerio público ni investigación ni juez ni justicia. Impunidad, simulación y crueldad de parte de los servidores públicos, centenares de licenciados, policías y militares haciéndose literalmente güeyes, cuando no encubriendo a los agresores e intimidando a las víctimas.

En Juárez, una parte del movimiento, la integrada por universitarios educados en la radicalidad discursiva, decidió que era el momento de tomar la moderación y la relatoría de las mesas, pedir uno tras otro la palabra para repetir las mismas ideas que sus correligionarios, cansar a quienes piensan diferente: en fin, lo que se conoce en la jerga universitaria como "ganar la asamblea". Esta acción, un tanto pueril, obligó a Sicilia y a Emilio Álvarez Icaza a desconocer los "acuerdos" tomados en esas mesas, sobre todo aquellos con los que se pretendía impedir el contacto con las autoridades y se condicionaba cualquier diálogo al regreso del ejército a los cuarteles. Sicilia les dijo a estos jóvenes que de ninguna manera permitirá que se coaccione el derecho a hablar de este colectivo, el de las víctimas, que se propone justo lo contrario: expresarse por todos los medios, hacer oír su voz en todos los espacios, convertirse en interlocutores de las instituciones para ser capaces de obligarlas a reconocer los efectos de la guerra y a modificar las políticas públicas en favor de la paz y no de la guerra.

La respuesta de los medios a este desencuentro entre una expresión de la izquierda universitaria y el movimiento tiene dos extremos patéticos: de un lado, el de aquellos que ven en el proverbial infantilismo de izquierda el rostro encubierto del crimen organizado, con lo que se insiste en uno de los mitos de esta guerra: el de que todas las víctimas tienen cierto grado de vinculación con los criminales, y reincide en el peligrosísimo error de criminalizar la protesta social (posición que favorece el camino de la represión policíaca o la supresión violenta por parte de los múltiples grupos criminales que operan en un escenario de inexistencia del estado de derecho). Del otro lado está Octavio Rodríguez Araujo con su artículo "Congruencia, poeta", que celebra que el poeta católico haya sido "rebasado por la izquierda", y que las contradicciones en el seno del movimiento hayan provocado su radicalización revolucionaria. De un lado aquellos que ven al poeta como un tonto útil manipulado por las fuerzas oscuras (o las malas compañías); del otro, quien considera al poeta un pequeñoburgués romántico al que hay que imponerle el programa revolucionario que la izquierda política enarbola desde el 2006.

Ante esta situación, Javier envió una carta en que aclaró su punto de vista, unas palabras que van dirigidas a todos los que participaron en la caravana pero que también busca hacer recapacitar a ese grupo de muchachos, más o menos de la edad de su hijo, y a quienes no estigmatiza, pero con quienes no piensa jugar el juego de la asamblea permanente y la repetición de las consignas.

Los movimientos sociales son a veces grandes ejercicios pedagógicos, y este movimiento está dando una clase magistral de responsabilidad civil y dignidad (como en la concentración de San Luis Potosí, donde LeBarón y Sicilia emplazaron a los manifestantes a dejar el lenguaje de las mentadas de madre y a cambiar el país con amor e inteligencia). En cada mitin las víctimas de la violencia le han mostrado al país que no todos los mexicanos son corruptos, cínicos y criminales, que también existe una ciudadanía pacífica y valiente, que a pesar de estar amenazada por criminales y/o autoridades, de no tener acceso a la justicia y ser ignorada por la clase política, está convocando a la refundación de una república pacífica a partir de la defensa de la verdad, la justicia, la fraternidad, la participación democrática y el bienestar público.

La caravana abrió un espacio imprescindible para la expresión de quienes han padecido las peores consecuencias de la guerra; ese trabajo está llamado a traducirse en una red nacional de apoyo a las víctimas y a construir un movimiento crítico capaz de desarrollar un relato diferente del que ha divulgado el gobierno y han repetido las televisoras (el drama reducido al asesinato entre sicarios, criminales abatidos por las fuerzas del orden y unos cuantos civiles enterrados en la fosa común de los "daños colaterales"). El otro terreno en el que se mueve el movimiento es el de la política, pues el testimonio que difunde revela lo que Javier Sicilia llama el pudrimiento de las instituciones y la corrupción del poder político en México. Pedirles a las víctimas que además de su duelo, desde la absoluta indefensión que han padecido, se hagan cargo de la refundación de la nación es pedirles demasiado, es un acto más de injusticia. Por eso el movimiento necesita del diálogo, porque tiene que hacerse oír en el Senado y con los diputados, en las procuradurías, en Palacio Nacional, en los cuarteles, en las universidades, en los medios y en la plaza pública; porque no se trata del reclamo de otro sector social con demandas particulares digno de ser atendido por operadores políticos, por profesionales de la neutralización o la cooptación, sino de la voz de cientos de personas que nos alertan sobre el avance del fuego en un país sin ley envuelto en un baño de sangre. ❧

Raúl Romero
Encuentros y desencuentros de un movimiento en construcción

I. El principio

La tarde del viernes 29 de octubre de 2010, se difundió en las redes sociales que una manifestación de jóvenes universitarios en Ciudad Juárez, Chihuahua, había sido agredida por la policía local. Los jóvenes se manifestaban contra la violencia que azotaba a la región desde la década de 1990, la cual se había recrudecido con la guerra desatada en 2006 por el entonces presidente de México, Felipe Calderón Hinojosa. Durante la manifestación los policías dispararon sus armas hiriendo a un estudiante de la Universidad Autónoma de Ciudad Juárez (UACJ).

En la Ciudad de México, distintos colectivos de jóvenes, estudiantes y académicos comenzaron a manifestarse en respuesta a dichas agresiones, pero también contra la guerra en el país. Por aquellos días, ya se documentaban más de 27 000 asesinados y aproximadamente 5 000 desaparecidos; sin embargo, el tema aún no se concebía como "problema nacional" y los "líderes de opinión" apenas hacían breves menciones de estos sucesos. En cierta forma, había un cerco mediático que dificultaba el acceso a la información sobre los saldos de la estrategia de seguridad implementada desde la Presidencia de la República.

Durante la última semana de octubre y las primeras de noviembre, continuaron las protestas. Se hicieron "caminatas contra la guerra" al interior de la Universidad Nacional Autónoma de México (UNAM) y en el Instituto Politécnico Nacional (IPN). Casi todas estas manifestaciones eran por la noche y los activistas llevaban veladoras. Algunos *performances* fueron creados con el objetivo de ilustrar la situación que se vivía en el país. Se repartía propaganda y se mantenían reuniones en escuelas y facultades. Una asamblea general fue necesaria para coordinar los distintos esfuerzos que surgían.

El movimiento iba creciendo, cada vez se sumaban más personas y colectivos. El descontento era generalizado y sólo faltaban organización y coordinación. Nació entonces la Coordinadora Metropolitana contra la Militarización y la Violencia (COMECOM), un espacio "amplio y sin fines partidistas" con cuatro ejes de lucha: 1) en contra de la militarización y la violencia en el país, 2) en solidaridad con Ciudad Juárez, 3) por la defensa de la autonomía de las universidades y 4) en repudio a los juvenicidios.

Con la movilización también vino el proceso de análisis y reflexión. Se construían caracterizaciones del Estado mexicano y se discutían hipótesis sobre las causas de la guerra. La mayoría de los integrantes de la COMECOM estaban de acuerdo en que la guerra era una estrategia implementada desde el Estado, que en contubernio con el gran capital, buscaba generar terror para avanzar con las reformas neoliberales. La tesis principal de la COMECOM era que se había configurado un Estado terrorista.

Como cada año, el 20 de noviembre el Ejército Mexicano desfiló por las calles del Centro Histórico con motivo del aniversario de la Revolución Mexicana. Los colectivos que se articulaban en la COMECOM acordaron salir a la calle a manifestarse y distribuir información. Acordaron llegar en pequeños grupos al desfile y hacer acciones en distintos puntos; luego se juntarían todas y todos a las cuatro de la tarde en el Museo Nacional de Antropología e Historia para marchar rumbo al Zócalo capitalino.

La movilización, que convocó apenas a un centenar de personas, fue encapsulada por cientos de granaderos. Las agresiones de la policía hacia los manifestantes fueron constantes: empujones, patadas, insultos y golpes con los escudos. Buscaban que los manifestantes cayeran en la provocación y tener pretextos para detenerlos. No fue así. Desde dentro de la "burbuja" formada por la policía varios jóvenes iniciaron una representación teatral, acción que destensó la situación y facilitó que los manifestantes pudieran regresar a sus hogares sin ser detenidos.

Los sucesos del 20 de noviembre hicieron que la COMECOM reevaluara sus estrategias. Si pensaban seguir en la lucha, necesitaban ser más pedagógicos para transmitir la legitimidad de su causa y continuar creciendo. Acordaron entonces realizar una Jornada contra la Militarización y la Violencia para el 17 y 18 de febrero, esto en el contexto del Día del Ejército Mexicano que se conmemora el 19 de febrero.

Durante diciembre y enero la COMECOM continuó con pequeñas acciones de difusión encaminadas a la Jornada del 17 y 18 de febrero. El 24 de enero se dio una conferencia de prensa en la que se anunciaron las acciones que se tenían programadas: una marcha, un foro y un evento político-cultural. Para entonces ya eran más de 20 organizaciones sociales las que se coordinaban en ese espacio, entre ellas el Sindicato Mexicano de Electricistas (SME).

El 17 de febrero a las cinco de la tarde comenzaron a concentrarse los contingentes en el Monumento a Álvaro Obregón en la Ciudad de México. Una hora después inició la marcha. La movilización agrupaba a unas 2 000 personas: pocas aún, pero un avance importante si se comparan con las 100 personas que se movilizaron tres meses antes. La marcha culminó en la explanada de la Torre de Rectoría de la UNAM, sitio en el que dibujaron un mapa de la República Mexicana con más de 7 000 veladoras. Al día siguiente gran parte de la prensa nacional –incluso Televisa y TV Azteca– informaron sobre las acciones de la COMECOM. El foro y el acto político-cultural también fueron un éxito. El cerco mediático se había roto; ahora podían insertarse las posiciones contra la guerra en la prensa nacional.

II. El encuentro

El 28 de marzo de 2011 los medios de comunicación informaron de un asesinato múltiple en el estado de Morelos. En este lamentable suceso había muerto Juan Francisco Sicilia, hijo del poeta Javier Sicilia.

Javier Sicilia, además de poeta, es periodista y apoya a distintos movimientos sociales. Precisamente por esto, el asesinato de su hijo tuvo gran repercusión en la prensa nacional y en las organizaciones de la sociedad civil.

Como resultado del crimen, de la violencia en Morelos y del cariño que el sector cultural de Cuernavaca le tiene a la familia Sicilia, la indignación se transformó en movilización. En pocos días se realizaron un par de marchas y el debate público sobre la violencia cobró gran relevancia. Los integrantes de la COMECOM vieron esto con gran interés, al punto que se nombró una comisión de enlace para acercarse a lo que sucedía en Cuernavaca, donde ya se había conformado la Red por la Paz y la Justicia.

En el mes de abril una comisión de la COMECOM participó en distintos actos convocados por la Red: marchas, reuniones y guardias del plantón que se instaló en el zócalo de Cuernavaca. Mientras tanto, en la Ciudad de México la mayor parte de sus integrantes continuaban con labores de difusión y organización, construían alianzas con otras organizaciones de jóvenes de Morelos y se reforzaban los lazos con las organizaciones de Chihuahua.

Por aquellos días se definió que la siguiente acción de la Red sería una caravana a la Ciudad de México. La caminata sería en silencio y duraría del 5 al 8 de mayo, haciendo paradas en distintos lugares y convocando a movilizarse en todo el país. La manifestación llevaría por nombre Marcha por la Paz con Justicia y Dignidad.

Para organizar la movilización se llevaron a cabo varias reuniones sectoriales. El objetivo era que todas las personas y organizaciones que quisieran colaborar encontraran un espacio para hacerlo. En este sentido, el 28 y 29 de abril tuvo lugar el Encuentro Nacional de Jóvenes en Emergencia Nacional, espacio en el que confluyeron más de 150 jóvenes de distintos lugares de México. Muchos estaban ahí representando a sus organizaciones, otros tantos asistían a título individual. Con el encuentro se intentaba definir la forma en que se incorporaría el sector de jóvenes al movimiento que se estaba gestando. Los asistentes al encuentro acordaron participar activamente en las movilizaciones impulsando 6 demandas: Desmilitarización inmediata, Alto a la violencia y a la impunidad, Descriminalización del consumo de drogas, Vida digna, Arte y cultura para todos y Educación.

También durante el Encuentro Nacional de Jóvenes comenzaron a surgir críticas a los actores más protagónicos del Movimiento y a las formas en que tomaban las decisiones. Por ejemplo, algunas organizaciones rechazaban que la marcha fuera en silencio. También decían que el discurso no era "suficientemente combativo". Las diferencias ideológicas se agudizaban: por un lado aquellos que ponían fuerte énfasis en la guerra como una fase del capitalismo, en la responsabilidad del Estado y de las corporaciones, y reivindicaban al pueblo y la lucha de clases; por otro lado quienes apelaban a un discurso "desideologizado", a la paz, a la sociedad civil, y reivindicaban el diálogo y la reconciliación.

Los preparativos para la Marcha por la Paz con Justicia y Dignidad avanzaron. Las comunidades eclesiásticas de base hicieron suya la convocatoria y garantizaron hospedaje y alimentación en varios poblados. Se acordó que la noche del 7 de mayo el contingente dormiría en las instalaciones de la Ciudad Universitaria de la UNAM, lo que generó que cientos de universitarios se sumaran a la planeación y movilización.

La respuesta de la sociedad a la convocatoria de movilizarse por la paz con justicia y dignidad fue excelente. Se anunciaron concentraciones en distintas partes del mundo y del país. El EZLN informó que marcharían en Chiapas y la Confederación Patronal de la República Mexicana (COPARMEX) también se adheriría a la marcha en el D. F. La demanda de justicia para las víctimas generaba gran simpatía entre la sociedad mexicana; las diferencias emergían al momento de analizar las causas de la guerra y las maneras de frenarla.

El 8 de mayo los manifestantes llegaron de todos lados. Miles y miles de personas se sumaron a la movilización. Personas con familiares asesinados o desaparecidos viajaron desde distintos puntos del país. Historias terribles de la barbarie en México fueron contadas en esos días, pero también se contaron valientes relatos de búsqueda de justicia.

Miles de personas marchaban vestidas de blanco y en silencio. Enmedio de la multitud, un contingente le ponía color y sonido a la marcha. Era el contingente de la COMECOM al que se habían sumado manifestantes que no estaban de acuerdo con marchar en silencio. El grito, la consigna, el canto y el carácter festivo los distinguía. Parecía contradictorio: una marcha convocada desde el dolor y que exigía justicia para miles de muertos y desaparecidos no podía ser festiva. Sin embargo, ellos y ellas reivindicaban su derecho a hacerlo. Decían que no podían guardar silencio ante la injusticia, que había que hacerse escuchar, que había que alzar la voz. Las divergencias no se reducían a marchar en silencio o no: eran dos visiones del mundo, dos maneras distintas de luchar las que estaban en disputa. El desencuentro comenzaba a tomar forma. Los caminos eran diferentes.

III. Desencuentros

Durante el mitin con el que concluyó la Marcha por la Paz con Justicia y Dignidad se contaron más de 70 testimonios de dolor y barbarie. Víctimas individuales y colectivas narraron su experiencia en la guerra: desaparecidos, asesinados, secuestrados, extorsionados, víctimas de megaproyectos...

Estuvieron ahí compartiendo su dolor los padres y madres de los niños muertos durante el incendio de la Guardería ABC, así como Melchor Flores, Roberto Galván, Nepomuceno Moreno y decenas de padres, madres y personas con familiares desaparecidos. También estuvieron presentes Las Abejas de Acteal, organización de Chiapas que sufrió el asesinato de 47 personas en diciembre de 1997; los wixárikas que han defendido su territorio sagrado, e integrantes de la Coordinadora Regional de Autoridades Comunitarias-Policía

Comunitaria de Guerrero, organización que asumió la justicia y seguridad de la región. Los testimonios permitieron dimensionar el tamaño del horror por el que atravesaba el país y del que aún hoy no ha salido.

Para continuar con las movilizaciones, se convocó a una nueva caravana, esta vez con rumbo a Ciudad Juárez. La caravana concluiría con la firma de un Pacto Nacional por la Paz que fue presentado el 8 de mayo y que contenía 6 exigencias principales: 1) Esclarecer asesinatos y desapariciones y nombrar a las víctimas, 2) Fin a la estrategia de guerra y construcción de un modelo de seguridad ciudadana, 3) Combatir la corrupción y la impunidad, 4) Combatir la raíz económica y las ganancias del crimen, 5) Atención de emergencia a la juventud y acciones efectivas de reconstrucción del tejido social y 6) Democracia participativa.

El éxito de la marcha del 8 mayo había generado grandes expectativas, centenares de víctimas se habían animado a denunciar por primera vez su situación. En cierta forma la colectivización y la movilización habían provocado que las personas dejaran el miedo a un lado. Las organizaciones sociales también habían notado que algo grande comenzaba a gestarse. Todos querían opinar, participar y construir el rumbo del Movimiento. Algunos incluso se plantearon disputar la dirección del proceso.

Las diferencias comenzaban a generar tensiones. Algunas organizaciones sociales, entre ellas la COMECOM, se cuestionaba el contenido del Pacto, la forma en que se había elaborado (sólo por unas cuantas personas) y quiénes habían de firmarlo. Las organizaciones de Ciudad Juárez encargadas de recibir a la caravana también estaban divididas por el mismo tema. Además, durante las semanas previas a la caravana, Javier Sicilia había manifestado públicamente que el Pacto derivaría en un emplazamiento a diálogo al Poder Ejecutivo.

La caravana partió el 4 de junio de Cuernavaca y llegó el 9 del mismo mes a Ciudad Juárez. En el recorrido se realizaron concentraciones en 8 estados de la República. Miles de víctimas se lanzaron a las calles para contar su situación y también para denunciar la incapacidad de las autoridades y su complicidad con el crimen organizado. Se narraron las historias más bárbaras, historias en las que la palabra *muerte* ha dejado de poseer el significado que tradicionalmente se le asigna.

Guerra, esa palabra compuesta por seis letras, no alcanzaba a describir el escenario en México: tráfico de personas, esclavismo, tortura, secuestros, desaparecidos, violaciones, cuerpos decapitados y/o desmembrados, asesinatos,

fosas clandestinas con centenares de cuerpos –a veces enteros, a veces en pedazos– y un largo etcétera fue lo que se escuchó en el recorrido a Ciudad
Juárez. Fueron esas historias las que llevaron a los caravaneros a preguntarse
cómo y hacía dónde seguir avanzando. Las viejas formas y consignas en nada
hacían referencia al sentir de la gente y mucho menos aportaban las soluciones urgentes. Mientras en el discurso se proponía construir un gran movimiento que obligara a la desmilitarización del país y al fin de la guerra –algunos iban más allá en sus expectativas–, lo que mucha gente pedía, sobre todo
las víctimas, era ayuda para encontrar a sus familiares desaparecidos, para
encontrar justicia.

A lo largo del recorrido rumbo a Ciudad Juárez se entablaron varias dis-
cusiones informales sobre el contenido del Pacto Nacional y la metodología
de trabajo. Las dos posiciones que habían comenzado a marcarse desde el principio de las movilizaciones estaban ahora confrontadas programáticamente.
Mientras un grupo aspiraba a que se refrendara sin cambios el documento
presentado el 8 de mayo en el Zócalo de la Ciudad de México, el otro sector
pretendía que cada uno de los puntos fuera discutido. El diálogo con el Ejecutivo y el tema de la desmilitarización ocupaban el centro del debate. El
encuentro en Ciudad Juárez estaba destinado a convertirse en el espacio de
disputa entre las dos posiciones que para entonces ya eran incompatibles.

IV. La ruptura

El 10 de junio, en los salones del Instituto de Ciencias Sociales y Administración de la UACJ, se instalaron 9 mesas de trabajo. La más concurrida y
polémica fue la mesa 2, en la que se discutió el fin a la estrategia de guerra y
la implementación de una estrategia de seguridad ciudadana con perspectiva
de Derechos Humanos. Los dos grupos, el de los activistas y las organizaciones tradicionales de izquierda, encabezado principalmente por jóvenes –en
donde la COMECOM jugaba un papel protagónico–, y el sector integrado por
las víctimas y organizaciones de Derechos Humanos, que priorizaban un discurso de reconciliación, enfrentarían sus posiciones de forma más aguda en
esta mesa.

El punto más discutido fue si la desmilitarización debía de ser inmediata
o no y si se ponía como condición para iniciar el diálogo con el Poder Ejecutivo. Ambos lados daban argumentos de gran valor. Quienes condicionaban

el diálogo a la desmilitarización inmediata argumentaban que el movimiento estaba en un gran momento para obtener esa medida, que se necesitaban garantías mínimas para que el diálogo fuera fructífero y que el cumplimiento de esa demanda sería una muestra de voluntad por parte del gobierno federal. El otro sector argumentaba que había regiones en las que la presencia del ejército era necesaria, que dialogar con el Ejecutivo era urgente para empezar a buscar soluciones para las víctimas, tales como mecanismos de búsqueda de las personas desaparecidas. En el fondo el debate estaba marcado por la desconfianza hacia los gobiernos y las diferencias en la estrategia de lucha a seguir: confrontación o conciliación.

Al final del día, las mesas de trabajo modificaron por completo el pacto presentado el 8 de mayo. El nuevo documento contenía un listado de más de 50 demandas, todas ellas legítimas. La desmilitarización inmediata aparecía entre las exigencias, pero no como condicionante para el diálogo. Cabe resaltar que la demanda de justicia para las víctimas no ocupaba un lugar prioritario. El documento fue firmado el 10 de junio por la tarde, aunque la molestia de muchos –entre ellos Javier Sicilia– era visible. Argüían que más que un pacto, se había construido una lista de "buenos deseos".

Un día después de la firma, el 11 de junio, Javier Sicilia desconoció frente a los medios de comunicación el pacto. Argumentó que el documento no expresaba el sentir de las víctimas ni de un importante sector del Movimiento que no había podido asistir a Ciudad Juárez. El desconocimiento del documento derivó en la ruptura: muchas organizaciones sociales, entre ellas la COMECOM, comenzaron a abandonar el movimiento. Ésa fue la primera gran escisión de un movimiento que apenas se gestaba. Cada una de las partes continuaría con su camino. A pesar de esta ruptura, proceso normal en cualquier movimiento social, el Movimiento por la Paz con Justicia y Dignidad tendría aún la simpatía de mucha gente y un largo camino por recorrer. ❧

Roberto Villanueva

Entrevista a Miguel Álvarez Gándara
Las lecciones de Juárez

Miguel Álvarez Gándara: Ando ronco, ya tengo tiempo.

Roberto Villanueva: Pues cuando tú quieras iniciamos.

MAG: Ahora. ¿Quieres que vaya en el orden de las preguntas o me lanzo?

RV: Como tú quieras.

MAG: Si quieres me lanzo por grandes temáticas, centrado en el Encuentro en Juárez, y luego revisamos si alguna faltó; pero creo que le voy a poder entrar a todas.

1. Contexto. Pienso que el proceso del Movimiento por la Paz con Justicia y Dignidad (MPJD) ha sido muy rápido y fructífero, a través de etapas muy claras; algunas derivadas de situaciones internas, otras de externas o de una combinación de ambas. Lo cierto es que en junio, en Juárez, se marcó una etapa y rasgos claves del Movimiento.

Para intentar explicar esto tendríamos que ubicar antes el contexto previo de la Caravana del Consuelo y de la ida a Ciudad Juárez, recordando que el Movimiento, aunque muy joven, tuvo un gran arranque de una potencialidad y una brillantez inéditas, que puso de pie a las víctimas como un nuevo y necesario sujeto de la realidad nacional. Además, al crecer las víctimas, a partir del dolor privado trascendido en sujeto público y colectivo, se generó una enorme y nueva autoridad ética y moral, lo que permitió a su vez pasar de la capacidad de denuncia a la de propuesta y fraguar la idea de ser un "movimiento de movimientos". Junto con eso, el Movimiento logró la capacidad de impactar tanto a la clase política como la sensibilidad social y la opinión pública acerca del hecho nacional de la guerra y de la necesidad de la paz.

En aquellos días preelectorales el MPJD ayudó a consolidar a las víctimas como un actor propio y necesario, desde los dolores hasta las propuestas, y a meter en todas las agendas la realidad de un México cruzado por la problemática de la guerra y de la paz. Muy pronto, entonces, el Movimiento se conectó con los hondos y anteriores procesos populares y ciudadanos que planteaban ya la necesidad de: iniciativas ciudadanas por encima de las partidarias; iniciativas de Estado por encima de las electorales; un esfuerzo articulador, incluyente y unitario por encima de las agendas particulares; una representatividad ciudadana basada en las víctimas que tuviera al mismo tiempo capacidad mediática y de interlocución, no sólo hacia dentro del mundo social, sino también de cara al Estado como responsable.

Además, hay que recordar que entre los fenómenos inéditos que suceden en el proceso del MPJD está que adentro conviven diversos actores, identidades y metodologías distintas de trabajo. En torno a las víctimas se distinguen defensores de derechos humanos, constructores de paz, organismos y personas solidarias, organismos y personas en lucha por la democracia, artistas y comunicadores, etcétera. En Colombia, por ejemplo, probaron que no podían caber en un mismo espacio orgánico la lógica de paz, la de derechos humanos y la de las víctimas; allá cada una de ellas tiene su propio espacio de articulación y de identidad, por ser tan distintas. Pero acá resulta que el Movimiento lo ha logrado, construyendo una identidad desde las víctimas pero con el aporte unitario de identidades distintas, que han conformado con gran generosidad y frescura al Movimiento.

Siendo el Movimiento muy joven, y sin embargo muy fructífero por el contexto en que surge su proceso, está cargado de una mezcla entre el respeto a lo novedoso y las enormes expectativas de los otros actores y agendas. El paso por Juárez tenía que ver con ambos retos: profundizar la identidad del Movimiento desde las víctimas y resolver su articulación programática y orgánica con las otras agendas y expectativas.

2. Desafíos. El punto es que Juárez no marcaba solamente la consolidación de lo propuesto y logrado, sino que al mismo tiempo las crecientes expectativas lo marcaban por sus desafíos y nuevas definiciones. Encuentro cinco desafíos en el contexto previo al encuentro en Juárez:

a) Primero, para el propio Movimiento era un desafío madurar y poner a prueba los seis puntos de la agenda lanzada en el Zócalo, así como el diseño del Pacto Ciudadano. Más allá de las víctimas participantes, en el Movimiento se pretendía el vínculo con todo el conjunto de actores del país. Esto pasaba por la discusión del diseño, el carácter y la agenda del Pacto –si eran esos seis ejes, precisar cómo se articulaban, definir si sólo se llamaría a instancias sociales y ciudadanas, o si se llamaría a otros actores políticos, e incluso del Estado a asumirlo, etcétera.

Además, este vínculo y consulta se hacía mediante la vocación por el peregrinaje, por el contacto directo, lo que dio origen a las Caravanas, que en mi opinión son pieza clave para el proceso del movimiento. Así, junto con este ir tocando el dolor a lo largo de la Caravana del Consuelo hacia Juárez, visibilizando el drama nacional y a sus víctimas, también se reflexionaba –y se aprendía del Pacto y del propio MPJD–, en cómo vincular lo nacional con lo regional, en cómo construir un movimiento nacional que tuviera vínculos con los procesos regionales y viceversa, en cómo conectarse con procesos regionales previos que se dinamizaran como parte de un gran movimiento nacional...

Todos estos retos se tejían en torno de una misma etapa cuya acción climática se encontraría en Juárez, pero también de las experiencias y de las expectativas. La convocatoria y preparación hacia Juárez era natural e inevitable, en voz del propio Javier y desde el Zócalo. Ligando la agenda mínima con la idea de Pacto Ciudadano, y ello en el marco que reconoce a Juárez como epicentro del dolor, simplemente el Movimiento no podía ser congruente con su lectura y propuesta ante la violencia y la muerte sin apersonarse en Juárez, sin ir allí a recoger la visibilidad, el consuelo y las experiencias.

b) Otro desafío clave no era desde dentro del Movimiento, sino dentro del proceso de Juárez, que no era un lugar, sino un interlocutor con actores y expectativas diversas.

Puedo contar esto porque desde la masacre de Salvárcar hacía un par de años, me tocaba estar cerca del proceso de articulación y diseño estratégico de los movimientos civiles y de víctimas en Juárez. Mientras que a nivel nacional Juárez era sólo el epicentro del dolor, sucedía allá un rico y diversificado proceso de participación social que era valorado como un epicentro de dignidad, de organización y participación civil en todo tipo de agendas.

Así, dado que este proceso de las organizaciones civiles y de las víctimas de Juárez no estaba tan claro, tan visible o tan comprendido por los otros actores sociales del país, incluido el MPJD, era comprensible que para ellos la presencia del Movimiento era una oportunidad de valoración, reconocimiento y aporte. La actitud no era "Vengan a ver la realidad objetiva", sino "Vengan a ver y tocar nuestra realidad subjetiva, miren cómo hemos avanzado, miren lo que hemos aprendido, miren cómo en torno de las víctimas hemos generado diversas maduraciones de experiencias, de colectivos, de redes, de frentes, de mesas, etcétera".

Entonces, el encuentro con el MPJD era una oportunidad de nacionalizar, de socializar, de compartir el proceso que habían vivido los sujetos en Juárez. Llegué a escuchar el término de "Juarizar" al proceso del MPJD. No era solamente juntarse varios dolores, pues el ánimo en Juárez era como el de un hermano mayor dispuesto a poner su experiencia para avanzar hacia un movimiento nacional. En suma, había una enorme y generalizada expectativa en el vínculo y potencialidad que pudiera surgir de los añejos procesos de Juárez con los frescos impactos y canchas nacionales del MPJD.

c) Tercer desafío, desde los movimientos sociales y ciudadanos. Acordándonos del contexto preelectoral y del mencionado reflujo y golpeteo a movimientos referenciales, había ya inquietud para que surgiera algo ciudadano con lo cual enfrentar lo electoral y a los partidos. Es en esa coyuntura que surge el MPJD, que es rápidamente acogido y bienvenido por su sentido crítico, su frescura y su potencialidad. Logra también referencialidad por la búsqueda de un Pacto Ciudadano que recogiendo agendas unitarias pone el eje en la necesidad de otro tipo de paz. Así, muchos movimientos quisieran vincular otras agendas y luchas con la del MPJD, en la expectativa que éste cargara en su dinámica, discurso y potencialidad con las otras luchas.

Así entonces diversas organizaciones indígenas, campesinas, sindicales, de mujeres y de jóvenes, de ecologistas y de comunicadores, etcétera, tuvieron la expectativa de que el Movimiento creciera a convertirse no sólo en un movimiento de movimientos ligados al tema de las víctimas, sino que pudiera ser un movimiento de todos los movimientos y agendas sociales. Esto era un reto enorme que trascendía la identidad y capacidad del MPJD.

Algo similar le pasó después al #132, que también nació potente, joven y fresco en el marco de una coyuntura electoral y al que también todos los actores se trataron de acercar y vincular pidiendo la carga de su agenda, ser llevados por la creciente y nueva dinámica. Y con eso el vínculo se convierte en peso, se rebasan las capacidades y las expectativas confunden la identidad del nuevo sujeto.

Entonces yo creo que el desafío de las expectativas, tanto en lo interno como en lo externo, tenía que ver precisamente con madurar y precisar la identidad del MPJD. Ésta es otra clave para comprender lo que estaba en juego en Juárez.

Este tema de la identidad tenía varios enfoques: por un lado el eje principal de violencia/víctimas/paz; por otro, los seis temas originales del Pacto Ciudadano, y junto con ello la discusión de lo que implicaban los distintos temas, y si el proceso iría o no integrando o creciendo hacia otros ejes y sus movimientos naturales; y por otro, la gran alianza interna entre víctimas, actores de derechos humanos, actores solidarios y actores de paz, que son circuitos y lógicas complementarios pero diferentes, y cuya combinación marcó el estilo organizativo y de acciones estratégicas y mediáticas del MPJD.

d) El cuarto desafío pasaba por la izquierda y las organizaciones propiamente políticas, para las cuales en general, salvo precisamente las de Juárez, ni la violencia ni la inseguridad eran un tema central; tampoco las víctimas lo eran ni había comprensión de ellas en sus dramas ni en su nuevo don de ser sujetos colectivos y de propuesta. Así, había expectativas o dudas, pero no comprensión del MPJD, un movimiento enraizado en problemáticas lejanas y además con un discurso no-ideológico, no-clasista, más profundo y de sociedad, mucho más plural, dialogante y humanitario.

Estaban de por medio la comprensión y las lecturas políticas y de izquierda acerca de un movimiento plural y fundamentalmente humanitario que hacía política desde otra lógica. Se requería de inmediato medir, exigir y valorar al MPJD en los marcos de intencionalidades y vectores más políticos; y según esta valoración, decidir si apoyarlo o combatirlo. Ese examen y encuentro de lógicas políticas pasaba también por Juárez y por la izquierda de Juárez.

e) El quinto desafío previo al encuentro en Juárez era saber si el MPJD tendría la capacidad nacional de pasar de un discurso de víctimas a un trabajo orgánico con las víctimas, de un movimiento de inspiración a un movimiento de estrategias, y de ser un interlocutor plural de demandas a convertirse en un interlocutor plural de propuestas.

Todos estos desafíos aluden a que se sabía y asumía a Juárez como un clímax nacional de la etapa inicial y expansiva del Movimiento. Juárez era el lugar y reto de un salto cualitativo, no era una escala más de las caravanas. La clave estaba en lo que surgiría allí ante tales expectativas: Juárez como un clímax definitorio de las expectativas y definiciones que estaban en juego.

3. Retos. Varios retos fueron trabajados en los órganos internos del movimiento. Distingo los siguientes:

a) Cómo exigir y mover la responsabilidad del Estado. Estaba claro que el MPJD aspiraba ser un movimiento civil con eficacia para mover la voluntad estratégica del Estado, y que para eso tenía el gran desafío de potenciarse a partir de Juárez como un interlocutor de propuestas, capaz en términos de contenido y de peso de mover la responsabilidad y voluntad del Estado.

b) Segundo reto: ¿cómo resolver de manera unitaria el contenido del Pacto Ciudadano, basado en los seis ejes originales pero ahora enriquecido con la discusión previa y la de Juárez, a fin de que se convierta en una agenda y propuesta nacional?

c) Tercero: ¿cómo resolver el vínculo entre lo nacional y lo regional?, ¿cómo entender los aportes y las especificidades de cada región sin que se obstaculicen y puedan articularse en un único movimiento nacional? Y viceversa, ¿cómo construir un movimiento nacional con las flexibilidades necesarias para ayudar sin sustituir a las dinámicas regionales y locales?

e) Cuarto: ¿qué modelo organizativo debiera tener el Movimiento hacia delante para resolver sus distintas agendas, su dinámica nacional junto a su dinámica y sus vínculos regionales?

f) Y quinto: ¿cuál y cómo debía ser su trabajo integral con y de las víctimas? Si las víctimas son el nuevo sujeto y la idea es que ocupen el centro de la dinámica del movimiento y su articulación, ¿cómo acompañar su proceso de dolor particular hacia convertirse en sujeto colectivo?, ¿cómo lograrlo de una manera integral que incluya lo jurídico, lo psicosocial, lo organizativo, etcétera?

4. La disputa política y metodológica. Comprendiendo todo lo anterior, el MPJD designó una comisión de metodología, que como tal entró en contacto y consulta con el espacio unitario y de articulación civil que previamente existía en Juárez. A mí me tocaba apoyar este proceso desde antes que surgiera el MPJD. Se realizaron varias reuniones de trabajo, que se abrieron a otros

movimientos civiles y aun de izquierda social de la región de Juárez que también tenían vínculos con víctimas e interés en el encuentro con el MPJD.

Dos semanas antes se invitó a este espacio amplio a integrarse a la comisión metodológica y de logística. Se definieron varias comisiones mixtas y, en diálogo con la coordinación nacional del MPJD, se acordó el programa, la metodología y una conducción colegiada. El ánimo unitario de Juárez y del MPJD había encontrado cómo coincidir para lograr un avance cualitativo.

Sin embargo, cometimos un grave error todos. Algo que se nos fue a todos. ¿Por qué supusimos que en una hora lograríamos sistematizar todas las mesas de trabajo y con base en ellas elaborar un documento histórico como contenido del Pacto Ciudadano? Pudimos haber planteado un primer borrador, y participar todos en la marcha hacia la plaza central de Juárez, anunciar los avances y el inicio de la campaña de firmas, sin forzarnos. Humanamente no era posible pasar siete mesas a una síntesis, además consensarla entre todos los moderadores y relatores, y luego convertirla en el documento del Pacto Ciudadano.

El documento del Pacto Ciudadano que se quería era distinto a la relatoría; no era el chorizo de temas que salían de las mesas, sino que era el trabajo estratégico, fino, discernido, organizado, priorizado, subido de calidad, de síntesis, de potencialidad, de orientación. El error entonces fue habernos forzado a llevar como documento del Pacto lo que en realidad era una buena relatoría pero que no la pudimos madurar a otro nivel. Era un muy buen borrador logrado y consensado por una comisión final de redacción (donde entre otros estuvimos Pietro, Víctor Quintana, Paco Rebolledo y un servidor, junto con representantes de la articulación de Juárez). Se terminó de elaborar cuando la marcha estaba ya en la plaza, con la presión de la prensa. Se envió por celular y se leyó sin que diera tiempo de que Javier lo conociera previamente. Por supuesto, de inmediato Javier y todos nos dimos cuenta de que ése no era el documento político del Pacto; no habíamos tenido tiempo de madurarlo...

Luego vino la crisis de aceptar o no el documento. Asumo que el error estuvo antes, en el diseño metodológico, ahí se nos fue. Tuvimos que haber dicho: espérense, espérense, lancémoslo como borrador, que la comisión trabaje dos semanas, mandamos el texto a consulta y después lo proclamamos... ¿Qué prisa tuvimos?

RV: Eso yo creo que fue una incomprensión de que había procesos más adelantados, como el de Juárez, otros que ya habían tenido una reflexión sobre la situación y que ya habían llegado a conclusiones estructurales.

MAG: De acuerdo. Y este error metodológico tuvo consecuencias políticas, pues dejó abierta la batalla por ganar ese día el producto final, con sus implicaciones de rumbo y contenido estratégico. Si hubiéramos valorado lo logrado más allá del texto, y relativizado y procesado la maduración del mismo, yo creo que hubiéramos evitado también el clima de batalla izquierdista que se vivió en la mesas de trabajo.

RV: Yo creo que fue como una reacción, porque como era tan rápido, tenías que reaccionar.

MAG: Sí, porque entonces tenías que meter tu frase en el texto, verte reflejado allí, y había que ganar el sentido del documento. La sabiduría del movimiento pudo haber cosechado la riqueza de lo avanzado en Juárez. Incluso pudo relanzar la maduración de la relatoría y la elaboración del contenido del Pacto, pero toda la iniciativa perdió vitalidad luego de este atorón.

El MPJD es rico en lecciones y una aprendida en Juárez es que para impulsar procesos unitarios específicos hay que consensar el proyecto y procesar los documentos que lo expresen, sin forzarlos al ritmo de lo mediático ni de lo inmediato, sino dejando que maduren y que se consoliden las relaciones, etcétera. Y si se pierde la conducción y canalización del consenso, la energía se desparrama y se producen batallas en torno de aspectos particulares o menores, tales como el incumplimiento y cambio del programa y de la logística, como nos sucedió. Lo estratégico se traslada al control de lo táctico y operativo.

RV: Pero ¿ahí no se cumplió por tiempo o por qué?

MAG: No, porque ya era parte de la batalla que al margen de los acuerdos llevó a cabo una parte de las organizaciones juarenses de izquierda. Por ejemplo, en la logística: considerando el calorón y el sol de junio y –hasta se dio el dinero para ello– se pondría una carpa grande para la plenaria inaugural y la de clausura. En cambio, se pusieron cuatro pequeños techitos, como si fuera una kermés, y a la hora de la plenaria inaugural ellos echaron a andar las mesas de trabajo, sin que se inaugurara el Encuentro y formalmente se instalaran las mesas con todos los designados (muchos al llegar a la mesa a la hora convenida se sorprendieron de que ya había iniciado la mesa y se habían nombrado otros moderadores y relatores). Además distribuyeron en el registro copias de una metodología que era distinta a la que habíamos acordado.

En fin, hubo una batalla metodológica como parte de una batalla política por ganar el documento, que era clave para dar respuesta y orientación a todos los desafíos, expectativas y retos mencionados. Debimos haber entendido antes que esa respuesta pasaba por la maduración de consensos y claridades, no por la redacción bajo la prisa y la presión.

5. Crisis y ruptura. Faltaba otra lección, otra sorpresa, más ligada al papel, el estilo y el peso de Javier. Ante el consenso logrado y la expectativa generada que fortalecían la potencialidad de interlocución del Movimiento, el hecho es que ése no era el documento que él esperaba, aunque hubiera sido dado a conocer en el acto público.

Pudimos encontrar colectivamente otras maneras de resolver este problema o desfase (por ejemplo, haber dicho que ese borrador de la relatoría no era todavía el documento, que lo íbamos a elaborar en el espíritu del consenso, etcétera). Pero no hubo oportunidad para ello. Tal vez era inevitable, pero debimos intentar otro final.

Sucedió que el liderazgo y la autoridad moral de Javier bastaron para que al día siguiente declarara que el texto no era aceptable y lo rechazara. Se prefirió defender la interlocución, autonomía y frescura del MPJD, al alto costo de hacer a un lado el texto, el proceso, la iniciativa del Pacto Ciudadano y la vinculación histórica con Juárez y otras experiencias regionales.

Por eso el Encuentro en Juárez tiene un sabor final de ruptura, de lastimadura y brusquedad, de que no supimos llegar a todos los retos con la suficiente sensibilidad y respeto, de que no supimos caber todos o que aprendimos ríspidamente que no podíamos caber todos... En todo caso, queda claro lo novedoso y difícil que resulta actuar centralmente ante la violencia desde la lógica de las víctimas, plus y límite del MPJD.

Juárez tampoco era un soltar el movimiento, aunque salió lastimado. Quedaron sin respuesta varios de los desafíos y retos. En particular, quedó trunco el proceso del Pacto Ciudadano, que en adelante se concentra en la interlocución y ya no en la articulación civil; así, los seis ejes normaron las posteriores mesas con el gobierno.

RV: Ahí diríamos que el pacto de Juárez ya no es vigente.

MAG: Yo creo que ya no; tendría que haber una reformulación total de la idea del Pacto y tal vez de la propuesta de agendas. Pienso que es recuperable como concepto y estrategia, pero eso pasaría por recoger las lecciones de Juárez respecto de qué hacer y qué no hacer para promover una iniciativa estratégica en coyunturas de tal polaridad, de tal expectativa, de tal potencialidad.

Lo cierto es que Juárez cierra una etapa definitoria y abre otra marcada por los diálogos con el Estado; luego vendrá la Caravana al Sur, muy distinta. Juárez representa una nueva pregunta: ¿cuáles iniciativas nacionales puede lanzar el Movimiento aprendiendo de su proceso?

6. Logros y lecciones. El movimiento se ha logrado consolidar desde las víctimas como un referente e interlocutor estratégico ante la problemática nacional y del Estado relacionada con las violencias. Ha logrado convencer de la responsabilidad del Estado por su equivocada estrategia de combate al narcotráfico, batalla que se volvió en contra de la ciudadanía.

Se ha mantenido como interlocutor nacional y estratégico a pesar de que no ha logrado resolver su vínculo con las expresiones regionales. Existe una gran diversidad de procesos regionales y de víctimas que no viven la articulación; sin embargo, el MPJD les sirve para abrir una postura política y mediática amplia que les da condiciones a los procesos locales, aunque no tengan vínculo orgánico. Que se mantenga la agenda y la visibilidad nacional pienso que es el aporte fuerte y el gran servicio que hace el Movimiento al proceso de las víctimas.

Hoy ya se sabe que un movimiento nacional no puede sustituir ni organizar lo que corresponde a actores y dinámicas locales y regionales. El Movimiento no puede cargar ni dinamizar ese primer piso de trabajo; no puede atender integral y masivamente a las víctimas, pero puede potenciar y vincular esos primeros pisos que dependen de la vitalidad de las sociedades civiles y de las víctimas en cada lugar. Entonces, aunque no logró resolver todos los desafíos, pienso que el Movimiento se mantiene en esa referencialidad, más cualitativa que cuantitativa. Sostiene la frescura de una visión ciudadana no partidista, plural, distinta, crítica y propositiva.

Creo que no estaría nada mal que el Movimiento se preguntara de nuevo qué sigue como proyecto y como tarea estratégica ante el país, más allá del difícil reto de estar respondiendo a las coyunturas. Estoy convencido de que el MPJD es más fuerte cuando sigue un planteamiento y una iniciativa estratégica, y creo que va a atinar a encontrar y definir esas tareas cualitativas si puede recoger sus lecciones (por ejemplo ante la responsabilidad e interlocución con el Estado, en el vínculo nacional y regional, en la promoción de agendas unitarias, en cuanto al modelo organizativo y el trabajo integral de víctimas).

Y aquí reitero que las lecciones y retos de Juárez siguen siendo válidos y vigentes. Aunque las etapas son distintas, pienso que el proceso del MPJD ha seguido un mismo cauce, un pentagrama de melodía profunda. Por ello, conviene revisar cómo han madurado los rasgos vitales de la identidad y misión del Movimiento. Juárez inició una conceptualización y sistematización del MPJD que se ha continuado en sus dos encuentros nacionales.

Creo que el Movimiento brilla cuando conduce sus acciones en torno de propuestas más solidas. Por eso el Movimiento es una buena noticia para México, y sigue siendo una clave de propuesta ética. Aunque más reducido cuantitativamente, no se achica su calidad de referente nacional y de estrategia. El MPJD no requiere ser grandote para ser grande, pero necesita seguir su ruta de saltos cualitativos ante los retos principales. Ojalá que este libro ayude a ordenar las ideas y volver a mover las voluntades, no sólo de los miembros regulares del Movimiento, sino de aquellos que puedan sentirse llamados a esta noble y necesaria tarea.

RV: Por último, y así ya como más interno, ¿tú crees que lo que sucedió en Juárez estuvo separado de las víctimas, estuvieron presentes más allá de su presencia física?

MAG: Estuvieron presentes y fueron determinantes, pero no dominantes pues no actuaron centralmente ni todavía como un colectivo. Las otras identidades e intencionalidades estuvieron más activas. Por ejemplo, aunque el grupo de Juárez que dio esa batalla por los productos y la metodología también tenía conocimiento y vínculo con las víctimas, pienso que no tenía como propósito principal a las víctimas en tanto sujeto prioritario y central, pues predominaba su visión de un proyecto político. En cambio, el MPJD tenía una intuición, tal vez no documentada ni sistematizada, que le inspiraba más a acompañar este santo proceso de lo individual a lo colectivo, de lo privado a lo público, de la demanda a la propuesta.

Por ello, a pesar de los costos, el MPJD se liberó de la tentación de la garra política de estar en todas las luchas y en todas las vanguardias. Igual, a la larga, la crisis de Juárez haya prestado un gran servicio al MPJD y a las víctimas en general, para desprenderse de las expectativas de las organizaciones políticas. Aunque la lógica unitaria y la idea del "movimiento de movimientos" hubieran sido viables y posibles, tendríamos hoy un movimiento siempre tenso y disperso, entre fronteras distantes. En su día a día, el MPJD ha mantenido su mística generosa y gratuita, pues se ha respetado a sí mismo como un nuevo actor que construye la Paz y la Dignidad a partir de las víctimas. ❧

María Hope
Nos acercamos, nos abrazamos, nos dijimos nuestro nombre

No a todo alcanza Amor, pues que no puede
romper el gajo con que Muerte toca.
Mas poco Muerte puede
si en corazón de Amor su miedo muere.
Mas poco Muerte puede, pues no puede
entrar su miedo en pecho donde Amor.
Que Muerte rige a Vida; Amor a Muerte.
Macedonio Fernández

Hace algunos días, encontré a una mujer que me resultó conocida. La saludé en silencio con una sonrisa y ella me devolvió el gesto. Cuando concluyó el espectáculo (actuaba Perico, el payaso loco), nos acercamos. Ninguna de las dos tenía claro dónde y cuándo nos conocimos, pero cuando atamos los cabos nos abrazamos larga y amorosamente, como si fuéramos dos amigas queridas que hace años no se ven. Y sin embargo, apenas sabemos nada la una de la otra. Nos dijimos nuestro nombre y nos despedimos, seguras de que volveríamos a vernos.

Nos conocimos en la Caravana al Norte, hace tres años, en Morelia, donde compartimos dormitorio con otras veinte o treinta personas. Pero íbamos en autobuses diferentes y no se repitió otro encuentro igual.

No quiero hacer un recuento de los logros que el MPJD ha conseguido a lo largo de sus tres años de vida; carezco de elementos –mi participación, inicialmente intensa, se fue diluyendo con el tiempo, por razones que sólo atañen a mi persona y a mi circunstancia–, y no tengo el ánimo para hacer al respecto un análisis concienzudo y mínimamente objetivo.

Prefiero referirme a la microhistoria. A lo que el Movimiento ha significado para mí y para muchas otras personas. A ese *algo* íntimo, profundo, que el Movimiento produjo en muchos de nosotros y que se expresó en ese abrazo largo y prolongado entre dos mujeres que no saben nada la una de la otra y, sin embargo, están en comunión.

Si para los familiares de las víctimas el motor principal de su participación ha sido la necesidad de ser escuchados y, sobre todo, de empujar al gobierno a actuar para encontrar a sus familiares desaparecidos, y a hacer justicia en el caso de los asesinados, para muchos otros ha sido simplemente las ganas de "hacer algo" para que termine esta guerra fratricida, y lograr que haya justicia, el anhelo de colaborar de alguna manera a la construcción de la paz.

De cara a la realidad, con treinta mil muertos más de los que se contabilizaban cuando surgió el movimiento, parecería, entonces, que todo el esfuerzo ha sido inútil y que el resultado, dada la magnitud de la tragedia, es poco menos que insignificante

Sin embargo, el Movimiento ha marcado un antes y un después en la vida de algunos de sus participantes. Varios de ellos, como Nepo por ejemplo, nunca habían tomado parte en algo semejante.

Antes del 7 de mayo, cuando Sicilia encabezó la primera marcha que vendría de Cuernavaca a México, muchos de los familiares de las víctimas vivían en soledad su dolor, su rabia y su impotencia. Funcionarios de gobierno –empezando por el propio presidente–, medios de comunicación, vecinos ponían en entredicho la justicia de su reclamo, criminalizando a los desaparecidos, a los asesinados, como si de un castigo merecido se tratara. Su voluntad de búsqueda se topaba con la sordera gubernamental e incluso con el rechazo de algunos miembros de su propia familia, que con frecuencia trataban de disuadirlos; el miedo era poderoso, los tenía tomados por piernas.

Pero como a Nepo, también a muchos otros el Movimiento dio a su desesperación un sentido; les devolvió la cordura, porque la sinrazón estaba en el otro lado, en el lado de la muerte y del poder, no en ellos.

Como todo movimiento, éste también tiene sus contradicciones, sus paradojas, sus quiebres. Pero en medio de ello, fue forjando entre muchos de sus participantes vínculos de amistad y solidaridad que se tradujeron en gestos amorosos, en risas, en abrazos, en compañía. Y todavía.

Recuerdo ahora el verso de Vallejo, de su poema "La masa": "¡tanto amor, y no poder nada contra la muerte!"

Amor: ésa es una palabra que define al Movimiento: amor por la vida, por la paz, por la justicia; amor por el silencio que se ofrece a la escucha y se abre a la reflexión, amor por la palabra que desvela y no por la que tapa… Amor.

Y sí, es cierto: el amor no lo es todo. Pero sin amor ese todo sería nada. Por eso pienso, a tres años de su surgimiento y desde la distancia que me da esta lejanía que yo me he procurado, que tal vez nunca nos devuelva a los desaparecidos, ni logre que se haga justicia; pero en cambio, nos ha devuelto la dignidad. Los logros más profundos y duraderos de este Movimiento no están atados al poder; están aquí, en el corazón de cada uno de nosotros, en el gran corazón de esta nación que se niega a olvidar. ❦

La Caravana de la Dignidad

José Gil Olmos
Caravana del Sur, contra el olvido y por la paz

Fueron once días en los que se recorrieron más de 3 500 kilómetros por siete estados del sur del país. El dolor de las víctimas era distinto, más viejo, más sordo, más silencioso. En la Caravana del Sur, integrada por 621 personas, las voces que se escucharon no sólo eran de aquéllas quebrantadas por las bandas del crimen organizado, sino las de antes, las de aquellos que sufrieron la llamada "guerra sucia" que el Estado mexicano lanzó en su contra hasta casi desaparecer a quienes cometieron el único delito de haberse rebelado.

En el último día del recorrido de la Caravana que empezó el 9 de septiembre y duró diez días, Javier Sicilia dijo que uno de los logros era que habían visibilizado a las víctimas estructurales afectadas por el sistema económico y a las víctimas de la guerra contra el crimen organizado. Aunque el origen y el tiempo eran distintos, al final todas eran víctimas de la indolencia, la incapacidad y la corrupción del Estado mexicano y de las autoridades de todos los niveles de gobierno.

A diferencia de la Caravana del Norte en la que se visibilizaron los miles de desaparecidos y muertos de la guerra contra el narcotráfico dictada por Felipe Calderón en el 2006, la Caravana del Sur mostró la deuda histórica de la pobreza, la marginación y el olvido de los pueblos indígenas y campesinos, así como la represión militar y policiaca para los inconformes que optaron por la guerrilla o la simple rebeldía. Desde Chiapas, Javier Sicilia exigió que se cumplieran los acuerdos de San Andrés sobre derechos y cultura indígenas y, al borde de la frontera con Guatemala, el respeto a los derechos y la seguridad de los migrantes centroamericanos.

Para esas fechas de septiembre del 2011, que eran los últimos meses del gobierno de Felipe Calderón, ya se tenía una cifra de 101 199 ejecutados y 344 230 víctimas indirectas como hijos, esposas, padres o familiares de los occisos; esto en cinco años, según contabilizaba el Centro de Análisis de

Políticas Públicas México Evalúa. Además de casi 30 000 desaparecidos, según algunas agrupaciones civiles.

Antes de iniciar la Caravana del Sur, el Movimiento por la Paz con Justicia y Dignidad ya tenía un registro de 300 casos documentados de muertes, secuestros y desapariciones en varios estados del norte y centro del país. Con el paso de los días sumarían 521 los casos documentados de víctimas de la violencia, en los que en su mayoría hay responsabilidad de autoridades.

Pero las cifras dejaban su frialdad y cobraban nombre, rostro e historia de vida por cada ciudad o pueblo donde paraba la caravana de 14 autobuses encabezada por el poeta Javier Sicilia.

Extrañamente, la Caravana de la Paz inició de una manera fría en el Distrito Federal y Cuernavaca, quizá por dos factores: apatía y miedo, que juntos han ocasionado un efecto de vacío en algunas plazas de pueblos y ciudades controladas por el crimen organizado, donde los ciudadanos apenas asomaban la cabeza para mirar el paso de la caravana.

La caravana era una especie de cápsula que llevaba en su interior un mensaje de paz en medio de la espiral de violencia y la muerte en todo el país. En los autobuses iban familias de víctimas de la guerra contra el crimen organizado y algunas otras que, como la hija de Lucio Cabañas, aún sufren la represión de una guerra más vieja, la que el Estado declaró a los grupos guerrilleros en los años setenta.

También viajaba un grupo de migrantes centroamericanos que se ha unido a la causa pacífica del movimiento que encabeza Javier Sicilia y que ha conjuntado a cientos de víctimas que llegan a todas las plazas a contar sus historias.

Era como una pequeña *troupe* de víctimas de una guerra que iban narrando sus tragedias particulares y juntas retratando la tragedia nacional por la que cruza el país, que en números se traduce en más de 100 000 muertos, 30 000 desaparecidos y 350 000 desplazados por la guerra.

Serpenteando por las carreteras que cruzan valles, sierras y montañas, la Caravana de la Paz llevaba en su interior las historias de injusticia, impunidad, horror y desolación que han dejado los muertos y desaparecidos.

Al llegar al sur, esas historias se juntaron con las historias seculares de marginación, pobreza, violencia institucional y olvido.

Son historias que, como en el caso de Guerrero, la de los pueblos arrasados por el ejército y la policía en su cacería contra la guerrilla, se fusionaron con las nuevas creadas por los grupos del crimen organizado, que en cuatro años habían dejado casi 3 000 muertos y decenas de desaparecidos en la entidad, de acuerdo con el Comité de Muertos, Desaparecidos y Secuestrados del estado.

O las historias de Chiapas que hablaban de un enorme hoyo en la memoria de la historia oficial en la que pueblos indígenas mayas fueron olvidados por siglos hasta que en 1994 lanzaron su grito de guerra y un ¡ya basta! que retumbó dentro y fuera de México.

O las de Tabasco y Veracruz donde no sólo pueblos y comunidades están sometidos al yugo del crimen organizado, léase los Zetas, sino también miles de migrantes de Centroamérica que viven el infierno a manos de quienes los secuestran, extorsionan, asaltan y violan desde que pisan la frontera y en todo el camino a bordo del tren llamado eufemísticamente "La Bestia" que los acerca a la frontera con Estados Unidos.

Fue precisamente en Coatzacoalcos, Veracruz, donde este infierno creado por el crimen organizado lanzó una advertencia a la Caravana de Paz. Primero con las amenazas al padre Tomás González que ayuda a los migrantes y luego, el 17 de septiembre al poeta Javier Sicilia.

Ese día, a 86 kilómetros de esta ciudad, procedente de Villahermosa, el vehículo donde viajaban Sicilia y su equipo fue resguardado por los escoltas que lo protegían cuando detectaron un vehículo sospechoso con hombres embozados y armados.

Los policías de la AFI, PFP y judiciales de Morelos tomaron de inmediato un protocolo de seguridad, se pusieron en posición diamante en resguardo de la camioneta donde viajaba el poeta y otros seis deteniéndola en un vado de la carretera, sacaron sus armas de corto y largo alcance para proteger a los miembros del movimiento pacífico.

Después de 15 minutos, cuando confirmaron que el vehículo se había retirado, los escoltas levantaron el protocolo sin que ocurriera ningún incidente. A las 10 de la noche Sicilia y su grupo cercano ya estaban protegidos en Coatzacoalcos donde, sin embargo, una decena de jóvenes "halcones" al servicio de los Zetas vigilaban al grueso de la Caravana de Paz.

Pero los retos de la Caravana no habían terminado: seguía enfrentando la falta de respuesta de la gente que por miedo o normalización de la violencia no salió a las calles a manifestarse y el vacío de la prensa que dejó de interesarse en el tema de las víctimas.

Xalapa fue la ciudad donde mejor respondieron a la convocatoria del Movimiento por la Paz con Justicia y Dignidad. Se manifestaron en las calles más de 5 000 personas que lanzaron vivas y gritos a Sicilia y sus acompañantes, que se concentraron a un costado de la iglesia de la ciudad.

Luego en un encuentro con los medios el poeta Sicilia fue cuestionado por la prensa si el movimiento había disminuido su fuerza, a lo que él respondió "no es un movimiento de masas, como lo quiere ver y medir el gobierno, es un movimiento con fuerza moral".

Sin embargo, reconoció que eran momentos difíciles para convocar a la fuerza ciudadana, pues los medios habían reducido la intensidad de su difusión, pero insistió en que la fuerza moral del movimiento se mantiene e incluso se ha fortalecido.

Otras integrantes del Movimiento de Paz también respondieron haciendo ver lo que éste había significado para ellas, como la señora María Herrera, de Michoacán, con cuatro hijos desaparecidos a quien, dijo, le cambió la vida: "Estaba como muerta en vida, no quería levantarme de la cama, me sentía enferma. Cuando empezó la primera caravana al norte del país escuché que pasarían por Morelia. Fui al mitin y participé, subí al templete y, por primera vez, hablé de mis hijos. Hoy ya no pienso dejar el Movimiento, son como mi familia", exclamó la mujer de 62 años.

También eran los casos de Teresa Carmona, Araceli Rodríguez y otras madres y esposas de muertos y desaparecidos que se unieron al movimiento y sostuvieron una participación activa en las reuniones y caravanas.

Ante la indolencia gubernamental y la indiferencia de una buena parte de la sociedad, estas mujeres se convirtieron en investigadoras policiales, médicas forenses, asesoras y guías espirituales, pero sobre todo en amigas y compañeras en el mismo camino de la búsqueda de sus seres. Con el sufrimiento se les fue forjando el carácter y con el dolor compartido se hicieron comunidad.

Todo eso fue perdiendo el interés para un sector de la prensa mexicana, que absurdamente puso en primer lugar las campañas preelectorales, dejando a un lado las consecuencias de la incapacidad e ineficiencia de la clase política nacional, que está más atenta a sus propios intereses que a los de los ciudadanos.

Fue claro el vacío creado sobre todo por Televisa y Televisión Azteca, totalmente ausentes de la cobertura diaria de la caravana y sus víctimas. No enviaron a uno solo de sus reporteros y apenas cubrieron con algunas notas de sus corresponsales en las principales ciudades.

Mientras que algunos diarios dejaron de enviar fotógrafos y reporteros, haciendo un vacío en sus páginas, donde ya no incluyeron las historias de quienes han sido víctimas de una guerra absurda, sino de candidatos que pagan millones de pesos en propaganda.

Curiosamente, cuando la caravana estuvo en Oaxaca algunos reporteros cuestionaron a Sicilia por la poca difusión de la caravana en los medios, y en un juego de palabras el poeta reviró: "Ustedes, los medios, son los que deberían responder a esta pregunta: ¿Por qué ya no les interesan las víctimas? ¿Por qué les dedican más espacio a los políticos y no a la gente?"

La respuesta fue un ejercicio de mayéutica, porque al regresar el cuestionamiento descubrió a ciertos medios en su juego perverso de seguir la dinámica de los políticos, los principales responsables de la tragedia nacional y del miedo que ha provocado el crimen organizado. Al crear un vacío informativo, estos medios están reproduciendo el clima de terror que han edificado los grupos del crimen organizado, ya que les interesaba más destacar la declaración o las notas rojas que la propuesta de paz de este grupo de hombres y mujeres que recorrieron el país, consolando a otros que como ellos sufren las consecuencias de los errores de la clase política nacional.

El 19 de septiembre por la tarde, después de once días de recorrido por siete entidades del sur del país, la Caravana de la Paz arribó al Zócalo capitalino, donde aguardaban cientos de integrantes del movimiento urbano popular.

Frente a Palacio Nacional, Sicilia pidió al gobierno de Felipe Calderón asumir los seis puntos del Acuerdo de Paz que habían presentado los activistas el 8 de mayo anterior en el Zócalo, entre ellos cambiar la estrategia militar y policiaca de combate al narcotráfico.

Al crimen organizado el poeta también le envió un mensaje para detener la violencia: "A los criminales les preguntamos: ¿Qué felicidad pretenden si sus cimientos se basan en la muerte?" Dijo a los políticos: "¿Cómo van a cuidar la casa llamada México si sus cimientos están basados en la indiferencia, en la violencia legalizada?"

La tarde era fresca y las nubes grises cargadas de agua anunciaban lluvia. Sicilia agradeció a los caravaneros su capacidad de fuerza y sacrificio, así como su apoyo al cuerpo de seguridad, a los choferes de los autobuses, a las agrupaciones que dieron comida y refugio.

Luego de un minuto de silencio destacó que las víctimas son producto del sistema económico y político que las ha despojado de tierras y cultura, a cambio de desempleo, pobreza y masacres como las de Acteal y Aguas Blancas, en tanto que el crimen organizado ha llevado al extremo eso mismo con matanzas y desapariciones.

Los activistas, aclaró, "no tenemos poder, somos caña, hormigas, bajas colaterales, los despreciados que unieron al país en el dolor".

Ante los representantes de las organizaciones urbanas, el escritor señaló que las Caravanas de la Paz "visibilizaron la actual emergencia nacional", y por ello exigió al gobierno de Calderón que se tomaran en serio las demandas del movimiento.

Pero para entonces la clase política nacional ya se preparaba para la contienda presidencial del 2012, sobreponiendo sus intereses a los de la gente víctima de la guerra contra el crimen organizado. ❧

Francisco Rebolledo
Caravana al sur

Me integré a la Caravana del Sur el jueves 15 de septiembre por la noche en San Cristóbal de Las Casas. Javier y quienes iban con él (alrededor de 600 personas, en su mayoría jóvenes, distribuidas en un larguísimo gusano de quince autobuses y más de veinte vehículos) ya llevaban una semana recorriendo el sur del país. Habían pasado por Morelos, Guerrero, Oaxaca y el sur de Chiapas, hasta llegar a la frontera con Guatemala, en Ciudad Hidalgo. Como antes había ocurrido en su recorrido por el Norte, recogieron a su paso infinidad de testimonios del horror que se está viviendo en nuestro país: brutales asesinatos; desapariciones forzadas; feminicidios; detenciones y cateos arbitrarios por parte de las policías de los tres órdenes de gobierno, el ejército y la marina; extorsiones; hostigamiento a comunidades indígenas, tanto por grupos paramilitares como militares sin el "para"; indiferencia de las autoridades; corrupción de los jueces, y un verdadero genocidio contra nuestros hermanos migrantes de Centroamérica por parte de los cárteles mafiosos y las autoridades del Instituto Nacional de Migración, más mafiosas aún si esto es posible.

En San Cristóbal, mientras el gobernador del estado lanzaba el protocolario grito de Independencia en una plaza empapada y rebosante de gente asustada e indiferente, los caravaneros nos reunimos, junto con una gran cantidad de representantes de organizaciones sociales del estado, en el teatro Belisario Domínguez para escuchar pacientes un nuevo rosario de testimonios dantescos que ilustraron con tal viveza el espantoso drama que está viviendo nuestro México desde hace cinco años, cuando el Señor de los Pinos decidió lanzar esta guerra estúpida con el fin de superar la dudosa legitimidad con que inició su mandato, que fue imposible contener las lágrimas al oírlos. Asimismo, nos aprestábamos a lanzar el proverbial grito con que Hidalgo azuzó a los mexicanos a romper las cadenas que nos ataban a la España de los Borbones.

Tocó el turno de hablar a la víctima sobre cuyos hombros recae el peso del Movimiento. Después de hacer un breve recuento de lo que había ocurrido en los últimos días, el poeta Javier Sicilia, contra lo que casi todos esperábamos, dijo que no daría ningún grito, que la situación del país no está para dar gritos jubilosos con el fin de festejar que somos libres; y no lo está porque cada vez somos menos libres, porque el miedo ante la brutal violencia que nos circunda nos asola y nos obliga a encerrarnos en nuestras casas, a desconfiar de nuestros vecinos y mucho más de nuestras autoridades, a vivir, en fin, en perpetua zozobra.

En vez de gritar, Javier propuso callar, propuso que gritásemos un silencio de cinco minutos, un silencio profundo que denunciase, desde el enorme vacío lleno de significados que produce, el terrible caos en que han sumergido a nuestro país las políticas bélicas, erradas y fallidas, que el gobierno de la República ha generado a nuestras espaldas, asesorado por los inefables estrategas de Washington, y que ha costado la vida de más de cincuenta mil mexicanos, la desaparición de otros diez mil y el desplazamiento de miles de familias que se han visto obligadas a abandonar sus hogares ante el empuje de la violencia irracional.

El silencio se escuchó fuerte en el recinto de San Cristóbal. Fue un momento memorable. Sé que, tarde o temprano, ese silencio retumbará en cada rincón de nuestro sufrido país, que la gente que lo puebla, víctima o no (aunque, en realidad, todos somos víctimas de la estulticia de nuestros gobernantes y de los poderes fácticos que los sostienen), lo escuchará y saldrá de su marasmo; que ese estruendoso silencio los despertará y los animará a romper las ataduras del miedo, a buscar y luego transitar por las avenidas de la esperanza y la concordia, de la fraternidad y la solidaridad de las que nunca debimos de haber salido. ❧

Otoño de 2011

Javier Sicilia
Carta al Subcomandante Marcos

México, D. F., 27 de agosto de 2011

Querido Subcomandante Marcos: Mil gracias por las líneas que le dedica al Movimiento por la Paz con Justicia y Dignidad en su tercera carta a Don Luis Villoro. Las hemos leído con el detenimiento de quienes están abiertos a la escucha. Desde ese detenimiento y esa escucha queremos darles las gracias por su profunda humildad y solidaridad con el Movimiento y decirles que a sus muertos, como Dionisio-Chiapas y Mariano, hacedores de paz, los llevamos con todos los dolores en nuestro corazón. Queremos decirles también que aunque no nos entiendan, aunque lo nuevo —esa capacidad para tratar de hacer la paz incluso con nuestros adversarios, porque creemos que las equivocaciones de un ser humano no son el ser humano, sino una alienación de su conciencia que hay que transformar mediante la paciencia del amor— los desconcierte, compartimos los mismos anhelos y esperanzas, las de "un mundo en el que quepan muchos mundos".

La paz, querido Subcomandante, es, como decía Gandhi, "el camino", un camino que sólo se hace con todas y todos. Ustedes, hace diecisiete años, al lado de la sociedad civil, nos lo enseñaron no sólo al visibilizar y dignificar el pasado negado y humillado de nuestra tradición indígena, sino también cuando, a partir de la escucha y del dialogo, abrieron el debate de lo que, en medio de la crisis de las instituciones, podría ser una nueva esperanza de reconstrucción de la nación: las autonomías.

Por desgracia, el poder, que es ciego, los intereses, que no escuchan los latidos del corazón de la historia, y el egoísmo, esa forma atroz del yo que rompe los vínculos con los otros, no los escucharon. Cambiar el corazón del poder es siempre largo y doloroso. La consecuencia es la espantosa emergencia nacional que vive actualmente el país, cuyo epicentro, como una ironía de la sordera, se encuentra en Juárez, en la frontera norte del país.

Hoy la guerra ha desgarrado las cuatro partes de México (el norte, el sur, el este y el oeste), pero también, en la visibilización de nuestros dolores –que son muchos y cada vez más–, de nuestros rostros, de nuestros nombres y de nuestras historias, nos ha unido para –en la paz del amor, que nos lleva a caminar, abrazando dolores, y a dialogar, buscando trastornar la conciencia de los poderosos– encontrar ese yo plural, ese *nosotros*, que nos han arrebatado. Ello sólo ha podido nacer del corazón, de la solidaridad y de la esperanza, es decir, de la gran reserva moral que hay todavía en la nación y de la cual ustedes forman una de sus más hermosas partes. Hoy, más que nunca, creemos que sólo en la unidad nacional de esa reserva –que no sólo está abajo, sino también arriba y a los lados, en todas partes– podemos detener la guerra y encontrar entre todos el camino de la refundación nacional.

México, querido Subcomandante, es un cuerpo desgarrado, un suelo fracturado, que hay que recomponer como un cuerpo y una tierra sanos en los que –como todo cuerpo y toda verdadera tierra– cada una de sus partes, cuando se armonizan y se cultivan en el bien, son tan necesarias como importantes.

Caminar, dialogar, abrazar y besar –esas cuatro maneras que encontramos en nuestra historia hecha del mundo indígena y del mundo occidental– son las formas que asumimos no sólo para acompañar a otros y a otras, sino para encontrar el camino perdido y hacer la paz. Caminar es ir al encuentro de los otros; dialogar es desnudar, estremecerse, iluminar la verdad –que al principio escuece, pero después consuela–; abrazarse y besarse es no sólo hacer la paz, sino también romper las diferencias que nos dividen y enfrentan.

Hace algunos años unos amigos fundamos una revista –espero tenga en sus manos algunos ejemplares–: *Conspiratio*. El nombre viene de la primera liturgia cristiana, donde había dos momentos altos: la *conspiratio* y la *comestio*. El primero se expresaba mediante un beso en la boca. Era una co-respiración, un intercambio de alientos, un compartir el espíritu, que abolía las diferencia y creaba una atmósfera común, una verdadera atmósfera democrática –quizá de allí derivo el sentido que la palabra *conspiración* tiene en nuestra época; quizá el imperio romano, un imperio, como todo imperio, espantosamente estamentado, decía, "quienes son estos que conspiran y ponen en peligro al poder". Cuando besamos y abrazamos creamos esa atmósfera común, una atmósfera –es la realidad de cualquier atmósfera– inestable, que rápidamente puede desaparecer, pero no por ello falsa. Es un signo de lo que anhelamos y que repentinamente, en el amor, aparece lleno de gratuidad como la vida misma. Así, caminar, dialogar, abrazar y besar es hacerlo, desde nuestro dolor, por y para nuestros muertos –a quienes olvidamos darles ese amor–, por y para nuestros jóvenes, nuestros niños y niñas, nuestros indígenas, nuestros migrantes, nuestros periodistas, nuestros defensores de derechos humanos, nuestros hombres y mujeres: es decir, por y para todos. Es, de alguna manera, evitar que la indolencia, la imbecilidad y la miseria del alma nos condenen a todos a la muerte, a la corrupción y al olvido.

Como usted dijo bien al referirse al Movimiento por la Paz con Justicia y Dignidad –una frase que también empleo hace años en relación con el zapatismo–: "Podrán cuestionar los métodos, pero no las causas". Es por ellas, por esas causas, que detener la guerra es tarea de todos y de todas.

Hagámonos cargo de lo que hoy es México; hagámonos cargo del dolor y del perdón; tomemos el camino de la paz y dejemos el juicio a la historia.

Nos vemos en el sur, querido Subcomandante. Mientras llegamos con la lentitud del andar y el dolor a cuestas, les mandamos a usted y a los compas un gran beso, ese beso con el que nuestro corazón no cesa de abrazarlos.

Desde el Arca, cerca de las montañas de Vercors.

27 de agosto de 2011,

5 meses después de los asesinatos de Juanelo, Luis, Julio y Gabo.

Por el Movimiento por la Paz con Justicia y Dignidad,

Paz, Fuerza y Gozo,

Javier Sicilia 🕊

Los diálogos y sus amargos frutos

Javier Sicilia

Discurso frente al Ejecutivo federal
en el Alcázar de Chapultepec

23 de junio de 2011

Buenos días, señor presidente,[1] señora procuradora, señores secretarios de Estado que lo acompañan; buenos días compañeros de viaje y a quienes nos escuchan y ven.

Antes de empezar este diálogo quiero leerles unos versos de Jaime Sabines: "Queremos decirles que no somos enfermeros,/ padrotes de la muerte/ oradores de panteones, alcahuetes,/ pinches de Dios, sacerdotes de penas,/ queremos decirles que a ustedes les sobra el aire", y por ello les pido a todos los presentes guardar de pie un minuto de silencio por todas las víctimas de esta guerra atroz y sin sentido.

Lamento, señor presidente y funcionarios que lo acompañan, que estemos aquí para dialogar (en el primer ejercicio de varios que queremos tener con todos los poderes, gobiernos y partidos políticos) sobre un asunto que, si la clase política hiciera lo que debe hacer por la ciudadanía, no habría tenido lugar. Habernos movilizado durante dos meses –dejando nuestras familias rotas, nuestros trabajos, nuestros pueblos y ciudades– para recoger los pedazos de la historia reciente y consolarnos por el dolor que el crimen y las instituciones del Estado nos han infligido; habernos movilizado para, después, llegar hasta este Castillo de Chapultepec, cuya historia de clarososcuros es también la historia de México (en él residió el imperio de quienes se equivocaron creyendo que con las armas extranjeras se resolverían los problemas de México; pero también en él se firmaron los Tratados de Paz de El Salvador

---

[1] Felipe Calderón Hinojosa.

–ojalá que hoy encontremos también un camino para la paz en nuestro querido México); habernos movilizado hasta aquí para recordarles su deber habla muy mal de las instituciones y del dinero que gastamos en ellas. Sin embargo, lo hemos hecho por un sentido profundo de la paz y de la dignidad que ustedes parecen desconocer. Contra las fundadas dudas de que el diálogo no servirá de nada, lo hemos aceptado porque estamos convencidos de que el diálogo es fundamental, como una práctica de la democracia, para construir los caminos de la paz que son los más difíciles de recorrer –si no somos capaces de construirlos, lo que nos aguardará será esta espantosa violencia que ya vivimos pero multiplicada exponencialmente. Lo hemos aceptado también porque creemos que, a menos que el corazón se haya oscurecido a grados demoniacos, un hombre puede escuchar todavía el latido humano de su corazón. Por ello, lo que diremos aquí las víctimas de la guerra entre ustedes y los narcotraficantes –una guerra que no es nuestra, pero que nosotros padecemos en carne viva– no será grato, pero sí verdadero, propositivo y firme. Le pedimos, señor presidente, que como jefe de Estado nos escuche y encabece usted la indignación.

Es verdad, señor presidente, que ustedes no son responsables del pudrimiento de las instituciones políticas del país que se formaron de manera mafiosa, aunque han participado de ese mismo pudrimiento (les recuerdo la manera en que llegaron al poder y los compromisos que para lograrlo hicieron con facciones que a lo largo del tiempo se han ido corrompiendo y que sólo sirven a sus propios intereses). Pero son responsables de haber tratado el problema de la droga, no como un asunto de salud pública, sino de seguridad nacional y por lo mismo de haberse lanzado –junto con esas instituciones que no responden a la seguridad de los ciudadanos, que en muchos sentidos están cooptadas y que en otros tantos sentidos se hacen una con los criminales– a una guerra que tiene al país en una emergencia nacional. El Estado mexicano está fallando en su obligación de proteger a su gente y defender sus derechos. Durante nuestro recorrido por la mitad del territorio del país hemos visto lugares con una franca ausencia del Estado. Por eso, señor presidente, en su función de Estado ustedes son corresponsables de 40 000 muertos, miles de desaparecidos y miles de huérfanos, es decir, son corresponsables, independientemente de los criminales, del dolor, muerte y sufrimiento de miles de familias en nuestro país, más aún cuando ese mismo Estado vuelve a victimizar a quienes buscan justicia y los deja en el abandono y el olvido. Es responsable, además, de en ocasiones criminalizar a las víctimas, señalándolas como cifras, como bajas colaterales y gente vinculada con el crimen. Para vergüenza del país no sabemos quiénes son la mayoría de las víctimas de esta guerra ni dónde estaban o dónde están.

Con sus decisiones, señor presidente, ustedes son responsables de haber declarado esta guerra –contra un ejército que además no existe porque está formado por criminales– sin haber hecho antes una profunda reforma política y un saneamiento de las instituciones. Porque desde hace décadas, en aras de disputar la riqueza material y el poder, este país y sus instituciones olvidamos el verdadero quehacer humano: construir las mejores formas sociales para compartir nuestra experiencia colectiva de vida. Este olvido no sólo se ha vuelto trágico, sino sistémico: dejó que la impunidad se asentara en nuestro suelo y la convirtió en un factor funcional para la sobrevivencia y el quehacer político de los grupos que se disputan el poder. En ese suelo, que ha dejado de estar bajo nuestros pies, se ha fortalecido una concepción criminal del poder. Utilizando los discursos políticos y democráticos como cortinas de humo, que se han convertido en nuestro muro de las lamentaciones, la clase política, las élites económicas y religiosas han dejado atrapado al país en esas redes cada vez más terribles y crueles de la impunidad y pareciera que nadie –desde una oficina municipal hasta un rascacielos corporativo– está dispuesto a pagar el precio para acabar con ella. Sin embargo, nuestro dolor, que es el más profundo y terrible de sus frutos, está reclamando que se pague y se acabe con ella.

Aquí, señor presidente, nos encontramos 23 víctimas –una muestra emblemática de miles de víctimas inocentes de la delincuencia, del ejército, de la policía, de los vínculos que hay entre algunos elementos de los aparatos de justicia con el crimen; hay también familiares de policías muertos en el cumplimiento de su deber y tratados con la misma impunidad: secuestrados y secuestradas, desaparecidos y desaparecidas, acribilladas y acribillados, torturadas y torturados, asesinados y asesinadas, violadas y destrozadas–. Cada una de esas 23 víctimas representa a familiares destrozados por el dolor, indignados y desesperados. Detrás de las cámaras de televisión –de esos ojos vacíos que se abren a millones de ojos reales– hay otras miles de víctimas no sólo de nuestro país sino también de nuestros hermanos países centroamericanos y otros lugares.

Ustedes nos dirán que muchas de esas víctimas son criminales. Sin embargo, nosotros les decimos que aunque lo fueran, porque nadie nace criminal, son también víctimas que hay que reconocer para saber de dónde provienen y qué no les dio el Estado y qué no les dimos la sociedad para haber fracturado sus vidas. Sólo así podemos hacer la justicia que hemos perdido y rehacer el tejido social que día con día se desgarra hasta hacernos perder el suelo que debía estar bajo nuestros pies. Aquí, señor presidente –vean bien nuestros rostros, busquen bien nuestros nombres, escuchen bien nuestras palabras–, estamos un representación de víctimas inocentes. ¿Les parecemos bajas colaterales, números estadísticos, el uno por ciento de los muertos?

Albert Camus, esa gran conciencia moral del siglo XX, escribió de cara a los crímenes del nazismo y del comunismo: "Conozco algo peor que el odio, el amor abstracto". Es por amor a la humanidad, a la raza, a Dios, a la patria, por lo que se desata una guerra y se asesina a seres humanos de carne y hueso, irrepetibles, dignos de una vida. Ustedes, señor presidente, en nombre del amor abstracto de querer preservar a nuestros hijos de la droga, desataron esta guerra que los ha asesinado y en la que, no sabemos por qué, continúan empeñándose, acumulando más desgracia y dolor.

Aquí, señor presidente, estamos representados parte de las consecuencias de ese amor abstracto y de las omisiones y complicidades de los diferentes órdenes del gobierno. Esa parte, que representa a miles, reclama la justicia que la ausencia de seguridad en nuestro país –primer deber de un Estado– ha creado. De cara a esa justica que reclamamos, venimos, en primer lugar, a que se reconozca la deuda que el Estado mexicano tiene con las víctimas, con sus familias y la sociedad entera. Por eso, en su calidad de representante del Estado está obligado a pedir perdón a la nación, en particular a las víctimas; en segundo lugar, a que nos haga justicia (en el primer punto del documento que leímos el 8 de mayo en el Zócalo de la Ciudad de México, y que constituye el pacto nacional ciudadano, exigíamos, para empezar esa justicia, la solución a los casos emblemáticos, de los cuales se ha ido resolviendo sólo el de mi hijo y el de sus amigos asesinados en Morelos. ¿En qué momento, ponga usted una fecha inminente y pronta, se resolverán los otros, algunos de los cuales como el de la familia LeBarón, el de la familia Reyes Salazar o el de las familias de las guarderías ABC –un crimen que lleva el sello de las complicidades delictivas que hay en funcionarios de gobierno y en los partidos políticos– llevan años sin resolverse? En tercer lugar, a que juntos detengamos esta guerra y busquemos condiciones para la paz con justicia y dignidad.

En este marco general, exigimos del Poder Ejecutivo Federal:

1) Nuestro derecho a la verdad, a la justicia y a la no repetición. Su base debe ser la visibilidad de las víctimas, la garantía de que los crímenes no vuelvan a suceder y la reparación por los daños generados por el Estado mexicano,

reparación que debe incluir acciones para la memoria histórica (sin la memoria y la historia de nuestro horror seremos un pueblo sin dignidad ni futuro) e indemnizaciones a las familias de los inocentes.

Tenemos derecho a la verdad. Para ello exigimos que usted proponga la creación de un organismo ciudadano autónomo –puede ser una Comisión de Verdad, Justicia y Reconciliación o una Fiscalía Social de la Paz–. Su función será establecer y vigilar el cumplimiento del quehacer público en la visibilización de todas las víctimas –sea inocentes o culpables–, y en el seguimiento de sus casos –lo que incluye los resultados de las investigaciones y las sentencias, además de delitos que abarcan redes de complicidad de las autoridades–. Tenemos que recatar la memoria de las víctimas y con ello la dignidad de sus familias. Por nuestra parte, los ciudadanos crearemos espacios públicos para honrar la memoria de nuestros muertos a lo largo y ancho del país y un muro del dolor en algún parque de la capital de la República. Sembrar el árbol de la vida con la memoria de los muertos es edificar un monumento que nos permita no olvidar para que la desgracia no vuelva a tener sitio en nuestra casa.

Tenemos derecho a la reparación de los daños, es decir, a la justicia que se nos ha negado. Para ello necesitamos que en ejercicio de sus atribuciones proponga una Ley de Atención y Protección a Víctimas que debe ser aprobada lo más pronto posible por todos los poderes de todas las entidades, y generar así una política pública (instituciones, normas y recursos) especializada en la atención, el acompañamiento y la protección de las víctimas, mediante un programa que obligue a las autoridades correspondientes a reparar lo que la guerra y la impunidad han causado en miles de familias. Esto implica también el reconocimiento de las víctimas de juicios ya concluidos, de los desplazados y de todos aquellos afectados por la violencia en el país. Adicionalmente es indispensable la puesta en marcha del mecanismo de protección a defensores de derechos humanos y periodistas. Es vergonzoso mundialmente lo que sucede en México con los defensores de las víctimas.

Tenemos el derecho a la garantía de la no repetición de los crímenes. Para ello, se debe, junto con la ciudadanía, establecer mecanismos para sancionar a los funcionarios involucrados en redes de complicidad o delitos de omisión. Escandaliza el nivel de no actuación de los Ministerios Públicos y de otros funcionarios.

Traemos con nosotros un video de los dolores que recogimos durante la Caravana del Consuelo. Le pedimos, señor presidente, que se comprometa a pasarlo en todas las escuelas secundarias y preparatorias y se hagan mesas de discusión y análisis con los alumnos a fin de recuperar la memoria y de ayudar a que esto no se repita nunca.

2) Nuestro derecho como ciudadanos a una redefinición de la estrategia de seguridad. Para ello es necesario terminar con el enfoque militarista de combate al crimen organizado mediante un enfoque más amplio y estructural que contenga: a) el diseño de una estrategia que parta de los conceptos de seguridad humana y ciudadana, con un énfasis absoluto en los derechos humanos, y no en la seguridad de las instituciones, como hasta ahora para nuestra desgracia se ha hecho; b) la creación de estrategias alternativas y ciudadanas que, con apoyo del Estado y en acuerdo con las necesidades de cada lugar, apunten a la reconstrucción del tejido social y conduzcan al retiro paulatino del ejército de las calles. En este sentido es de suma importancia no sólo tomar en cuenta las necesidades y exigencias de cada entidad federativa y erradicar el uso indebido del fuero militar, como lo han señalado organismos internacionales de derechos humanos, sino también las experiencias comunitarias y autogestivas de defensa ciudadana; c) abrir la discusión para la despenalización del consumo de ciertas drogas y la reducción de su demanda; de esa manera se abordará el problema de su consumo de manera integral; d) es urgente crear controles democráticos de nuestra policía, por ejemplo, un Auditor Policiaco Independiente de la Policía Federal; un mecanismo que, en relación con las pruebas de confianza que se aplican a los policías, haga un seguimiento de las actividades de todos aquellos que no pasaron la prueba; e) darle a la educación de los jóvenes –son ellos la mayoría de los que están muriendo y de los que se vuelven el ejército de reserva de la delincuencia– mayores posibilidades. Exigimos recursos de la misma magnitud que los que se entregan a las fuerzas de seguridad para la educación de nuestros hijos y programas verdaderamente eficientes de educación. No podemos aceptar que las opciones para nuestra juventud sean la migración, la miseria o la violencia. No podemos, además, señor presidente, seguir comprometiendo la educación, y con ella el presente y el futuro de nuestros niños, por mantener los privilegios de esa máquina electoral llamada el SNTE.

3) Nuestro derecho a decidir y ser tomados en cuenta mediante mecanismos de democracia participativa y de democracia participativa efectiva. En este punto coincidimos con algunas de sus posiciones. Exigimos a los partidos políticos y a nuestros representantes en el Congreso de la Unión generar las condiciones para contar con revocación de mandato, referéndum, consulta

e iniciativa ciudadana, plebiscito, voto blanco, candidaturas ciudadanas, reelección y limitación del fuero.

Nos queda claro, en relación con esta demanda, que todos los problemas que vive actualmente el país emanan de graves problemas estructurales de nuestra débil y humillada democracia. Por ello, exigimos una renovación profunda del sistema político mexicano, una renovación que permita empoderar a la ciudadanía en los asuntos del gobierno y permita así poner un coto a la partidocracia que tanto daño nos está haciendo y que provocará que nuestras próximas elecciones sean las elecciones de la ignominia.

Todo esto, señor presidente, dadas las condiciones de emergencia nacional en las que todos nos encontramos, es de la mayor urgencia y usted, en lo que concierne al Ejecutivo, tiene la responsabilidad de dar respuestas claras y decisivas para esta justicia y esta paz que nos han arrancado. ✒

JULIÁN LeBARÓN

Discurso en el marco de la reunión con el Poder Ejecutivo

Castillo de Chapultepec, Ciudad de México, 23 de junio de 2011

Licenciado Felipe Calderón Hinojosa, presidente de México, entrañables compañeros en la lucha por la paz, queridas mexicanas y mexicanos que nos acompañan: Mi nombre es Julián LeBarón. Soy del municipio de Galeana en Chihuahua, donde fueron asesinados mi hermano Benjamín y mi amigo Luis Widmar. La intención de mi mensaje es hacer tan visible esa violencia que nunca se trivialice ni se justifique y mucho menos se olvide. Y para eso, apelo a la conciencia y al corazón de todos ustedes. Es en ese espíritu que me dirijo a usted, licenciado Felipe Calderón. Yo soy un hombre sencillo. Vivo en el campo y me gano la vida construyendo casas con mis manos. El día de hoy, quiero pedirle que me conceda su atención por unos minutos como Felipe Calderón, el ser humano, que es ciudadano y padre de familia: eso es algo que usted y yo tenemos en común. Yo tengo once hijos. Y en ellos, y en los hijos de muchos otros, está inscrita la razón por la que estoy aquí hablándole y por la que trabajo por un sueño de paz. Es un sueño de honor y respeto por la vida. Yo no vengo aquí a echarle la culpa a usted, señor Calderón, por algo de lo que todos somos responsables de alguna u otra manera. En un principio, muchos de los que ahora lo atacan apoyaron la decisión que tomó como presidente de México de iniciar una batalla contra las organizaciones criminales. El resto de nosotros nos quedamos callados. Y, como dicen en mi rancho, el que calla otorga. Pero no quiero entrar en el terreno estéril de las culpas. Yo vengo aquí a proponer una solución en la forma de acción colectiva. De los gobernantes como ciudadanos. De todos juntos. Cada quien con su responsabilidad. Y usted tiene una muy importante. A mí me ha tomado mucho tiempo asimilar la muerte de mi hermano. Tuve deseos de venganza en contra de quienes lo asesinaron. Pero con el tiempo he transformado esos sentimientos. Como lo ha sugerido antes Javier Sicilia, es momento de que reflexionemos en los asesinos y secuestradores de nuestros hijos, hijas, hermanos y hermanas, en lo que ha tenido que suceder para que ellos hayan decidido dedicarse al negocio del terror y de la muerte; para poder atenderlo y que las generaciones que vienen nunca más sigan esos pasos. Y esa tarea es de usted, es mía y, estoy convencido, de todos los habitantes de este país. El primer paso para poder realizar esta tarea es exponer la violencia y el dolor que estamos viviendo y tomar acciones de reconciliación entre los mexicanos. Es la única forma de ponerles nombre y apellido a las cifras de víctimas. Es momento de replantear una estrategia militar y policial para dejar espacio a la acción civil y promover el espíritu de comunidad. Como nunca antes. Nos hemos propuesto realizar una nueva caravana. Esta vez será hacia el sureste de México. Queremos llegar hasta Guatemala. Y yo quiero que usted nos acompañe.

Y que también nos acompañen el ejército y la policía federal y las autoridades migratorias, pero sin máscaras y sin armas, sólo como ciudadanos. Como personas con la cara y el pecho descubierto para poder sentir. Vamos juntos a donde ocurren terribles actos de barbarie contra mexicanos y también contra nuestros hermanos de Centro y Sudamérica. La violencia, señor presidente, no se limita a un sexenio, ni se gesta en un sexenio, ni se termina en un sexenio. La violencia que vivimos no es causada sólo por el narcotráfico, ni por la pobreza. Es el resultado de un proceso de descomposición y abuso social que lleva mucho tiempo construyéndose. Venga con nosotros a la caravana, licenciado Calderón. Escuchemos y humanicemos juntos a víctimas y victimarios. La lección debe quedarnos clara a todos. Es tiempo de que mandemos un mensaje al mundo de que la violencia no termina nunca con la violencia, y así no sea usted recordado como el presidente de los cuarenta mil muertos y nosotros como una nación de salvajes y cobardes. Ése será el inicio de un sueño de paz. Ése será un acto de grandeza humana como pocos se han visto en la historia. Yo se lo pido fervientemente en nombre y memoria de los que han sufrido tanto. Que viva México. ❦

Enrique Krauze
Cuando la fe sirve a la democracia

Con el grave tono de un profeta bíblico, Sicilia ha fustigado a los poderes públicos y les ha exigido que pidan perdón a la ciudadanía por su cuota de responsabilidad en lo que, con razón, ha llamado "la emergencia nacional". Y los poderes, con matices, han pedido perdón. En el Alcázar de Chapultepec, sus palabras a los diputados y senadores caían una a una con un peso inesperado, inaudito, horadando las conciencias:

> En nombre de una equivocada idea del gobierno, se han alejado de nosotros: no escuchan los ritmos y latidos del corazón de la patria y pretenden, junto con los criminales y los otros poderes fácticos, secuestrar las aspiraciones democráticas y la esperanza de bienestar de la nación[...]. Sus recintos, el recién inaugurado del Senado y la Cámara de Diputados, son la expresión arquitectónica de su aislamiento. Búnker de un poder que prefiere darles la espalda a los ciudadanos y contemplarse en el espejo de sus ambiciones, traducidas en parálisis legislativa y en manipulación política que convierte los procesos electorales en un gran negocio para unos cuantos y en juego cruel de ilusiones para los ciudadanos.

Y el Poder Legislativo, con matices, se comprometió a cambiar (esperemos que no falte a su palabra de revisar a conciencia la Ley de Seguridad Nacional).

No se trata de una representación teatral sino de un drama verdadero. En su mensaje –producto del dolor propio y colectivo, y resultado de su fe– hay ecos del antiguo profetismo: sensibilidad al mal y la injusticia; indignación, agitación, angustia por los caminos equivocados de la sociedad. Las palabras braman, queman, vuelven a ser la "filosa espada" de Isaías o la doliente lamentación de Jeremías.

La convergencia entre religión y poder ha sido siempre desastrosa, pero Sicilia no confunde esos ámbitos. Sabe que la religión en el poder es la teocracia. Sabe también que la religión que busca imponer sus dogmas al poder conduce a la intolerancia. Y entiende los problemas del redentorismo político, esa malformación religiosa en el cuerpo civil de la política que postula el advenimiento del hombre providencial cuya pureza resolverá, de una buena vez, los problemas de su país o el orden injusto de su sociedad. Esa superstición sacrificó ayer a generaciones de jóvenes idealistas, y hoy subyuga y envilece a muchos ciudadanos latinoamericanos.

Sicilia y el Movimiento que encabeza no encajan en esas categorías. A su paso, es verdad, la gente lo abraza y llora, le cuelga cruces y escapularios, le manda cartas y peticiones, le dedica ruegos y oraciones. Pero Sicilia no representa a la Iglesia, no busca imponer los dogmas de su fe, no se cree redentor político. Sicilia (hay que entenderlo) es un anarquista cristiano opuesto por principio al poder, a los poderes. Su poder reside en no buscar el poder. Y su poder reside en buscar acotar al poder, vigilarlo, criticarlo, llamarlo a cuentas.

Es sabido que por muchos años Sicilia ha apoyado al Movimiento Zapatista y hasta hoy manifiesta su exigencia de que se honren los olvidados Acuerdos de San Andrés. Su actitud presente arroja una nueva luz sobre el significado histórico del zapatismo. Aquel movimiento (al que Samuel Ruiz inspiró un aliento profético) representó fugazmente un desafío armado pero muy pronto tomó un sentido cívico, con dos resultados que nos hicieron crecer como nación: nos recordó la postración de los indígenas y catalizó el cambio democrático. Sin aquel improbable estallido del 1 de enero de 1994, aun la magra atención que se presta ahora a los indígenas sería inexistente; y sin el EZLN no hubiese habido (o se hubiera retrasado largos años) la transición democrática.

La misión y la significación de Javier Sicilia son similares. El Movimiento por la Paz con Justicia y Dignidad tiene una impregnación religiosa pero sus propuestas —como se demostró el 28 de julio en Chapultepec— son absolutamente terrenales, prácticas y, en general, sensatas. Su mayor logro sería alcanzar el consenso nacional en los temas que específicamente le competen, como el combate a la violencia y la inseguridad. Para ello debe compaginar sus ideas y posturas (ampliamente respaldadas por los ciudadanos) con la necesidad elemental del Estado (de todo Estado), que es recobrar el monopolio legítimo de la violencia en el territorio mexicano.

Algunos sectores piensan que Sicilia representa un ingenuo pacifismo frente a la hidra criminal que amenaza con volver a México un Estado fallido o un narco-Estado. "No hay camino para la paz, la paz es el camino", ha dicho Sicilia citando a Gandhi, pero es ciertamente improbable que las bandas criminales se conmuevan ante esa prédica. "Ya no son humanos", ha dicho, refiriéndose a los asesinos de su hijo. Pero Sicilia se debe a sí mismo una reflexión moral y una decisión práctica sobre esos "no humanos".

Dicho todo lo cual, no hay duda de que lo logrado hasta aquí es extraordinario. El liderazgo cívico construido en sólo cuatro meses no tiene precedente. México necesitaba un Movimiento por la Paz con raigambre religiosa que removiera las conciencias para fortalecer la democracia, y lo encontró. Un milagro cívico. ❦

8 de agosto de 2011

Eliana García Laguna

La paz es subversiva

I

La épica de los pueblos se cuenta por sus *momentos memorables*, dice Stefan Zweig,[1] y el desarrollo de la historia se define por una decisión de las voluntades humanas que se toma en una circunstancia especial. Los hombres y mujeres víctimas de la violencia que dieron origen al Movimiento por la Paz con Justicia y Dignidad (MPJD), unidos por el dolor, decidieron romper el silencio a fines de marzo de 2011 y marcaron un momento memorable.

En mayo, salieron de Cuernavaca al Zócalo de la capital para, en un acto masivo y solidario, plantearle a la nación el *Pacto por un México en Paz*, aún vigente, que llamaba a atender la emergencia nacional y la crisis humanitaria en que la violencia criminal e institucional ha colocado a México. Este México en el que la paz es subversiva.

Las víctimas vueltas caravanas, emulando a las madres de los migrantes centroamerianos desaparecidos, tomaron los senderos y las brechas para hacerse oír y mezclar a su paso testimonios y narraciones personales. Las caravanas del Consuelo hacia el norte del país en los primeros días de junio y del Sur en los estados sureños, en 2011; la Caravana USA exigiendo al gobierno estadounidense control de armas y fin de la guerra contra las drogas en 2012; las movilizaciones de 2013 y 2014 siguen exigiendo lo mismo: alto a la violencia.

El 8 de mayo de 2011 se reclamaba: 1) rescatar la memoria de las víctimas de la violencia; 2) detener la militarización y la guerra; 3) combatir la corrupción y la impunidad; 4) combatir la raíz económica y las ganancias del crimen; 5) atender de emergencia a la juventud y desplegar acciones efectivas de recuperación del tejido social, y 6) avanzar hacia una democracia participativa.

---

[1]   Stefan Zweig, Prólogo a *14 momentos estelares de la humanidad*, Acantilado, 2003.

II

El 23 de junio, en el Castillo de Chapultepec, frente a frente se vieron Calderón y Sicilia, los representantes de la política institucional de la guerra y los representantes de las víctimas de la violencia desatada por los primeros. Ahí, se nombró a las víctimas y escucharon sus historias; ahí, Calderón mostró su vena siempre autoritaria y golpeó la mesa para defender su equivocada estrategia.

Ese día la sociedad civil tomó por asalto el Castillo de Chapultepec, encabezada, quién diría la exquisitez y delicadeza del mensaje, por un hombre cuyo silencio poético ha sido más estruendoso que el cinismo y la indolencia de la clase política.

La fuerza del dolor y el poder del consuelo, expresado en el MPJD, puso frente a frente a una legítima representación de los familiares de las víctimas de la violencia y a la representación, no legítima, del gobierno federal. El camino de las víctimas hasta llegar al Castillo fue *largo y sinuoso:* primero el dolor que de tanto doler duele, después la soledad de los sin voz, luego el coraje de juntarse en el silencio y conciliar en su tristeza un reclamo común lleno de matices que los visibilizó y los puso en la agenda nacional con toda su tragedia aún irresuelta.

Llegó el poeta representando al México dolido, con *fundadas dudas sobre el diálogo* que han sido también las dudas de quienes hemos cuestionado la estrategia de militarización de la seguridad y la opción punitiva para resolver problemas sociales y estructurales. Fuerte la voz: "venimos a que nos hagan justicia". Suave la voz de la madre de cuatro hijos desaparecidos sin titubeos le espetó en la cara a Calderón que no aceptarían más *engaños, mentiras ni injusticia* y así fueron saliendo las palabras, pues como diría un derechohumanista: *éste no es un estado de derecho, sino el derecho del Estado y no existe imperio de la ley, sino la ley del Imperio.*

El 21 de julio, se instalaron cuatro mesas entre la representación del MPJD y las organizaciones hermanas con el Ejecutivo federal: 1) Gestión de justicia; 2) Nuevo modelo de justicia y derechos de las víctimas; 3) Nueva estrategia de Seguridad que se oriente a los derechos humanos y la paz, y 4) Impulso de mecanismos de democracia participativa y democratización de medios. La simulación del gobierno calderonista se expresó como siempre, meses en mesas sin avance alguno.

Se discutían los mecanismos de reparación integral y, en particular, la propuesta de una ley de atención integral a víctimas de la violencia cuando, en un reflejo de su incomprensión, durante su V Informe de Gobierno, Calderón anunció la creación de una Procuraduría Social de Atención a las Víctimas del Delito. Dada a luz en octubre de 2011, con limitaciones estructurales producto de una visión asistencialista de las víctimas por parte de sus progenitores gubernamentales, se convirtió en la única instancia institucional que, para bien o para mal, tuvieron las víctimas para recibir alguna atención durante algo más de dos años.

III

A poco más de un mes, el 28 de julio, también en el Castillo de Chapultepec, se reunieron las víctimas del MPJD con los coordinadores parlamentarios, los presidentes de las juntas de Coordinación Política y de mesas directivas de las cámaras de senadores y diputados

40 legisladores y 40 familiares de víctimas, activistas y expertos del MPJD y las organizaciones hermanas se sentaron en el Alcázar del Castillo, Sicilia les dijo a los legisladores que el MPJD había caminado *para romper la soledad y el dolor que los criminales y un Estado omiso, cooptado y corrupto* habían *impuesto* a sus *corazones;* que los poderes no escuchaban *los ritmos y latidos del corazón de la patria* y que pretendían *junto con los criminales y los otros poderes fácticos, secuestrar las aspiraciones democráticas y la esperanza de bienestar de la Nación.*

De nuevo, se plantearon los temas de la agenda nacional. De ellos, la cúpula del Poder Legislativo en pleno asumió ocho compromisos: 1) aprobar la Ley 5 de junio de Prestación de Servicios para la Atención, Cuidado y Desarrollo Infantil; 2) elevar a rango constitucional la obligatoriedad de la educación media superior; 3) expedir una Ley de Víctimas; 4) federalizar el delito de desaparición forzada; 5) expedir una Ley para la crear la Comisión de la Verdad; 6) aprobar la reforma política; 7) aprobar la creación del auditor independiente de Policía Federal y 8) aprobar la integración de cinco ciudadanos al Consejo de Seguridad Pública.

De esos ocho compromisos, se cumplieron: a) la aprobación de la Ley 5 de junio de Prestación de Servicios para la Atención, Cuidado y Desarrollo Infantil; b) la obligatoriedad constitucional de la educación media superior; c) la creación de la Ley General de Víctimas; d) la aprobación de la reforma política y, sin reforma, integraron cinco ciudadanos al Consejo Nacional de Seguridad Pública.

El 28 de mayo de 2012, le tocó el turno a la y los candidatos a la presidencia de la República, que fueron cuestionados por las víctimas sobre sus propuestas para salir de la emergencia nacional y atender la crisis humanitaria.

En los diálogos en el Castillo, las víctimas se vieron y hablaron de tú a tú con un sector de la clase política que nunca los escuchaba. Después siguió el azaroso proceso de creación de la Ley General de Víctimas.

IV

De marzo de 2012, cuando se entregó a senadores el proyecto de Ley General de Víctimas propuesto por el MPJD y las organizaciones hermanas de derechos humanos y atención a víctimas, al 9 de enero de 2013, en que se publicó el Decreto de Creación de la Ley General de Víctimas, la ley vivió muchas vicisitudes.

De su aprobación en el Congreso de la Unión el 30 de abril de 2012 al veto del gobierno de Felipe Calderón exactamente el 1 de julio, la ley parecía muerta.

De la controversia constitucional interpuesta por el gobierno calderonista el 19 de julio al cumplimiento, el 1 de diciembre, del compromiso de publicar la ley establecido por Enrique Peña Nieto, la ley revivió en la esperanza de las víctimas.

De su publicación el 9 de enero 2013 y su entrada en vigor el 8 de febrero a la publicación de la reforma y nueva entrada en vigor, los días 3 y 4 de mayo de 2013, la ley generaba expectativas de reparación integral a las víctimas.

De la elección de los siete comisionados en octubre de 2013 a la transformación de la Procuraduría Social de Atención a las Víctimas de los Delitos en la Comisión Ejecutiva de Atención a Víctimas el 8 de enero y la instalación del Sistema Nacional de Atención a Víctimas el 15 de enero de 2014, la ley navega en las aguas de la incertidumbre.

V

La Ley General de Víctimas inaugura la justicia restaurativa: derecho a la verdad, a la justicia, a la reparación integral y a las garantías de no repetición; principios fundamentales para equilibrar la justicia entre los derechos procesales de los imputados y los derechos de las víctimas de delito o víctimas de violaciones a derechos humanos.

La Comisión Ejecutiva debe garantizar a las víctimas ayudas inmediatas (servicios médicos, transporte, alojamiento, alimentación y protección), atención y reparación integral, generación de políticas públicas para el funcionamiento del Sistema Nacional de Atención a Víctimas, del Fondo de Ayuda, del Registro Nacional de Víctimas y la Asesoría Jurídica, en un entramado institucional, complejo y completamente viable, que devuelve a las víctimas su condición de ciudadanos.

La Ley General de Víctimas es una ley que surgió del dolor profundo de miles de mexicanos y representa una acción amorosa para una reconciliación tan necesaria en nuestro país.

VI

Desde 2011, quisimos conocer al poeta católico, padre amoroso que perdió la palabra porque no existe ninguna para nombrar la pérdida de un hijo, menos aún cuando es a manos de la sinrazón criminal y la violencia instaladas como demonios en el filo de la patria.

No conocía a Evagrio,[2] seudónimo de Sicilia, y encontré su poesía para, desde nuestra pasión y compasión, descubrir a un profeta anticipado de la ausencia que versaba, antes de su pérdida:

Toda ausencia es atroz
y, sin embargo, habita como un hueco que viene de los muertos,
de las blancas raíces del pasado.
¿Hacia dónde volverse?;
¿hacia Dios, el ausente del mundo de los hombres?;
¿hacia ellos, que lo han interpretado hasta vaciarlo?
¿Hacia dónde volverse que no revele el hueco,

---

[2] Quizá en honor de Evagrio Póntico (345-399) o Evagrio el Monje, asceta cristiano, apodado el Solitario, que divulgó el hesicasmo, consistente en la búsqueda de la paz interior, en armonía con la Creación y en unión mística con Dios. Sus características fundamentales son: la soledad, como medio de huir del mundo; el silencio, para obtener la revelación del futuro y del mundo más allá de la tierra, y la quietud, para conseguir el control de los pensamientos, la ausencia de preocupaciones y la sobriedad. *Fuente: Wilkipedia.* Poema: "El sobreviviente", del libro *Tríptico del Desierto*, Era, México, 2009.

el vacío insondable de la ausencia?
Hacia ellos, los muertos, que guardan la memoria
y saben que no estamos contentos en un mundo interpretado.
Mas las sombras, las sombras que la interpretación provoca
y nos separan de ellos,
las sombras con su viento todo lleno de la abierta ventana hacia el espacio,
las sombras donde no hay anunciación
trabajan nuestro hueco.
¿Será que ya no hay nada atrás de ellas,
o el oscuro dolor por nuestros muertos
—como el amanecer que empieza a medianoche,
a la hora más oscura de la noche—
anuncia su retorno en el sigilo?
¿No es tiempo de encontrarlos nuevamente
donde nada parece retenerlos,
así el roshi[3] descubre el todo en el vacío que no contiene nada?
Tal vez sí, porque sus voces vienen de lo oscuro,
de su vacío vienen
como un rumor de río en un riachuelo,
como un dulce reclamo imperceptible,
como una tenue estrella entre las sombras
vienen sus voces, vienen desde lejos.
Óyelas, corazón, como sólo los monjes sabían escucharlas
atendiendo en el rezo su incesante llamado
con los pies en la tierra.
Así los escuchaban,
escuchando el arriba y el abajo,
preservando en sus tumbas el suelo que habitaron con nosotros.
No es así que tú puedes escucharlos en el espacio en sombras de un mundo
*   interpretado.*
Pero escucha la queja de lo Abierto,
el mensaje incesante, esa advertencia que viene desde lejos,
ese rumor tan suave que casi nadie escucha

---

[3] Roshi es el jinchūriki (人柱力, literalmente "Poder del sacrificio humano") de las cuatro colas lacradas que clama por la villa de la Piedra Escondida. Tradición japonesa. Fuente: *Wikipedia*.

y llega a ti de todas las iglesias,
como si en esas piedras, que guardan la memoria de los muertos,
habitara la llama de su estar con nosotros,
de su sola presencia en la resurrección
y descorriera un poco nuestras sombras.
Porque es difícil vivir en un mundo sin ellos,
difícil no sentir a nuestros muertos alimentando las obras de los hombres;
difícil no seguir sus costumbres, que apenas conocimos;
difícil habitar en las sombras
como un alucinado que repentinamente recobra la memoria
para luego volver a su intemperie;
difícil ver aquello que los hacía nuestros flotar en el espacio y diluirse.
Estar vivo es penoso,
y nosotros, nosotros, que los necesitamos con sus graves secretos,
nosotros, que sabemos que no podrán volver a un mundo interpretado,
a veces escuchamos, como un ligero viento, ascender de las sombras
la música primera
que forzando la nada trajo a Eurídice al mundo;
una nota tan tenue, tan pura como el Cirio
que promete su vuelta en medio de las sombras
y nos trae el consuelo.

Epílogo aún incierto

Hoy sigue siendo el tiempo del México dolido, el de la impotencia y la desesperación, el de la esperanza y la búsqueda, el país de las víctimas donde la paz es subversiva. 🖐

Javier Sicilia
Palabras ante el Congreso de la Unión
En el marco de la reanudación del diálogo con el Poder Legislativo

México, D. F., 17 de agosto de 2011

Señoras y señores legisladores, compañeros y compañeras del Movimiento por la Paz con Justicia y Dignidad.

Antes de reiniciar nuestro diálogo quiero leer unos versos de Marco Antonio Campos: "El país es algo vivo, la patria hiede a discurso de político,/ a sangre en el campo de batalla y a efemérides de sangre./ Y yo he sentido el país [...]/ lo que llamamos México/ es un país muy triste [...]/ La infancia libre, la gente que yo quise,/ ríos y lagos, praderas, ciudades, *me dicen el país*,/ un país que si lo pienso, si lo lloro en lunes,/ si pajarean los arces, si mañana o no,/ me parece un país que se va haciendo pedazos.// Las nubes en el cielo ya han cubierto el sol". Por esta oscuridad que nos habita y en la que han caído nuestros muertos guardemos un minuto de silencio.

Volvemos, después de una pausa, al diálogo que iniciamos de cara a la nación el 28 de julio en el Alcázar del Castillo de Chapultepec. La pausa, como ustedes lo saben, no fue querida sino impuesta por la manera en que ustedes –en nombre de sus procedimientos, sin avisar a nadie, contra los acuerdos que el 28 de julio establecimos y nuestra perentoria negativa a la Ley de Seguridad Nacional– aprobaron en lo general la minuta de esa Ley. Para nosotras y nosotros eso no sólo fue la traición a una palabra empeñada, sino la confirmación, repetida por millones de ciudadanos, de que el Congreso no es confiable, que su representatividad ciudadana está vacía de contenido.

Pese a ello y en atención a las señales de buena voluntad que nos han dirigido a lo largo de estos días y que nos dicen que la minuta quedará en suspenso "para su aprobación o rechazo" –así lo dijo Josefina Vázquez Mota y así lo entendemos de parte de todos los legisladores–, hemos vuelto con la confianza –una confianza, sin embargo, acotada, por el descrédito que ustedes y toda la clase política se han labrado a lo largo del tiempo– de que juntos podremos establecer una ruta para poner lugares, fechas y procedimientos que nos lleven a encarnar lo que juntos establecimos como agenda en el Alcázar del Castillo de Chapultepec: una Ley de Víctimas y un fondo de apoyo inmediato para ellas, una Comisión de la Verdad, auditores especiales, consejeros ciudadanos en el Consejo de Seguridad, reforma del marco legal que tipifique como delito federal la desaparición forzada, la creación de un registro nacional de detenciones y desapariciones, la redacción y aprobación de una exhaustiva y profunda Ley que persiga el lavado de dinero, la aprobación ya, en período extraordinario, de una reforma política que aliente la democracia participativa y abra caminos para la fiscalización y el castigo ciudadano a los funcionarios que traicionen su juramento constitucional, una reforma del Consejo de Seguridad Nacional que haga posible la participación ciudadana en la toma de decisiones, la puesta en marcha de mecanismos del Poder Legislativo para el acompañamiento y seguimiento de los casos presentados por las víctimas en los estados, la ampliación de los recursos destinados a la educación media superior, a la ciencia y a la cultura, como parte de una política que deberá ser integral para atender a nuestros jóvenes y a nuestros niños, la aprobación de la Ley 5 de junio que protegerá a los niños que asisten a las guarderías públicas de morir, como ya sucedió para nuestra desgracia, en el fuego de la negligencia, la simulación y la impunidad, una Ley de Medios que garantice la libre expresión de la gran pluralidad social y política de México y rompa los monopolios que asfixian nuestra democracia y degradan la cultura, y la urgente atención a las demandas de los pueblos indios, como las presentadas aquí por nuestros hermanos wirrárikas respecto a Wirikuta y purépechas de Cherán, mismas que ni siquiera tendríamos que estar planteando aquí si ustedes, el Poder Legislativo, hubieran honrado la palabra empeñada por el gobierno y hubiesen cumplido los Acuerdos de San Andrés.

Estamos, como lo acordamos en el Alcázar del Castillo de Chapultepec, dispuestos a trabajar con el Poder Legislativo en esa agenda, pero les repetimos con toda claridad —como con toda claridad se lo dijimos en ese mismo Alcázar— que ninguno de esos problemas podrá solucionarse plenamente en un escenario bélico cada día más cruel, en un escenario de guerra que tiene balcanizado al país al grado de que en muchos de sus territorios están suspendidas de facto las garantías individuales y, al lado de los criminales, el Estado viola sistemáticamente los derechos humanos.

No proponemos una claudicación frente a la delincuencia; no proponemos tampoco que se abandone la plaza, como malignamente o haciendo alarde de ignorancia aseguran algunas voces críticas de nuestro Movimiento. Lo que nosotros buscamos es corregir de raíz las causas que generan la violencia: el desgarramiento del tejido social, la desigualdad creciente, la corrupción y la impunidad. La minuta de la Ley de Seguridad Nacional que envió el Senado privilegia, lo volvemos a repetir, la seguridad de las instituciones del gobierno sobre la de los seres humanos y crea un marco legal para continuar la estrategia bélica emprendida por el actual gobierno federal para enfrentar la crisis de seguridad pública que atraviesa la nación. Aunque nos digan que la aprobación de la minuta en lo general no implica la aprobación de la ley sino el comienzo de su discusión, no estamos de acuerdo porque en el fondo lo que se pretende pasar como proceso legislativo normal es un sinsentido.

En nuestro primer encuentro en el Alcázar, el Movimiento por la Paz con Justicia y Dignidad dejó clara su posición por boca de Miguel Concha: "Hacemos –dijo– un llamado enérgico, firme, al Congreso de la Unión a que se comprometa junto con nosotros […] a construir una legislación que se fundamente en la seguridad humana y ciudadana, única compatible con las libertades públicas, y que sentemos así las bases para terminar con la violencia que tanto está lastimando y haciendo sufrir a nuestro pueblo, y que juntos alcancemos la paz".

La emergencia nacional que vivimos –y de la que ustedes, encerrados en sus búnkers y sus privilegios no parecen darse cuenta– y el fracaso absoluto de la guerra declarada por el gobierno federal contra los cárteles de la droga y el crimen organizado –allí estamos las 50 000 víctimas, los más de 10 000 desaparecidos y los más de 120 000 desplazados, que día con día aumentan, como prueba amarga, dolorosa e irrefutable de ese fracaso–, nos obliga a trabajar en una Ley de Seguridad Humana y Ciudadana que nos conduzca a la paz, y no en una ley, como la presentada por el Ejecutivo (aunque haya sido reformada por el Senado y su espíritu autoritario y antidemocrático fuese atemperado por la intervención de los legisladores), que pretende elevar a rango constitucional una política de guerra que vulnera –como lo vemos todos los días– los derechos humanos, y que lejos de detener la indefensión en la que nos encontramos los ciudadanos y la violencia criminal, las ha agudizado, multiplicando el dolor y el desgarramiento de la sociedad.

Los hemos invitado antes y volvemos a invitarlos ahora a ser los legisladores de la paz y no de la guerra, los representantes de las necesidades y demandas de los ciudadanos y no los custodios de las armas ni los celadores de búnkers y palacios donde a espaldas de nosotros se fraguan acuerdos contra la paz y se defienden fueros. Hoy es tiempo de civilizar los poderes no de militarizar al país, de salvar la democracia, no de destruirla en nombre de intereses imbéciles. Esta guerra, señoras y señores legisladores, ya duró demasiado y sus resultados son cada día más devastadores. Les exigimos que no la perpetúen bajo la forma de una Ley de Seguridad Nacional que vulnera nuestra Constitución, envilece a nuestras Fuerzas Armadas —custodias de la Patria— y abre el camino a la militarización definitiva de la vida pública de la nación. Queremos convocar desde aquí al Ejército y la Marina, a nuestras Fuerzas Armadas, a un diálogo profundo y constructivo; nosotros, la ciudadanía, queremos oír sus razones y queremos exponer las nuestras. Estamos seguros de que el interés superior de la patria, que no se reduce a los intereses de sus instituciones sino al de todas y todos sus ciudadanos habrá de marcarnos a todos el camino. Sabemos, como lo ha expuesto nuestro movimiento en voz de Julián LeBarón, que la paz no vendrá como un obsequio de los políticos y sus instituciones, sino como el resultado del trabajo generoso de todos los seres humanos que conformamos esta república.

Lo repito: no proponemos que se claudique ante la delincuencia. Lo que queremos son leyes, procuradores, ministerios públicos, policías y jueces que aseguren que los crímenes serán perseguidos y castigados, y que sus víctimas tendrán acceso a la justicia y al resarcimiento del daño, y no marcos legales que, mediante eufemismos —como el de llamar "seguridad interior" a lo que en realidad es seguridad pública—, justifiquen la omisión o complicidad de las autoridades civiles, la actuación anticonstitucional de las Fuerzas Armadas y el uso del fuero para violar garantías y derechos con absoluta impunidad. Por eso —disculpen la reiteración— rechazamos categóricamente la Ley de Seguridad Nacional y volvemos a exigirles que trabajemos juntos en una Ley de Seguridad Humana y Ciudadana que considere la seguridad económica y social, alimentaria, sanitaria, medioambiental, comunitaria, educativa, cultural y política de la nación y de sus pueblos.

Señoras y señores legisladores, mirémonos de nuevo a los ojos, abramos nuestros corazones y hablémonos con la verdad: esta guerra, tan dolorosa para todos los mexicanos, nos la han impuesto nuestros vecinos de Estados Unidos, nos la ha impuesto su hipócrita puritanismo prohibicionista, su adicción masiva al consumo de drogas, su próspera industria armamentista y su gusto por la guerra. ¿Hasta cuándo, les preguntamos, señoras y señores legisladores, vamos a permitir que nos sigamos matando para atajar el tráfico de drogas hacia un país que invierte más en su consumo que en educación superior?

¿Cuántas vidas, irrepetibles, dignas, como toda vida, vamos a seguir criminalmente sacrificando mientras el sistema financiero de Estados Unidos lava las inmensas fortunas que genera, a la vista de todos, el mercado de las drogas? ¿Cuánta más soberanía estamos dispuestos a ceder a las agencias norteamericanas de seguridad que operan en nuestro territorio mientras nuestras Fuerzas Armadas, garantes de esa misma soberanía, son envilecidas en tareas policíacas para las que no están preparadas y que las exponen a la corrupción del crimen organizado y a agresiones a ciudadanos inocentes atrapados en el fuego cruzado de las bandas criminales y los destacamentos militares? ¿Cuánto más dolor vamos a aceptar para satisfacer los peores intereses, que son los del dinero y los del poder? ¿Qué están esperando para detener una guerra que pretende, entre otras cosas, erradicar a sangre y fuego el tráfico de marihuana hacia un país que ya la expide legalmente con receta médica por sus beneficios terapéuticos?

Ustedes, señoras y señores legisladores de todos los partidos y de ambas Cámaras, han permitido que en este país se utilice no sólo un lenguaje de guerra, sino, lo que es peor, una estrategia de guerra, sin que se hubiese cumplido con lo que establece la fracción XII del artículo 73 que le otorga facultades al Congreso de la Unión para declarar la guerra en vista de los datos que le presente el Ejecutivo.

Tenemos dudas fundadas frente al diálogo que hoy reanudamos. Pero es más nuestro amor a él y el deseo de alcanzar la paz y acuerdos reales que, expresados en la agenda que establecimos, beneficien a los ciudadanos, a las víctimas de esta guerra, a los pueblos indios, a los jóvenes y niños que este país ha maltratado y despreciado hasta el grado de permitir que se les asesine o se les convierta en sicarios y verdugos. La mirada de esos niños y de esos jóvenes convertidos a la delincuencia más que indignarnos o atemorizarnos debe llenarnos de vergüenza: es el ejemplo más claro y terrible del fracaso de las instituciones del país. Su mirada perdida, a veces adusta e insensible, cruel incluso, así como su absoluto desamparo, es el rostro sin sentido de esta guerra, la cara de la emergencia nacional que nos llama a cambiar juntos el rumbo de nuestra historia para salvarlos y salvarnos en vez de matarlos y matarnos.

Ustedes tienen la palabra, a ustedes les toca decidir entre la guerra y la paz. ❦

Miguel Concha Malo
Cambio de estrategia de seguridad
La visión del MPJD

Al concluir la Marcha Nacional por la Paz, la Justicia, la Dignidad de las personas y la Soberanía del país, de Cuernavaca a la Ciudad de México, el Movimiento por la Paz con Justicia y Dignidad (MPJD) exigió el 8 de mayo de 2011 en el Zócalo, corazón de la República, en el segundo punto de un Pacto Nacional por un México en Paz con Justicia y Dignidad, y ante una abigarrada multitud plural de ciudadanas y ciudadanos, cambiar el enfoque militarista y la estrategia de guerra de la seguridad pública, y asumir en cambio una estrategia de seguridad ciudadana, con enfoque en los derechos humanos. Exigió también que no se aprobaran leyes o normas que conculcaran los derechos humanos y las garantías individuales bajo el concepto de seguridad nacional, así como que no se aprobaran las modificaciones entonces propuestas en el dictamen de una nueva iniciativa de reforma a la Ley de Seguridad Nacional. Dichos reclamos, que fueron firmados al concluir la Caravana del Consuelo en Ciudad Juárez, el 10 de junio, por cientos de personas y organizaciones civiles y sociales, fueron presentados y argumentados posteriormente en San Lázaro a miembros de las Comisiones de Gobernación, Justicia y Derechos Humanos por algunos integrantes del MPJD, pidiéndoles expresamente que no aprobaran y por el contrario abrieran a la discusión pública, con la participación de académicos, especialistas e integrantes de organizaciones civiles y sociales de derechos humanos, la iniciativa de reforma que sobre el tema les había enviado el Senado. Significativamente no asistieron a esa comparecencia miembros de las Comisiones de Seguridad Pública y de Defensa Nacional.

El 28 de abril de 2010, en efecto, el Senado había enviado a la Cámara de Diputados una minuta de dictamen de reforma a la Ley de Seguridad Nacional muy criticada y preocupante, porque excedía la jurisprudencia de la Suprema Corte de Justicia de la Nación sobre la participación de las fuerzas armadas en auxilio de las autoridades civiles en labores de seguridad pública; reglamentaba su participación indefinida en esas tareas; desacataba abiertamente y a posteriori las peticiones formales que la Corte Interamericana de Derechos Humanos le había hecho al país desde el año anterior, para que eliminara del fuero militar las violaciones a los derechos humanos cometidas por miembros de las fuerzas armadas en el ejercicio de sus funciones, y manejaba una extraña concepción gradualista de la paz, que se deslizaba a una defensa legal de la violencia armada en la lucha contra el narcotráfico y la delincuencia organizada, y que nada tenía que ver con el significado que sobre la paz establecen los instrumentos internacionales de protección a los derechos humanos aprobados por México, ni los mecanismos de su observación y cumplimiento, a los que también se ha obligado el país.

A principios de junio de 2011 se llevaron a cabo en la Cámara de Diputados las audiencias solicitadas por el MPJD con peritos y representantes de organizaciones civiles de derechos humanos. Allí el MPJD reiteró su demanda de que no se aprobaran leyes o normas que conculcaran los derechos humanos y las garantías individuales bajo el concepto de seguridad nacional, y que no se aprobaran las modificaciones propuestas por la Comisión de Gobernación en un predictamen o "documento de trabajo" que sería sometido a las Comisiones Unidas de Gobernación, Justicia, Defensa Nacional, Seguridad Pública y Derechos Humanos. Insistió en su exigencia de poner fin a la estrategia de guerra y de asumir un enfoque de seguridad ciudadana, así como de cambiar el enfoque militarista y la estrategia de guerra de la seguridad pública.

Sostuvo que la seguridad ciudadana concibe a la seguridad como un derecho que pone en el centro no al Estado, sino a las personas y el ejercicio de sus derechos humanos; y que, como lo recuerda el Informe de la Comisión Interamericana de Derechos Humanos (CIDH) sobre Seguridad Ciudadana y Derechos Humanos, del 31 de diciembre del 2009, el concepto de "seguridad ciudadana" surgió en América Latina en el curso de las transiciones políticas a la democracia, como un instrumento para diferenciar en un régimen democrático la naturaleza de la seguridad, frente a la seguridad en los regímenes autoritarios. Vale decir los regímenes militares de la ideología de la seguridad nacional o regímenes civilistas de fachada, que proliferaron en América Latina en las décadas de los setenta y ochenta. Y que es precisamente en los regímenes autoritarios "donde el concepto de seguridad está asociado a los conceptos de 'seguridad nacional', 'seguridad interior' o 'seguridad pública', que se utilizan en referencia específica a la seguridad del Estado". Sin olvidar que en ese tipo de regímenes el Estado pretende ideológicamente sustituir a la Nación, e incluso con ésta también ideológicamente suplantar a los ciudadanos y sus derechos. Para la CIDH en cambio el concepto de seguridad ciudadana es el más adecuado para abordar los problemas de la criminalidad y de la violencia, pues deriva naturalmente hacia un enfoque centrado en la construcción de mayores niveles de ciudadanía democrática, con la persona humana como objetivo central de las políticas, incluidas desde luego las de seguridad, a diferencia de la seguridad unilateral y absolutista del Estado o, peor aún, de determinado orden político.

Además, en su Informe la CIDH explica que en los últimos años los aportes de la academia y de los organismos internacionales especializados han permitido un mejor acercamiento al concepto de seguridad ciudadana, diferenciándolo del concepto de "seguridad humana", construido a partir de los análisis del Programa de las Naciones Unidas para el Desarrollo, que se concibe como la situación social en la que las personas sin discriminación alguna pueden gozar libremente de todos sus derechos fundamentales, a la vez que las instituciones públicas cuentan, en el marco de un estado de derecho, con la suficiente capacidad para garantizar su ejercicio, y para responder con eficacia cuando aquéllos son violados. Sin cancelarla, la seguridad ciudadana se vuelve por el contrario en este marco una condición necesaria, aunque insuficiente, de la seguridad humana, que es finalmente la última garantía del desarrollo humano. "Por consiguiente –afirma la CIDH–, las intervenciones institucionales para prevenir y controlar el fenómeno del delito y la violencia (políticas de seguridad ciudadana) pueden considerarse una oportunidad indirecta pero significativa para, por un lado, apuntalar el desarrollo económico sostenible, y, por otro, para fortalecer la gobernabilidad democrática y la vigencia de los derechos humanos."

Para la CIDH, entonces, la construcción de una política sobre seguridad ciudadana, propia de un Estado y un régimen democráticos, debe incorporar los estándares de derechos humanos como guía y límite infranqueable para las intervenciones del Estado. Éstos se encuentran establecidos en los instrumentos que conforman el Derecho Internacional de los Derechos Humanos, así como en los pronunciamientos y jurisprudencia de los órganos de control que integran los diferentes sistemas de protección internacional de los derechos humanos. Por ello en varias ocasiones la Comisión ha recordado a los Estados miembros, incluido México, su obligación de garantizar, dentro del pleno respeto a los derechos humanos, la seguridad ciudadana y el estado de derecho. Y afirma que es a partir de esta premisa como se "deben definir y llevar adelante las medidas necesarias para garantizar los derechos más vulnerables, frente a contextos críticos de altos niveles de violencia y de criminalidad". La seguridad es entonces un medio para alcanzar la plena vigencia de todos los derechos humanos desde una perspectiva integral, que incluye tanto a los derechos civiles y políticos, como a los derechos económicos, sociales, culturales y ambientales, los derechos individuales y los colectivos.

Por ello sigue siendo de la mayor atención el reclamo del MPJD, reiterado el 28 de junio de 2011 en el Encuentro que tuvo con Legisladores del Congreso de la Unión en el Alcázar del Castillo de Chapultepec, y después con los miembros de la Junta de Coordinación Política de la Cámara de Diputados el 17 de agosto siguiente, de "poner fin a la estrategia de militarización y asumir un enfoque de seguridad ciudadana con perspectiva de derechos humanos", ya que aquélla ha traído como resultado el crecimiento exponencial de la violencia criminal, que se enfrenta con la violencia institucional, lo que derivó en la pérdida violenta de 102 mil 692 vidas humanas –70 por ciento de las cuales corresponden a la "guerra" contra el narcotráfico, según datos de la Comisión Nacional de los Derechos Humanos– durante el sexenio de Felipe Calderón, más cientos de miles de personas desplazadas y varios miles de desaparecidas.

En el Encuentro en el Castillo de Chapultepec expresé a nombre del Movimiento que la Minuta del Senado sólo atendía a la "condición de integridad, estabilidad y permanencia del Estado mexicano", y que apenas había una breve referencia a la protección de la población, cuando se viera afectada por "factores de orden ambiental, climático, químico o físico, o bien por acciones que la expongan a siniestros de carácter colectivo". Pero que la protección amplia al bienestar y a la seguridad vital de los ciudadanos era la gran ausente en esa iniciativa de reforma a la Ley. En ese mismo planteamiento afirmé que desde 1994 el Programa de Naciones Unidas para el Desarrollo planteó que la seguridad de las naciones debe estar fundada en un concepto de seguridad humana, que ponga a las personas en el centro. Son los ciudadanos en todos los ámbitos de su desarrollo colectivo y personal –dije– los sujetos de la seguridad, y en este sentido las instituciones y el Estado mismo cobran significado como garantes de la protección a la vida, la libertad, los derechos humanos, el bienestar económico y social, la salud, la educación, el desarrollo cultural, la seguridad física y patrimonial de los ciudadanos. Añadí además que en la seguridad humana los derechos humanos y las libertades ciudadanas son el escenario y los criterios políticos y éticos para construir las políticas públicas y las iniciativas legislativas, lo cual no se percibía en la Minuta que el Senado había enviado a la Cámara de Diputados. Menos aún teniendo en cuenta que ya para esas fechas se habían aprobado reformas constitucionales en derechos humanos y amparo, que transforman estructuralmente el bloque de constitucionalidad que obliga a todos los poderes y órdenes de gobierno del Estado mexicano a respetar, proteger, promover y garantizar, con universalidad, integralidad, indivisibilidad e interdependencia, los derechos humanos consagrados en la Constitución y en los instrumentos internacionales ratificados por México. Precisé que para el MPJD, así como para las organizaciones de derechos humanos y los especialistas que acompañan estas causas nacionales, lo más preocupante era la incorporación que en su Iniciativa de reforma de la Ley de Seguridad Nacional, del 23 de abril de 2009, había hecho el titular del Ejecutivo Federal de un Título Séptimo sobre "seguridad interior", concepto ambiguo que sólo se encuentra en nuestro ordenamiento jurídico en el Código de Justicia Militar, y ello referido a los delitos de rebelión y sedición de los propios miembros de las fuerzas armadas.

Por ello ante el titular del Ejecutivo federal también expresé el 14 de octubre del 2011 la exigencia del MPJD de respetar plenamente la constitucionalidad del país, argumentando que los artículos 21 y 129 de la Constitución establecen sin equívocos que la seguridad pública es una tarea de las autoridades civiles, y que en los tiempos de paz ninguna autoridad militar puede ejercer más funciones que las que tengan exacta conexión con la disciplina militar. En un artículo posterior, publicado a nombre del MPJD el 22 de octubre del mismo año en *La Jornada*, repliqué a su acalorada objeción, que pretendía justificar torpemente dicho concepto en la fracción VI del artículo 89 de la Constitución, que si bien dicho precepto otorga al presidente de la República la facultad de disponer de la fuerza armada permanente para la seguridad interior y la defensa exterior de la Federación, ello siempre debe hacerse, y cito literalmente nuestra Carta Magna, "en los términos de la ley respectiva", la que hasta la fecha no existía ni aún existe.

Toda esta confusión hace urgente reiterar la exigencia del MPJD de una Ley de Seguridad Humana y Ciudadana que aún no ha sido elaborada ni aprobada en el país, en lugar de una Ley de Seguridad Nacional de corte autoritario, policíaco y militar, que ponga en riesgo la vigencia y el ejercicio de los derechos humanos y las libertades públicas de los ciudadanos y ciudadanas mexicanos, y hasta al mismo estado democrático de derecho.

Felizmente el 23 de noviembre de 2011 la oficina del diputado Javier Co-
rral, presidente de la Comisión de Gobernación, a cuya discusión y dictamen
fue enviada la Minuta de Reforma que le hizo llegar el Senado a la Cámara
de Diputados el 28 de abril de 2010, emitió un comunicado en el que se afirmaba que durante la conferencia que presentó esa tarde en el Instituto de
Investigaciones Jurídicas de la UNAM, como parte de la XII Jornada de Justicia Penal, había expresado que se hacía "absolutamente inviable para las Cámaras del Congreso aprobar los proyectos de reformas a la Ley de Seguridad
Nacional; tanto el proyecto alterno (elaborado en su Comisión), como la misma Minuta del Senado de la República". Y que en términos reales "este asunto no puede ser aprobado ni en este periodo, en el que por supuesto vendrá
una presión extraordinaria, ni en el siguiente periodo de sesiones". En el bo-
letín se precisaba que el legislador chihuahuense había también indicado que
aprobar en los términos actuales las reformas a la Ley de Seguridad Nacional
"sería una enorme contradicción y se ocasionaría sin duda un daño al interés
público; y por supuesto al valor fundamental de la justicia". Y que había también mencionado que a pesar de la gran importancia de enfrentar al "mons-
truo que es el crimen organizado", ello "no puede ser ni el argumento ni el
pretexto para violentar garantías individuales o al debido proceso de los procedimientos de investigación, los cuales deben estar debidamente sustentados
en la Ley". Un triunfo, pues, del MPJD y de las organizaciones civiles y sociales, peritos y académicos que habían tanto luchado por evitar una ley peligrosa y simplista, ajena a lo que establece la Constitución, de corte militar y
contraria a las obligaciones internacionales contraídas por el país, y que ponía
tan gravemente en riesgo los derechos humanos. Lamentablemente el vice-
coordinador de la misma Comisión, el priista José Ramón Martell, confirma-
ba pocos días después en la prensa que de lo que se trataba era de "buscar una
Ley de Seguridad Nacional que beneficiara al Estado, y, dentro de éste a la
población", y según él también "al orden jurídico y al territorio". Añadiendo
que a su parecer "las fuerzas armadas han cumplido con honestidad las ins-
trucciones de su jefe supremo". Menos mal que también dijo que en cualquier
actividad desarrollada por éstas "deben respetarse por encima de cualquier
consideración los derechos humanos".

La sociedad en México considera importante transitar de una visión de
seguridad nacional, de seguridad interior e incluso de seguridad pública, a
una de seguridad ciudadana, y reconocer las obligaciones del Estado en relación con los derechos a la vida, la integridad física, la libertad y la seguridad

personales, así como al disfrute pacífico de los bienes. Sin perjuicio de ello, las obligaciones positivas y negativas del Estado respecto a la seguridad ciudadana también comprometen el derecho a las garantías procesales y a la protección judicial, a la privacidad y a la protección de la honra y la dignidad de las personas; a las libertades de reunión y de asociación, y al derecho a la participación en los asuntos de interés público. La ciudadanía debe participar en el diseño, implementación, control y evaluación de esas políticas, mediante intercambios y controles horizontales. No se trata de un privilegio. Es también un derecho. ❧

ADOLFO GILLY
"Nuestro dolor no cabe en las urnas"
Lo que las víctimas dijeron

México, D. F., 3 de mayo de 2014

Querido Javier:

En este progresivo hundimiento en la violencia, el despojo y el desencanto que en estos tiempos vivimos en México, el Movimiento por la Paz con Justicia y Dignidad, con tenacidad y empeño fuera de lo común, ha venido marcando los momentos incontables del sufrimiento, para que la memoria resista y persista, y los momentos de preparar el porvenir, en la ardua tarea de esperar y clamar contra toda esperanza.

En la desleída campaña electoral presidencial de 2012, que condujo al desenlace anunciado y conocido de antemano, hubo al menos dos momentos de intensa luz de pueblo.

Uno fue la insurgencia juvenil del #YoSoy132, inesperada y festiva irrupción contra Televisa, empresa de intoxicación informativa a la cual ningún candidato se había atrevido a enfrentar o a denunciar.

El otro fue el encuentro en el Castillo de Chapultepec, organizado por el MPJD, entre los candidatos presidenciales y víctimas de la guerra sucia, la crueldad y la violencia sin límites que seguimos viviendo en este país. Tampoco allí hubo candidato que asumiera con nitidez el tema candente de los desaparecidos y los asesinados en esta guerra que crece, y se expande sin fin y sin confines.

Cuanto aquí sigue fue mi crónica presencial de entonces sobre ese único y revelador momento de cruce entre dos mundos, el de la política y el del dolor, en la majestad cargada de historia del Castillo de Chapultepec.

Hoy, dos años después, no siento que, en la sustancia de la vida, haya cambiado esa situación de ajenidad entre unos y otros. Por eso me atrevo a pensar que este testimonio sobre un momento crucial en la larga tarea del MPJD conserva su actualidad, como la conservan las voces de las víctimas y su decisión de dar testimonio, contra toda amenaza y más allá del dolor.

Recibe un abrazo afectuoso de tu compañero y amigo,

Adolfo Gilly

* * *

En la mañana del lunes 28 de mayo el Movimiento por la Paz con Justicia y Dignidad organizó en el Castillo de Chapultepec una reunión con los cuatro candidatos para la elección presidencial del 1º de julio próximo. Las crónicas refirieron, con mayor o menor fidelidad, lo que respondió cada uno de ellos a las interpelaciones de Javier Sicilia y Emilio Álvarez Icaza, voceros del MPJD.

Lo que algunos escuchamos fue sobre todo cuanto dijeron a los candidatos algunas de las víctimas, con palabras estranguladas por el dolor. Trataré de repetirlo. Y conste: *no estoy llamando a no votar.*

* * *

Con voz entrecortada por los sollozos o por la ira, la señora Margarita dijo a Josefina Vázquez Mota, candidata del PAN:

Soy Margarita López Pérez, madre de Yahaira Guadalupe, una joven de diecinueve años casada con un militar que fue desaparecida en Tlacolula de Matamoros, Oaxaca, el 13 de abril de 2011. Fui a pedirle al secretario de la Defensa que me ayudara a encontrarla y no se hizo responsable porque era civil, aun cuando mi yerno era parte de las fuerzas armadas.

No hubo solidaridad, trato humano, o sensibilidad por parte de las instituciones que se supone nos deben defender y proteger.

Las autoridades me dicen que hay un cuerpo. Afirman que es ella por el ADN, pero una madre reconoce a su hija.

¿Qué va a hacer usted para encontrarlos? ¿Qué va a hacer para que los cuerpos encontrados en fosas clandestinas sean, no sólo identificados, sino tratados dignamente?

¿Qué sentiría de ir a un Semefo y tener que buscar a sus hijos entre cuerpos amontonados, destrozados y en estado de descomposición, ni siquiera dignamente refrigerados? Imagine el dolor que eso significa para una madre, para las que están hoy frente a usted.

La ciudadanía se indigna y se asusta al ver cuarenta y nueve torsos en la calle... En cada morgue hay igual número de cuerpos o más, pero nadie les pone atención porque no están en la vía pública.

¿Qué respuesta me va a ofrecer como madre de desaparecida? ¿Me va ayudar a encontrar a mi hija? ¿Va a acompañarme a buscar a mi hija a las morgues y las fosas comunes? ¿Me acompañará a mí y a las miles de madres más? Son veinte mil madres que no pueden llevarles flores a sus hijos o derramar una lágrima en sus tumbas. [...]

Lo más grave es que la búsqueda de justicia implica un riesgo: se nos amenaza, tanto por criminales como por autoridades, para no hacer ruido, para olvidarnos de nuestros familiares. Algunos de nosotros hemos tenido que huir de nuestros hogares e incluso del país porque el Estado no nos protege y hemos perdido compañeros como don Nepomuceno Moreno, acribillado a plena luz del día en Sonora. [...]

Exigimos justicia para todos sin importar su capacidad económica o situación social. Respóndame como mujer, como madre, no como política, porque nuestro dolor no cabe en las urnas.

Josefina Vázquez Mota prometió acompañarla personalmente. Se la veía conmovida.

Pero como candidata del partido del presidente Calderón, no encontró nada que contestar.

* * *

Enrique Peña Nieto tuvo que escuchar a las víctimas de Atenco en la voz de la señora Trinidad Ramírez. Les prometió que en las represiones futuras habrá un "protocolo".

Pero también oyó lo que sigue y nada atinó a decir:

Soy José Carlos Castro Gurrola, del estado de Veracruz. El mundo se me vino encima el 6 de enero de 2011, en Xalapa. Ese día entraron a mi domicilio y sustrajeron a mi esposa: Josefina Campillo Carreto de cuarenta y nueve años de edad; a mis hijas Joahana Montserrat Castro Campillo, pasante de arquitectura a días de presentar su tesis profesional, y Karla Verónica de diecinueve años, estudiante de tercer semestre de diseño gráfico; y a Araceli Utrera, empleada doméstica de diecinueve años.

He visto a procuradores en turno, elementos de la Agencia Veracruzana de Investigación e innumerables peritos, sin obtener respuestas puntuales o resultados concretos. Muy pronto la autoridad perdió el interés, y el caso de mi familia fue turnado al ámbito federal.

He estado en dos reuniones en Chapultepec con el titular del Ejecutivo, el secretario de Gobernación y procuradora general de la República, pero estas gestiones no han sido suficientes para poder localizar a mis seres queridos.

La frustración ha sido inmensa. No acabo de comprender su ausencia. Llegar a casa; ver sus recámaras con sus efectos personales, tal como ellas las dejaron, o sus fotos; escuchar lo que a ellas les gustaba. Compartir sus aspiraciones, vivir en la memoria de los mejores tiempos que se han ido. Porque vivir esta vida no se puede. [...]

Ha sido más difícil ser atendido por Javier Duarte (gobernador de Veracruz), militante del PRI que lo postula a usted.

¿Si usted fuera presidente de México, qué haría para que regresaran nuestros familiares a casa?

¿Qué hará usted con una policía que sólo denigra a parientes desesperados por saber algo de sus hijos, hijas, padres, hermanos? ¿Con Ministerios Públicos que se venden al mejor postor? ¿Con averiguaciones previas que se integran con meses o años de retraso, porque a las familias agraviadas nadie les cree? [...]

¿Por qué debemos creerle, señor Enrique Peña Nieto, si ahí donde su partido y usted mismo han gobernado se han instalado la corrupción, el crimen, el asesinato de mujeres y la impunidad?

No hubo respuesta del candidato.

* * *

La señora María Ignacia González Vela, también con llanto en la voz, dijo a Andrés Manuel López Obrador:

Soy María Ignacia González Vela, originaria del Estado de Puebla: tengo a mis hijos Andrés y Braulio de treinta y seis y veintidós años desaparecidos en Reynosa, Tamaulipas, el 27 de marzo del 2011.

Si usted llega a la Presidencia, ¿qué estrategia implementaría para detener la absurda guerra que ha costado más de sesenta mil muertos, y cómo construir la paz? [...]

¿Qué sentiría usted si al llegar al Ministerio Público de Reynosa recibiera ofensas de las autoridades, que lo discriminaran y ofendieran? Cuando llorando formulé la denuncia el funcionario me dijo: "cállese la boca" y me sacó con prepotencia y arrogancia. Nunca pude levantar la denuncia. En Monterrey quisieron relacionar a mi hijo con cosas malas y botaron el caso a Tamaulipas y ahí ninguna autoridad me hizo caso y nunca encontré ayuda de nadie. Fui con los militares, a la zona militar de Monterrey; y el subcomandante me dijo que qué hacia ahí buscándole: "váyase, porque esto está muy peligroso y no se resuelve nada".

Tenemos que lograr la verdad, recuperar la memoria. No se olvide si llega a ser presidente lo que le estamos pidiendo, desde nuestro dolor de madres.

Dos muy jóvenes mujeres del estado de Guerrero, bajo gobiernos sucesivos del PRD, dijeron a Andrés Manuel López Obrador:

Soy Coral Rojas Alarcón, de la Organización de Campesinos Ecologistas de la Sierra de Petatlán y Coyuca de Catalán, en el estado de Guerrero. Soy víctima por el secuestro de Eva Alarcón Ortiz, mi madre. La persona que está a mi lado es Victoria Bautista Bueno. Somos hijas de los campesinos ecologistas Eva Alarcón Ortiz y Marcial Bautista Valle, coordinadora y presidente de la Organización. [...] Ellos fueron secuestrados el 7 de diciembre del 2011, cuando viajaban a la Ciudad de México, a una reunión con el Movimiento por la Paz con Justicia y Dignidad.

Nuestros temas siempre han sido en torno al cuidado del medio ambiente y los recursos naturales, pero ahora estamos aquí como víctimas de la complicidad entre delincuencia, algunas autoridades y la impunidad imperante en el país. [...]

Han pasado cinco meses y veintidós días de la desaparición forzada y seguimos en espera de resultado. [...] Nos tocó vivir una situación de inseguridad por la delincuencia organizada y, como es conocido en muchos casos, por el involucramiento de autoridades del Estado. [...] En nuestro caso es la participación de veinticinco policías, entre ellos municipales y ministeriales del municipio de Tecpan de Galeana, Guerrero, estado que gobierna su partido. Hemos recibido amenazas e intentos de soborno para callar nuestras bocas por parte de funcionarios perredistas. Pero no nos callaremos. Somos una muestra de lo que sufren cientos de familias, miles de personas. [...]

Le preguntamos, señor candidato, a qué se va a comprometer, aquí y ahorita. Nosotros creemos que la palabra es compromiso, es palabra verdadera. ¿Lo toca nuestro dolor? Es el dolor de miles que se encuentran con el corazón lastimado, miles que cargan con pérdidas irremediables. Las víctimas, y es penoso que nosotras se lo tengamos que recordar, no han aparecido en su agenda. [...]

Esperamos que usted esté a la altura de la situación. Sabemos que el panorama es difícil, penoso, y que sólo los ciudadanos unidos podemos entre todos sacar adelante a la nación.

La señora María Ignacia González Vela y las jóvenes Coral Rojas Alarcón y Victoria Bautista Bueno tampoco recibieron respuesta. Menos aún la tuvo el caso del profesor chiapaneco Alberto Patishtán, preso desde hace doce años por un delito inventado.

Los candidatos hablaron de varias cosas, institucionales y no. Las víctimas allí presentes, protagonistas reales del encuentro, una vez más asumieron el alto riesgo de testimoniar en México. ❦

JULIÁN LEBARÓN
Frente a Los Pinos en la caminata Pasos por la Paz

México, D. F., 14 de agosto de 2011

Yo creía que la ruta pasaba por el hombre,
y que de allí tenía que salir el destino.

Pablo Neruda

Mientras que hablo yo aquí, sé que hoy, en este mismo día, en algún lugar de México, algunos mexicanos son violados, asesinados, mutilados, encarcelados injustamente, robados, torturados o secuestrados. Y creo que esto pasa porque los mexicanos tenemos tan baja la autoestima y la dignidad que así lo permitimos.

Tal vez creemos que de alguna manera, con nuestra indiferencia, podremos escapar a los efectos de la violencia, como la desatada por la actual guerra atroz. Pero yo estoy aquí para decirles que no hay escape de esta terrible realidad. Mi indiferencia a lo que sucedía a mi alrededor llevó a la muerte de mis seres más queridos.

En mi ejido, Galeana, y alrededor, supimos de varias agresiones. Mi amigo, Miguel Ángel Mota, comandante de la policía municipal, por defender a la comunidad fue asesinado, pero yo decidí mantenerme en silencio, como si nada sucediera, y así lo hice con muchos otros… hasta que se llevaron a mi hermanito Eric y después, irremediablemente, a mi hermano Benjamín y a mi amigo Luis Widmar.

Quedarnos callados es como validar una golpiza que le están dando a alguien enfrente de nosotros, no hacer nada frente a la violencia es estar de acuerdo con la violencia… Incluso aun acabando con el narcotráfico la violencia seguirá. Si en nuestra indiferencia, perdemos la compasión, la humanidad y la conciencia del otro, la violencia seguirá… Hermanos y hermanas, la responsabilidad de acabar con la violencia está en nosotros.

Ni el gobierno ni nadie van a hacer por nosotros lo que nosotros no estamos dispuestos a hacer por nosotros mismos. Creo que nos engañamos constantemente con la idea, el sueño, la ilusión, y hasta la esperanza de que el siguiente político, algún salvador o mesías populista, sea el Quetzalcóatl que vendrá a emanciparnos del mal... Pero ese Quetzalcóatl que buscamos está en cada uno de nosotros. La esperanza en México para los pobres, para la poca clase media que queda y para los ricos está en cada uno de nosotros.

Pareciera que los cerca de 112 millones de mexicanos que somos no hemos aprendido todavía el poder de la unión. Si nos uniéramos, no habría nada que no pudiéramos cambiar, pero no podemos cambiar las cosas con propuestas y exigencias, o sólo con la crítica de la política, porque estaríamos exigiendo lo que no estamos dispuestos a hacer por nosotros mismos. Es tiempo de comportarnos como adultos.

Mexicanos, hermanos, vivo con la convicción de que nunca ha existido un esclavo que deje de ser esclavo hasta que decide hacerlo. Es tiempo de cambiar nuestro discurso, de acompañar nuestras palabras con acciones. El poder de muchos aun en silencio puede ser gigante. Luchemos para que sea cada vez más enérgico, cada vez más gente, cada vez con más poder y dignidad, entonces sí tendríamos la mejor política de seguridad nacional, con instituciones sólidas, fortalecidas y funcionales. Es tiempo de actuar pacíficamente, sí, pero con firmeza y decisión. La mejor reforma política para México es la reforma ciudadana. 🕊

Eduardo Vázquez Martín
Gracias a las víctimas

La paz no es mansa, sino heroica.
Tarde o temprano se impone, no importa el costo.
Eliseo Alberto

El origen de la Ley General de Víctimas, publicada el 9 de enero de 2013 por el presidente Enrique Peña Nieto —y que algunos llegamos a pensar podría ser el inicio de un cambio en la estrategia de la guerra contra las drogas emprendida por su antecesor Felipe Calderón—, lo encontramos en la Caminata por la Paz que emprendió Javier Sicilia el 5 de mayo de 2011 de Cuernavaca a la Ciudad de México, así como en la adhesión de decenas de otras víctimas al reclamo de justicia y verdad que hizo el poeta. Al tiempo que avanzaba el caminar de Sicilia se construía una nueva narrativa acerca de la inmensa ola de violencia que padece el país, y frente a la versión gubernamental y mediática de que la violencia era responsabilidad exclusiva de los criminales —y de que el gobierno actuaba en respuesta legítima contra aquella violencia con el único interés de hacer prevalecer el estado de derecho—, las víctimas describían una historia muy distinta: la del abandono y corrupción de las instituciones de seguridad y justicia, la de la colisión de autoridades y criminales, la del abuso sistemático del poder y la violación de los derechos humanos, la de la cancelación de las libertades, la del cruel imperio del desprecio hacía las víctimas y la sistemática impunidad de los culpables.

Cuando el 8 de mayo de 2011 la caminata entra al Zócalo de la Ciudad de México después de recibir muchas muestras de apoyo y afecto a lo largo de su camino, el cuerpo de la manifestación lo conforman ya decenas de miles de mexicanos; en ese momento el grito de coraje y dolor de un poeta se convirtió en un amplio movimiento social representativo de las víctimas de la violencia en México. Con ese respaldo, Sicilia convocó al gobierno y a la sociedad a abordar seis puntos esenciales dentro de una agenda más amplia: esclarecer

asesinatos y desapariciones y nombrar a las víctimas –para entonces contába-
mos más de cuarenta mil muertos, en el curso de los años siguientes ronda-
rían los cien mil, además de los más de veinte mil desaparecidos–; cambiar la
estrategia de seguridad nacional y guerra contra el narcotráfico por una de
seguridad humana y ciudadana; enfrentar la corrupción y la impunidad; combatir la raíz económica y las ganancias del crimen; llevar a cabo un pacto nacional para la reconstrucción del país, de la comunidad y del tejido social con
énfasis en la atención de emergencia a la juventud; garantizar la justicia y la
reparación del daño para todas las víctimas; iniciar una profunda reforma
democrática de las instituciones que favorezca la participación ciudadana y el
control social de las mismas.

Con su nacimiento, el Movimiento por la Paz con Justicia y Dignidad
(MPJD, éste sería el nombre que tomaría este movimiento espontáneo al organizarse), mostraría que las víctimas, al volverse visibles y ser capaces de reconocerse y nombrar sus tragedias, habían develado su existencia como sujeto
social, jurídico y político, un sujeto con quien el Estado mexicano estaba en
deuda al haberles negado sus derechos a la vida, a la libertad, a la seguridad y
a la justicia.

En los diálogos que se llevaron a cabo entre organizaciones sociales y víctimas durante las caravanas del MPJD por el norte y sur del país, y en las
conversaciones sostenidas con los poderes Ejecutivo y Legislativo (el Judicial
se negó a dialogar), las víctimas y sus aliados (defensores de derechos humanos, iglesias por la paz, comunidades indígenas, estudiantes, escritores y poetas)
plantearon la necesidad de construir leyes e instituciones para la atención
integral de las víctimas, a fin de garantizar su acceso a la justicia, su protección
y la reparación del daño causado por la acción u omisión del Estado mexicano. El presidente Calderón respondió a estas propuestas con desprecio y altanería, y optó por defender (a manotazos en la mesa de diálogo) su política de
guerra. A cambio integró con retazos de otras instituciones, y a modo de con-
cesión, una pequeña Procuraduría de Atención a Víctimas (Províctima), sin
recursos suficientes ni capacidad operativa y, lo que es aún más grave, sin la
participación del MPJD y desarrollando simultáneamente una política cruel
que buscó provocar la confrontación entre las víctimas que eran afines a su
gobierno –igualmente dolidas pero de clase más o menos acomodada y en
gran parte simpatizantes de su estrategia violenta– y las víctimas de abajo,
enfrentadas a las instituciones que las criminalizan cuando no las ignoran,
arrojándolas a la fosa común de las estadísticas –maquilladas o no– del horror.

Por su parte, el Poder Legislativo y las fuerzas políticas ahí representadas abrieron sus agendas, no sin dificultad, para trabajar en una ley que reconociera la condición de la víctima y garantizara el derecho de ésta a la atención del Estado, a la justicia y a la reparación del daño. Para hacer esto posible convocaron a las organizaciones civiles y a los especialistas y académicos –fundamentalmente del Instituto de Investigaciones Jurídicas de la UNAM– a trabajar en un marco legal. El resultado fue la creación de la Ley General de Víctimas, aprobada por unanimidad por ambas cámaras y después vetada y controvertida por Felipe Calderón. No soy quién para opinar sobre técnica jurídica y supongo que en la reglamentación de la ley se pueden ajustar conceptos y acotar lagunas, también que el texto literal de la ley es perfectible, como el de tantas otras, sin embargo me parece relevante eso que llaman el "espíritu de la ley" y que está bien expresado en su exposición de motivos:

> [Esta ley] es una respuesta concreta a la demanda, hoy universal, de visibilidad, dignificación y reconocimiento de derechos de las víctimas del delito y de violaciones de derechos humanos, y el reconocimiento del Estado mexicano de que le devienen obligaciones directas para la atención a estas víctimas, que no sólo promueva la ayuda, atención y reparación integral a la víctima, sino que además garantice la no repetición de los actos victimizantes, y en general evite la criminalización y victimización secundaria de los afectados.

Interpreto la controversia del expresidente Calderón como una forma de resistirse a este "reconocimiento del Estado mexicano de que le devienen obligaciones directas", pues este reconocimiento implica a su vez asumir la responsabilidad que le corresponde sobre la ola de violencia desatada en el país como consecuencia de sus políticas y acciones de gobierno.

Por su parte, al publicar la ley, Enrique Peña Nieto asume responsabilidades y obligaciones como cabeza del Estado, más allá del gobierno en funciones, y este acto es –en los hechos– el más importante reconocimiento institucional de la existencia de las víctimas y de los derechos que reclaman. Por eso el MPJD entendió la Ley General de Víctimas como un paso positivo en el camino de la paz –aunque por sí solo insuficiente, porque el fenómeno de la violencia en México no es marginal ni focalizado, sino que está estrechamente vinculado con la desigualdad y con la corrupción de las instituciones y del sistema político en su conjunto. El riesgo que advertimos tras la publicación de la Ley General de Víctimas, y que parece haberse confirmado con el paso del tiempo y la multiplicación de la tragedia, es que su promulgación fuera considerada por el gobierno de México como un acto universal y suficiente de justicia, y de esa manera se diera por concluida la deuda del Estado con las víctimas para proceder a hacer lo mismo que ya intentó Felipe Calderón: acallar su voz, negar su existencia, invisibilizar el dolor.

Una estudiante de la Universidad de Guadalajara que acompañó a las víctimas el día de la promulgación de la ley, comentó, afuera de la residencia oficial de Los Pinos, que no había observado alegría entre las víctimas al momento de escuchar el anuncio del presidente de la República. Tenía razón: las víctimas han tenido el coraje para resistir el desprecio y exigir justicia, pero no tienen mucho que celebrar. El resto de los mexicanos sí tenemos que dar las gracias al MPJD, porque la valiosa aportación del movimiento de las víctimas organizadas ha consistido en ayudarnos a todos a interpretar nuestro conflicto desde una perspectiva diferente a la que han impuesto las instituciones públicas y el crimen organizado, a proponer una perspectiva no violenta para la solución del conflicto que parte de valorar antes que nada la vida de las personas y no únicamente la seguridad de las instituciones.

Es probable que, un día, algunas de las víctimas que han dado forma al Movimiento por la Paz con Justicia y Dignidad encuentren justicia en algún grado, recuperen a un ser querido o puedan enterrar y honrar los cuerpos de sus desaparecidos, pero de cualquier manera se trata de vidas partidas, de tragedias sin remedio, que a pesar del dolor que cargan nos ayudan a todos a afrontar la desgracia que asola México. Gracias a la lucha de las víctimas muchos otros no sufrirán en propia carne el dolor que ellas padecen, y gracias a la víctimas México no tiene sólo el rostro de la barbarie o la violencia, y podemos reconocer, también entre nosotros, los ojos de la dignidad.

Otros obstáculos han aparecido tras la publicación de la Ley de Víctimas: el Sistema Nacional de Atención a Víctimas que la ley mandata no termina de conformarse y su puesta en marcha enfrenta la resistencia de las instituciones —lo mismo las hacendarias que de seguridad o procuración de justicia— y el gran esfuerzo realizado por el MPJD parece naufragar entre la falta de voluntad de unos y la mezquindad de otros. Sin embargo, la incapacidad política del sistema en su conjunto para crear alternativas de desarrollo social y económico y propiciar nuevos procesos de participación democrática directa e inclusión social efectiva —alternativa a la oferta corporativa y de corrupción que ofrecen los partidos— ha dado por resultado el surgimiento de nuevos movimientos, con una identidad diferente al MPJD pero orientados también a frenar el reinado del crimen y la impunidad, como lo son la reactivación de las policías comunitarias de Guerrero, los movimientos indígenas que reivindican junto con su autonomía el derecho a autogobernarse y hacerse cargo de su propia protección, el surgimiento de autodefensas genuinas en Michoacán, cuyo ejemplo parece replicarse en otros estados, o la amplia reacción social y estudiantil al asesinato y desaparición de cuarenta y tres normalistas de Ayotzinapa, Guerrero. Ante estos nuevos fenómenos sociales es desalentador observar la ambigua posición del gobierno federal, que aunque no puede negar del todo la legitimidad y pertinencia de estas manifestaciones, pasa de apoyarse en ellas a hostigarlas, intentar dividirlas, neutralizarlas, o de plano las criminaliza y reprime.

En el gobierno de Enrique Peña Nieto se reconoce que algunas de las instituciones públicas han hecho suyo el discurso de la víctimas y del MPJD, sobre todo aquel que insiste en que para conseguir la paz es necesario privilegiar la reconstrucción del tejido social sobre la vía militar, pero en los hechos se hace demasiado poco en este sentido y se simula mucho: las políticas económicas siguen apostando a la acumulación privada de la riqueza y no al bienestar social e integral de la comunidad; se insiste en ceder las riquezas públicas al capital privado y trasnacional; se pervierten los deseos sociales de democratizar la vida pública y los medios de comunicación; se cede soberanía y se inhibe, criminaliza y reprime la protesta social. La oposición política por su parte comparte con el Ejecutivo la parálisis: mientras los conservadores cargan con la responsabilidad de Felipe Calderón sin plantearse ninguna revisión crítica, la izquierda parlamentaria, dividida y confrontada, padece la infiltración del crimen organizado, la cooptación por el poder presidencial, la polarización entre pragmáticos y puritanos, entre cínicos e intolerantes.

Aún no se ve la luz al final del túnel, pero en medio de esta noche aparecen destellos que alumbran el camino: son las velas encendidas por quienes como Javier Sicilia, víctimas de la violencia y la impunidad, abogan por la paz y el bien común, resisten con dignidad, valor y verdad al despotismo de los criminales pero también a la corrupción, la indiferencia y la omisión de gran parte de nuestra sociedad y de quienes la gobiernan. Gracias a ellos el concepto mismo de víctima ha dejado de ser sinónimo de debilidad, mansedumbre, vulnerabilidad o desamparo, para ser el término mediante el cual nos referimos a quienes, a pesar de las pérdidas y el dolor que cargan, buscan generosamente la paz para todos. ❧

On the Road

Diego Enrique Osorno
Juanelo cruza el Misisipi

Hemos llegado a Mississippi. Lloviznas ocasionales, restaurantes baratos, puentes colgantes enormes que parecen dirigirse a la bóveda del cielo y rebaños de nubes apresurados por el viento se ven a los lados de la oficina rodante en la que Javier Sicilia encabeza la cruzada de víctimas mexicanas de la guerra del narco. Si la Caravana por la Paz avanzó antes por llanos y desiertos del oeste, ahora lo hace entre bosques del sureste de Estados Unidos.

"Hay mucho verde ahora sí, Fede. Ya estamos llegando Cuernavaca", grita el líder del Movimiento por la Paz al nuevo conductor del *Peacemóvil*, un viejo amigo de Morelos que conducirá el tramo restante hasta Washington. A causa del huracán Isaac, la Caravana ha desviado su ruta, después de dejar atrás Texas. En lugar de a Nueva Orleáns, se dirige a Jackson, la capital de Mississippi.

Federico y Sicilia han recorrido ya otros caminos juntos. "Federico se quería traer una moto y seguirnos así en la Caravana pero le pedimos que mejor condujera esta cosa", dice el poeta. A la salida de Houston, ambos comentan un texto de Jorge Ramos, influyente conductor de la televisión hispana, quien escribió que a la Caravana por la Paz no le hacen caso en Estados Unidos porque Sicilia habla español y porque plantea un tema sagrado para los estadounidenses, como es el de las armas; en cambio celebran una columna "El poeta avanza", de Juan Villoro: "Él sí entendió muy bien esto", dice Sicilia.

"¿Qué esperan en Washington?", es una pregunta habitual de los reporteros de las ciudades y pueblos por donde va pasando la Caravana. "Una sorpresa", contesta siempre Sicilia. Su respuesta desconcierta. Difícil creer que no esté buscando dar un golpe maestro en la capital del imperio. En el equipo cercano que viaja con el poeta están satisfechos con la primera mitad del recorrido: no saben si esta Caravana está abriendo caminos para la paz, como se lo propone, pero de lo que no tienen duda alguna es de que ha abierto varias puertas.

Sicilia cuenta que en ocasiones se siente como el protagonista de *La carretera*, una novela de Cormac McCarthy, en la que un hombre viaja junto con su hijo en medio de un paisaje postapocalíptico, en búsqueda del mar. "Esta Caravana también busca el mar", asegura.

Y luego recuerda un viaje que hizo alguna vez con su hijo Juan Francisco al sureste, pero de México. "Mi hijo era un chavo muy bueno, muy noble. Aquella vez que estuvimos con los zapatistas, te pinta muy bien cómo era."

Durante aquel periplo, Javier y Juan Francisco se encontraron con la comandancia del Ejército Zapatista de Liberación Nacional. "A ver güey, vente, ponte aquí cerca, para que conozcas a Marcos", le dijo el poeta a su hijo, a quien familiares y amigos llamaban Juanelo. "¿Sabes qué, pa? No me interesa: déjalo que brille solito. Yo estoy allá con las familias. Eso es un mundo. Eso es lo que a mí me interesa, lo que me importa. Esta gente que vive pobre pero en paz. Eso es el zapatismo. Lo demás es lo mediático. Marcos no me interesa. Me interesa lo que está detrás de Marcos", le respondió.

La oficina rodante huele a tabaco. Después de recordar el pasaje en la Selva Lacandona, el escritor enciende un nuevo cigarro. Ahora, mientras la Caravana bordea Luisiana, rememora el día en que su hijo fue asesinado en Cuernavaca junto con otros amigos, el 28 de marzo de 2011, día que marca el inicio del Movimiento por la Paz que ahora recorre Estados Unidos.

"Antes de irme a Filipinas, yo intuía algo. Le llamé y le dije: 'Fíjate Juan, pues me voy allá, pero si pasa algo aquí están estas cosas. Aquí están las escrituras'. Le dejé eso porque sentía que algo iba a pasar. Pero yo sentí que me iba a pasar a mí. Le dije: 'Si llega a pasar algo, aquí está todo'."

La última comunicación que tuvieron fue a través de mensajes electrónicos. Se pusieron de acuerdo para pagar la tenencia de los coches. Después de enterarse de la muerte de Juan Francisco y regresar de prisa a México, Sicilia encontró en la mesa de su casa de Cuernavaca los papeles del trámite y encima de ellos un reloj que le había dejado su hijo. Ese reloj lo trae puesto ahora. Está un poco oculto por las pulseras de otras causas que también lleva amontonadas en el brazo izquierdo.

Juan Francisco no tenía planeado ir al lugar donde lo mataron. Sus amigos le pidieron que los acompañara y mediara entre el dueño del bar y su mejor amigo, quien acusaba a los meseros de haberle robado días atrás. Juan Francisco fue a dejar a su novia y partió para allá. El último mensaje que escribió de su celular a su novia decía: "Ya me arrepentí de haber venido. La cosa está espantosa".

Todos los que participaron en el asesinato de Juan Francisco están detenidos y pertenecían al cártel de los Beltrán Leyva. Sicilia no se ha reunido con ellos. "Yo quería verlos, pero antes de ir veo el expediente del Negro Radilla, que es el que hizo todo. Y leo que le habían encontrado un celular que había usado una semana antes para grabarse torturando a un tipo y después aparece con una cabeza y un AK-47 como el que desmadramos hace rato. Entonces, cuando leí eso dije: Este tipo ya no le pertenece al mundo de los hombres, quien sabe dónde está. ¿De qué puedo hablar?, ¿qué puedo decirle a un tipo así?"

El *Peacemóvil* va dejando atrás Luisiana y atraviesa ríos. Uno de ellos el Mississippi. El líder del Movimiento por la Paz se recarga en su asiento. "De esto no he hablado, ni a él tampoco le hubiera gustado, pero creo que se lo merece. Ésta es la primera vez que lo hablo, pero te lo digo: él, mi hijo está aquí en esta Caravana. Él es el que mueve todo esto. Su muerte, por desgracia, está en el centro de esta luz. Pero no sólo su muerte. Esto también es fruto de su vida."

* * *

La primera vez que salí al extranjero fue a Cuba. Cuando tenía dieciséis años recibí una invitación para viajar a La Habana como poeta a presentar una muy modesta revista que hacíamos en la universidad. Aunque nací y crecí en Monterrey, una ciudad del noreste de México que mira más a Texas que al DF, nunca estuve fascinado por Estados Unidos. Aquel viaje auspiciado por la Casa de las Américas, donde mi anfitrión fue el veterano intelectual Roberto Fernández Retamar y en el que compartí experiencias con otros jóvenes poetas "revolucionarios" latinoamericanos, hizo acrecentar mi desdén hacia el Imperio, en ese entonces, también por motivos ideológicos.

Varios años después, ya como reportero, debí viajar por primera vez a Estados Unidos para atestiguar el día en que Barack Obama asumió la presidencia. Desde entonces miré de forma distinta al país tiránico. Supe que un país puede ser varios países al mismo tiempo. El país invasor y racista podía tener también dentro un país multicultural y progresista. En aquella ocasión, la cultura popular estadounidense me cautivó por primera vez, sin remordimiento ideológico alguno. Fui del jazz al cine de David Lynch. También pasé por la literatura de Allen Ginsberg, Jack Kerouac y el resto de esa fauna. En medio de mi fiebre estadounidense tardía, anhelé hacer algún día un viaje *beat*, lento y terrestre, desde Los Ángeles hasta Washington: atravesar Estados Unidos de costa a costa se convirtió en uno de esos planes para el futuro que uno cree que nunca se concretarán, pero que hay que plantearse.

Nunca imaginé que finalmente atravesaría el Imperio de punta a punta.

Y menos de la forma en que lo hice hace un año exactamente, entre agosto y septiembre de 2012.

Como cientos de reporteros mexicanos, de repente me convertí en una especie de corresponsal de guerra en mi propio país. La palabra "guerra", que sonaba remota, se empezó a colar a nuestro lenguaje cotidiano. Y cuando nos estábamos acostumbrando trágicamente al término, surgió un movimiento que reivindicaba la palabra contraria: paz. Para que la vida real pareciera una fábula, el líder de esa protesta contra la atmósfera creada por un gobierno militarista era un poeta.

El poeta Javier Sicilia, tras el asesinato de su hijo Juanelo, encabezó recorridos por muchos rincones de México, aglutinando dolor desparramado y silenciado. Sus caravanas abrieron senderos que la maleza tenía ocultos y el país empezó a ver algunos rostros de padres de desaparecidos y a oír la voz de mamás exigiendo justicia por sus hijos asesinados y calificados como criminales por las autoridades y los medios de comunicación.

El Movimiento por la Paz no quedó ahí. A partir del 12 de agosto de 2012, un grupo de familiares de víctimas, dirigidos por el poeta Sicilia, hicieron una de las cosas más radicales que se han planteado en la política latinoamericana: una caravana de un mes por pueblos y ciudades de Estados Unidos, buscando la solidaridad de individuos y organizaciones estadounidenses con la tragedia mexicana, y exigiendo al gobierno del país más poderoso del mundo terminar con una política antidrogas que para los latinoamericanos, en especial para nosotros los mexicanos, produce masacres, corrupción y dolor.

El viaje de protesta iba acompañado de algunas preguntas importantes: ¿alguna autoridad estadounidense ha reconocido la existencia del cártel de California o del cártel de Chicago?, ¿qué pasa con la cocaína colombiana, cuando cruza de Matamoros a Brownsville? ¿por qué los cargamentos se invisibilizan de Brownsville a Nueva York? En México hay libros y artículos que demuestran la forma en que se lleva a cabo el tráfico de drogas; ¿por qué ningún periódico importante de Estados Unidos ha publicado un reportaje que explique lo mismo pero en su territorio?, ¿acaso no hay un sistema corrupto en el que se sustente dicho comercio?, ¿la droga llega por arte de magia a Denver? ¿cuántas corporaciones policiales son sobornadas para que sea más fácil conseguir cocaína que jamón serrano en las calles de Manhattan?

Del 12 de agosto al 13 de septiembre de 2012, las víctimas de la tragedia mexicana recorrieron más de 11 mil kilómetros, parando en ciudades como Los Ángeles, Phoenix, Tucson, Las Cruces, Albuquerque, Santa Fe, El Paso, Laredo, Brownsville, McAllen, San Antonio, Austin, Houston, Jackson, Montgomery, Chicago, Atlanta, Toledo, Nueva York, Baltimore y Washington.

No he tenido en mi vida ninguna experiencia más intensa y aleccionadora que la de haber acompañado a ese grupo de hombres y mujeres a quienes la vorágine de la guerra les arrancó a padres, madres, hijos, hermanos y amigos, y que a pesar de ello consiguieron el espíritu necesario para hacer un viaje que en más de un sentido parecía una desmesura.

Los dos autobuses y seis vehículos compactos que formaban la Caravana por la Paz en Estados Unidos recorrían un promedio diario de 400 kilómetros, además de que tenían entre 3 y 5 eventos por día, lo que volvía complicado conseguir la calma adecuada para procesar lo recién vivido y escribir la crónica para el día siguiente. Otro reto era conseguir en pleno movimiento carretero la luz o señal de internet necesaria para hacer todos los envíos antes de los horarios de cierre. Aun así, durante 30 días, el periódico *Reforma* no dejó de ofrecer a sus lectores una crónica diaria del recorrido que hacían en Estados Unidos los familiares de las víctimas de la guerra.

El grupo de víctimas cruzó el río Bravo y recorrió el Imperio de costa a costa para reclamar a sus autoridades la responsabilidad compartida en la tragedia mexicana, pero también para conocer que del otro lado hay un pueblo igualmente agraviado. Algunos sectores de la comentocracia mexicana criticaron desde sus sillones el esfuerzo inédito de los viajeros; sin embargo, la Caravana logró insuflar de poesía el debate político de un problema internacional. Como me dijo Javier Sicilia al final del viaje: "Lo que hace la poesía es volver a los significados. Devolverle a la tribu, devolverle a la sociedad, al pueblo, los significados que extravió".

La primera vez que soñé con cruzar Estados Unidos de costa a costa pensaba en *En el camino*, de Jack Keroauc.

Pero cuando realizaba el viaje, tal y como lo hacía Javier Sicilia, acabé recordando *La carretera*, novela de Cormac McCarthy, en la que el protagonista va con su hijo buscando el mar en un mundo postapocalíptico. ❧

Ted Lewis
Caravana a Estados Unidos

La Caravana por la Paz con Justicia y Dignidad que llevó a más de cien víctimas de la guerra contra las drogas, periodistas y seguidores mexicanos a través de Estados Unidos durante el verano del 2012 fue una bella expresión, sin precedentes, de acción moral y política que se realizó en ambos lados de la frontera.

Javier Sicilia, poeta mexicano cuyo único hijo varón fue asesinado el 28 de marzo del 2011 junto con otros seis hombres jóvenes, y su Movimiento por la Paz con Justicia y Dignidad (MPJD) convocaron a un amplio grupo de aliados para formar una coalición cuya meta es enfrentar los complejos y entreverados problemas que se han generado a causa de la guerra contra las drogas, el tráfico ilegal de armas, la migración, el lavado de dinero y las mal dirigidas políticas militares de Estados Unidos.

Se llevó a cabo esta dramática acción con base en un creciente reconocimiento: para dar fin a la violenta emergencia nacional que se vive en México, se requiere un cambio fundamental en la dinámica que prevalece entre México y Estados Unidos, y dicho cambio sólo podrá darse a través de una colaboración activa con la ciudadanía estadounidense y las élites que trazan las políticas dentro de Estados Unidos.

Durante los meses iniciales de la sublevación ciudadana en repudio a la violencia, detonada por actos de resistencia civil personificados por testigos del creciente movimiento por la paz de Sicilia, la meta principal del movimiento consistió en fomentar el apoyo de la ciudadanía mexicana para rechazar las políticas militares del entonces presidente Felipe Calderón, que habían provocado un creciente y trágico ambiente de violencia en el país. Pero, en vista de que Felipe Calderón se mostró reacio, inflexible y poco dispuesto a cambiar de rumbo en esta escalada de violencia, los líderes del movimiento buscaron nuevas vías de acción. Éstas incluyeron una crítica abierta a las políticas estadounidenses que alientan y refuerzan la ponzoñosa dinámica generada por el tráfico ilegal de armas, el narcodinero, la violencia extrema y la inequidad estructural que desgarran a México.

Para las víctimas mexicanas de la guerra contra las drogas que se encontraban al frente del MPJD, no sería una tarea sencilla cruzar la frontera y retar de manera efectiva a la fuertemente arraigada política estadounidense *dentro* de Estados Unidos. Desde un inicio, se reconoció que la Caravana estaba transmitiendo un urgente mensaje *transformacional* dentro de Estados Unidos, esa democracia imperial que se caracteriza por tener poderosas clientelas monotemáticas y gradualistas. Sin embargo, la lógica detrás de la decisión de cruzar la frontera resultaba sumamente clara para los líderes del movimiento y sus seguidores, algunos de los cuales (como Emilio Álvarez Icaza) fueron pioneros en crear vínculos políticos al otro lado de la frontera desde la década de 1990.

No fue difícil encontrar apoyo.

Estados Unidos es el mayor consumidor de drogas ilegales en el mundo; es el arquitecto de la guerra contra las drogas, el principal proveedor de las armas letales que se utilizan en México y el país donde se realizan innumerables operaciones internacionales de lavado de dinero. Al mismo tiempo, la economía de Estados Unidos depende de la mano de obra mexicana, aun cuando realice, como nunca antes, deportaciones récord de mexicanos. Los esfuerzos de Estados Unidos por brindar a México "asistencia" en materia de entrenamiento militar y provisión de armamento por medio de programas tales como la Iniciativa Mérida hieden a hipocresía, a pesar de que simulen llevar a cabo reformas judiciales y policiales, y donen fondos a organizaciones civiles mexicanas.

Se tomó la decisión de cruzar la frontera con el apoyo de organizaciones estadounidenses que han buscado distintas maneras de enfrentar la crisis en México, la cual se expandió exponencialmente cuando Felipe Calderón atizó la guerra contra las drogas tras su dudosa victoria electoral en el 2006.

A principios del 2010, la organización de derechos humanos Global Exchange solicitó la cooperación de grupos tales como Fellowship of Reconciliation, America's Program of the Center for International Policy y Latin American Working Group para crear una coalición informal que pudiera analizar la crisis que se vive en México y formular respuestas colectivas. Dicho grupo incluía redes dirigidas por inmigrantes, como National Alliance of Latin American and Caribbean Communities; organizaciones de reformas políticas sobre las drogas, como Drug Policy Alliance; asociaciones de políticas liberales con sede en Washington, como Washington Office on Latin America; organizaciones laborales, como Labor Council for Latin American Advancement; redes religiosas, como Witness for Peace; asociaciones filantrópicas enfocadas hacia México, como Angelica Foundation, y muchas otras.

Esta red movilizó un gran apoyo para el MPJD en sus comienzos y eventualmente integró el núcleo de lo que sería un grupo mucho más grande, conformado por casi 200 organizaciones estadounidenses que se unieron al movimiento después de que el MPJD propusiera realizar una caravana a través de Estados Unidos en noviembre del 2011. Javier Sicilia viajó a Estados Unidos en la primavera del 2012, colaborando con Global Exchange para reclutar a nuevos aliados, incluyendo al NAACP (la más antigua y grande organización de derechos civiles afroamericanos dentro de los Estados Unidos), National Latino Congress, Law Enforcement Against Prohibition, Presente.org, Border Angels, Students for a Sensible Drug Policy, Mothers Against the Drug War, A New Path, Veterans for Peace, Hermandad Mexicana Transnacional, Frente Indígena Oaxaqueño Bi-Nacional, Annunciation House, grupos Occupy, y docenas de iglesias, tanto católicas como protestantes.

Dichas organizaciones, muchas de las cuales jamás habían trabajado juntas, emprendieron el enorme esfuerzo de albergar, alimentar y organizar grandes eventos públicos para las 125 personas que viajaron a bordo de dos autobuses, una cámper y varios automóviles, durante su estancia en 27 ciudades a lo largo del trayecto de 30 días de duración que la Caravana realizó de costa a costa.

El impacto inmediato que tuvo la Caravana fue evidente. Decenas de miles de personas participaron en docenas de reuniones, foros y acciones. Más de mil notas informativas sobre la Caravana se transmitieron por radio y televisión y se publicaron en los periódicos, llegando a un público de más de cien millones de lectores, televidentes y radioescuchas. Innumerables corazones y mentes se conmovieron a medida que los estadounidenses a lo largo del país comenzaron a relacionar la espantosa violencia que impera en México con la devastación ocasionada en Estados Unidos por los encarcelamientos masivos y la criminalización de las comunidades afroamericanas y latinas a causa de la guerra contra las drogas.

Resulta más difícil medir el efecto político que a largo plazo generó la Caravana. Ya existe un avance palpable en el campo de las reformas a las políticas sobre las drogas, pero en cuanto al tráfico ilegal de armas, las reformas migratorias, el lavado de dinero, y el apoyo de Estados Unidos a campañas de militarización regional, se han visto pocos adelantos.

Poco después de realizarse la Caravana, dos estados de la Unión Americana legalizaron el consumo de marihuana por medio de un referéndum ciudadano. En el caso del estado de Colorado, los organizadores recurrieron a Javier Sicilia para grabar *spots* publicitarios para su exitosa campaña. Ha tenido una gran resonancia el mensaje transmitido por la Caravana: los ciudadanos de los países devastados por el tráfico ilegal de drogas rechazan la guerra contra las drogas. Los resultados de la encuesta Pew de abril del 2014 revelan que dos terceras partes de los ciudadanos estadounidenses ahora piensan que aquellas personas que han sido detenidas por la mera posesión de drogas sumamente adictivas, como la cocaína y la heroína, no debieran ser procesadas. Una gran mayoría piensa que la marihuana debe legalizarse. Éstas son buenas noticias para México, donde las ganancias derivadas del tráfico de drogas han constituido una parte vital de una economía basada en actividades ilícitas.

No obstante, la ideología detrás de la guerra contra las drogas es sumamente tenaz. Pasarán años, si no es que décadas, antes de que este cambio en la opinión pública se exprese en la creación de leyes federales. Mientras tanto, algunos estados individuales se colocarán al frente del cambio y de la experimentación al sustituir las fallidas tácticas policíacas y militares que se implementan actualmente con enfoques nuevos sobre la sanidad pública y el consumo y abuso de drogas.

En cuanto al tráfico de armas, el año pasado nació la esperanza genuina de que la legislación federal para prohibir la venta de rifles semejantes a los usados por el ejército redujera notablemente la venta anónima de armas y propiciara, también, la creación de medidas que bloquearan su tráfico internacional. Se pensó que esto sería posible tras la desgarradora masacre de escolares en Newton, Connecticut. El gobierno de Obama actuó audazmente para implementar dichas medidas, pero la iniciativa fue derrotada por los sectores conservadores del Congreso estadounidense que defienden la libre venta de armas. Se han creado algunas nuevas restricciones en apenas unos cuantos estados, como California, pero en general, el panorama resulta desalentador. La National Rifle Association y sus aliados extremistas han "amenazado" con crear nuevas leyes federales que "relajen" las restricciones actuales sobre la posesión y venta indiscriminada de armas en más de veinte estados de la Unión Americana.

En términos de justicia para los inmigrantes, la situación resulta igualmente sombría. Tras la reelección de Obama, quien obtuvo un porcentaje sin precedentes de votos por parte de la comunidad latina, muchos demócratas creyeron que una amplia reforma migratoria sería inevitable. Sin embargo, a pesar de formular "reformas" legislativas tan cargadas de medidas punitivas que los aliados de la Caravana, como Present.org, se opusieron fuertemente a ellas, nunca se llevó a cabo una votación en el Congreso estadounidense. Por ahora, virtualmente todos los analistas creen que ha muerto cualquier esperanza de llevar a cabo dichas reformas. Al mismo tiempo, la administración Obama se ha distinguido negativamente por haber deportado a un mayor número de inmigrantes (más de dos millones) que cualquier otro gobierno estadounidense anterior.

Nada de esto significa que la Caravana haya fallado en sus empeños, sino más bien que nuestra lucha por llevar a cabo cambios significativos debe proseguir y ahondarse frente al predominio de condiciones adversas. Así como el movimiento, dentro de México, ha debido enfrentar nuevos retos al asumir Enrique Peña Nieto la presidencia del país, los movimientos dentro de Estados Unidos también encaran nuevos desafíos. Además de la huella que ha dejado en tantos corazones, el impacto duradero de la Caravana en Estados Unidos consiste en que ha proporcionado un nuevo modelo para generar una vigorosa colaboración entre organizaciones que representan a distintas comunidades y distritos electorales y que trabajan sobre distintos problemas. La justicia prevalecerá y nosotros lograremos la victoria. ❦

(Versión en español de JGL)

Óscar Chacón

La lucha por la justicia, la paz y la dignidad como espacio indispensable en el avance de una globalización para el beneficio de las mayorías y desde las mayorías

El año 2014 marcará el tercer aniversario de la fundación del Movimiento por la Paz con Justicia y Dignidad (MPJD) en México, el cual ha sido una de las más grandes respuestas ciudadanas ante la criminal y deshumanizante guerra contra el narcotráfico en México, que ha cobrado la vida de decenas de miles de personas y que ha traído sufrimiento y angustia a cientos de miles de hogares a lo largo y ancho del territorio mexicano. El tiempo transcurrido desde la primavera del 2011 hasta la actualidad es de muchas lecciones aprendidas, tanto de los logros obtenidos, como también de las metas todavía pendientes de ser alcanzadas. La lucha que ha impulsado el MPJD, si bien obedecía a sucesos ocurridos en México, ha trascendido las fronteras para convertirse en una vertiente importante en la gama de esfuerzos que buscan crear sinergias regionales, hemisféricas y globales en un mundo dominado por una lógica que desprecia la centralidad del bienestar de los seres humanos y que engendra y promueve la injusticia, la desigualdad, la deshumanización y la violencia.

Para las comunidades migrantes organizadas en los Estados Unidos de América (EUA) que hemos venido trabajando el tema de la movilidad humana en el corredor migratorio América Central-México-EUA, la inseguridad ciudadana en México es algo que conocimos inicialmente a partir de los relatos de las graves violaciones a los derechos humanos cometidas en perjuicio de personas migrantes a lo largo del territorio mexicano. Estos abusos han tenido un carácter más sistemático desde principios de la década pasada. Sin embargo, muy pronto nos percatamos de que el patrón de deshumanización y violencia que ha afectado a personas migrantes no era únicamente una expresión de xenofobia, ni un suceso aislado. Se trata realmente de un grave síntoma de un problema mayor que afecta a la seguridad y la integridad personal en la sociedad mexicana en su conjunto.

Para quienes somos parte de la lucha por la justicia más allá de las fronteras, el MPJD ha sido desde su inicio una expresión política y social con la cual hemos simpatizado en razón de ver muchos de nuestros valores e intereses presentes en sus postulados y sus acciones. En el ámbito mexicano, es imposible imaginar la superación de las condiciones de violencia en contra de personas migrantes sin trabajar por la superación del patrón de inseguridad y violencia que afecta a la sociedad mexicana en su totalidad. Pero más allá de compartir aspiraciones, propósitos y metas específicas en el ámbito mexicano, el MPJD ha venido avanzando en una lucha con la cual vemos mucho en común con las luchas que las organizaciones migrantes impulsamos en los EUA. La experiencia de trabajar y conocer más acerca del MPJD en México nos ha ayudado a entender mejor lo mucho que tienen en común las luchas de las comunidades inmigrantes en los EUA y la de amplios sectores de la sociedad mexicana que han sido negativamente afectados a consecuencia de políticas tales como esta infame guerra.

Uno de esos comunes denominadores ha sido la deshumanización del sujeto social. En el caso de México, las decenas de miles de seres humanos que han sido asesinados, secuestrados, extorsionados y ultrajados de múltiples maneras han sido justificadas como costos colaterales de una guerra dizque necesaria: la guerra contra el narcotráfico. La invisibilización oficial y mediática de las víctimas del conflicto social existente busca mantener el desconocimiento y la indiferencia social ante el dolor humano. En el caso de las comunidades inmigrantes mexicanas y demás latinoamericanos en Estados Unidos, hemos venido enfrentando a lo largo de las pasadas dos décadas una campaña sistemática de odio y deshumanización que presenta al sujeto migrante, especialmente a los mexicanos y demás latinoamericanos, como una amenaza para el país, que debe ser tratada como tal. Las penurias que aquejan a cientos de miles de familias inmigrantes a consecuencia de políticas públicas restrictivas, excluyentes y punitivas han sido también mayormente invisibilizadas.

En el caso de México, la muerte de decenas de miles de personas bajo la excusa de la Guerra contra el Narcotráfico ha pasado mayormente desapercibida o reducida a una fría cifra, sin reparar en lo que significa para los seres humanos reales que son las víctimas mismas o que son madres, padres, hijos, cónyuges o amigos de las víctimas. En Estados Unidos, los casi dos millones de personas deportadas desde el 2009 hasta esta fecha, los varios miles de personas que han muerto tratando de cruzar la frontera entre Estados Unidos y México, los cerca de 34 000 inmigrantes que se encuentran detenidos cada noche, por el simple hecho de vivir en este país sin autorización migratoria, son también reducidos a frías estadísticas, sin reparar en el dolor humano que todo esto implica.

Conocer de las caravanas organizadas por el MPJD, el rol de liderazgo de los familiares de las víctimas, donde se destaca el caso del mas importante vocero de este movimiento, el poeta Javier Sicilia, nos permitió identificar comunes denominadores entre esta crucial lucha en México y nuestros propios esfuerzos en pro del reconocimiento del sujeto migrante como un ser humano pleno, cuyos derechos elementales son sistemáticamente violados. Especialmente en el caso de aquellos que residen en Estados Unidos, sin autorización migratoria. Aun sin conocernos, sabíamos que había mucho en común entre nuestras luchas.

Las caravanas realizadas en el interior de México han sido esenciales para cambiar la narrativa sobre quiénes son las víctimas de la guerra ante la opinión pública. Además, las caravanas han sido medios muy importantes que le han permitido a miles y miles de personas afectadas por la violencia en México romper el silencio, expresar su dolor y volverse parte de dinámicas de apoyo mutuo que les van permitiendo poco a poco salir de la paralizante condición de víctima aislada y convertirse en sujetos individuales que son parte de una fuerza colectiva que les permite visualizar cambios como consecuencia de su acción organizada.

En el caso de las comunidades migrantes en Estados Unidos, vemos mucha similitud con el patrón antes descrito. Para millones de personas migrantes, los patrones de abuso y humillación asociados con la condición de ser inmigrantes no autorizados son frecuentemente entendidos como un problema individual, sin espacios colectivos en donde conversar sobre ello de manera que dichas condiciones se vuelvan factor de motivación para la organización social y política de las personas migrantes. Al igual que el efecto que tuvieron las caravanas organizadas por el MPJD en el interior de México, las jornadas de educación comunitaria en las cuales las personas migrantes tienen la oportunidad de hablar de sus propias historias con frecuencia representan el inicio de procesos organizativos donde el sujeto migrante se empodera. En Estados Unidos, como en México, el poder contar las historias de las personas afectadas tiene un gran poder terapéutico, como también persuasivo ante la opinión publica, de manera que cambian las percepciones dominantes.

En Estados Unidos, los abusos y la humillación sistemática a las que las comunidades inmigrantes, especialmente los mexicanos y demás latinoamericanos, hemos venido siendo sometidos desde principios de la década de 1990 alcanzaron un punto álgido en el año 2006, cuando el Congreso federal, fuertemente influido por fuerzas políticas racistas y xenófobas, amenazaba con criminalizar la presencia física no autorizada, las comunidades inmigrantes dijimos ¡Ya basta! La primavera del 2006, recordada por muchos como la primavera de los migrantes, registró el periodo de mayor movilización política en la historia de Estados Unidos. Millones de personas migrantes, mayormente mexicanos, salieron a ejercer su derecho de asociación y de libre expresión para demandar respeto a sus derechos y a su dignidad. Indudablemente, se trató de una movilización espontánea a través de la cual se canalizaron pacíficamente la frustración y la humillación acumuladas de muchos años. En el corto plazo, estas movilizaciones fueron exitosas en cuanto a neutralizar la aprobación de una draconiana ley antiinmigrantes que se había aprobado en la Cámara baja del Congreso federal y que se dirigía hacia el Senado de Estados Unidos. Las movilizaciones masivas lograron parar esa tendencia.

Sin embargo, poder traducir esa lucha espontánea en procesos organizados de participación cívica y democrática que nos permitan ir más allá de neutralizar amenazas inmediatas, influir en las narrativas nacionales dominantes y en última instancia influir también en los procesos de deliberación y adopción de cambios legislativos genuinamente proinmigrantes, como también genuinamente sensatos en lo referente a política de inmigración, ha demostrado ser una empresa mucho más compleja donde los resultados últimos continúan pendientes.

En el caso de la lucha contra la violencia engendrada por la guerra contra el narcotráfico en México, vemos muchos paralelos con nuestras propias luchas. Indudablemente, el surgimiento del MPJD logró captar el profundo dolor, descontento y enojo populares, y traducirlos en una movilización social que ha puesto en primera plana el dolor de las víctimas y un llamado nacional e internacional a favor de un cambio. Tanto las caravanas en el interior de México como las concentraciones pacíficas que el movimiento ha llevado a cabo son muestras de lo acertado del enfoque de trabajo del MPJD. Las víctimas han dejado de ser una fría estadística y se han convertido en historias concretas de seres humanos embargados por el dolor de la pérdida de sus seres queridos. La labor de construcción de un robusto y persistente movimiento social capaz de afectar los procesos de toma de decisiones sobre políticas públicas en México continúa siendo un esfuerzo en progreso, aun cuando importantes victorias como la Ley General de Víctimas han sido alcanzadas.

En la primavera del 2012 nos enteramos de los planes de llevar a cabo una caravana en Estados Unidos. La idea nos pareció inmediatamente positiva. El deseo del liderazgo del MPJD de dar a conocer las historias de dolor de las personas que han sido víctimas directas o indirectas, y de vincular dicha guerra con la fallida guerra contra las drogas que Estados Unidos ha venido impulsando desde principios de la década de 1970 nos pareció sumamente acertado. La Caravana que se llevó a cabo en Estados Unidos entre agosto y septiembre del 2012 y en la cual la Alianza Nacional de Comunidades Caribeñas y Latino Americanas (NALACC, por sus siglas en inglés) desempeñó un rol de aliado fue una oportunidad de mostrar las consecuencias de políticas públicas equivocadas y profundamente injustas.

Más allá del vínculo con la infame guerra contra las drogas, la dirigencia del MPJD quería explorar también el vínculo con la lucha por la justicia y la dignidad de las comunidades inmigrantes en Estados Unidos. Dado el rol de NALACC como una red de organizaciones de inmigrantes latinoamericanos en Estados Unidos, comprometida con una lucha transnacional en pro de la justicia y la democracia pudimos jugar un rol de complemento en el proceso organizativo de la Caravana.

La Caravana por la Paz, la Justicia y la Dignidad, liderada por el MPJD, logró apoyos de importantes y diversas organizaciones sociales estadounidenses, más allá del apoyo brindado por NALACC. El proceso organizativo y su ejecución fueron oportunidades de poner en práctica el valor de la cooperación y la colaboración, dos principios y prácticas de gran importancia en los procesos organizativos contemporáneos. La Caravana en Estados Unidos fue un momento especial en el continuo patrón de convergencia transnacional entre actores sociales organizados con el fin de desafiar las reglas del juego que nos han venido siendo impuestas desde hace muchos años, un juego que engendra entre otras cosas injusticia, inseguridad y violencia. La Caravana permitió ir más allá de las tradicionales relaciones de apoyo unidireccionales de ciertos sectores estadounidenses hacia luchas sociales y políticas en América Latina, y explorar de una manera muy práctica el concepto de actuar con base en valores e intereses compartidos, más allá de las fronteras.

Para las organizaciones de inmigrantes latinoamericanos en los EUA, particularmente las que hacemos causa común en el marco de NALACC, la Caravana fue una oportunidad muy valiosa para presentar la conexión entre la política de inmigración actual, caracterizada por su naturaleza restrictiva, excluyente y altamente punitiva, y la fallida guerra contra las drogas que ha dejado un elevado saldo de costo humano en Estados Unidos, como también en el extranjero, sin que el ingreso de narcóticos ilícitos ni tampoco su consumo se hayan reducido. La Caravana permitió también establecer paralelos entre las actitudes antiinmigrantes que predominan en muchos lugares de Estados Unidos como el Condado de Maricopa en Arizona, y los ultrajes que sufren las personas migrantes a manos de criminales comunes y de efectivos de los cuerpos policiales en México.

Otro ámbito muy valioso de la Caravana fue la conexión deliberada entre el nocivo impacto de la guerra en comunidades de raza negra estadounidenses, que han sido las más afectadas, y el impacto que la misma guerra ha tenido en México, especialmente a lo largo de la última década. En la historia de los movimientos de solidaridad con luchas populares en América Latina y otras partes del mundo, la comunidad negra y otras comunidades de minorías étnicas y raciales han estado escasamente representadas. Dichos movimientos han sido dominados por sectores sociales y políticos progresistas lo que tradicionalmente significa personas de raza blanca. La Caravana logro atraer a los sectores tradicionales y además ampliarse hacia sectores con los cuales hay un común denominador vivencial del impacto que tienen las políticas opresivas y represivas tales como la guerra contra las drogas, al igual que la política de inmigración.

Uno de los logros más importante de la Caravana fue precisamente el haber sentado bases importantes de trabajo colaborativo entre actores sociales mexicanos, liderazgos migrantes latinoamericanos (especialmente mexicanos) en Estados Unidos, y figuras claves de la comunidad negra que han jugado roles de liderazgo en el trabajo de denuncia del injusto sistema de justicia estadounidense, muy permeado por las implicaciones de esta guerra que ha llevado a que la mayoría de las personas encarceladas a lo largo de las últimas cuatro décadas sean personas de raza negra. Se logró conectar también con organizaciones que han estado a la cabeza de los esfuerzos en contra de la penalización del uso de narcóticos y a favor de esquemas de legalización y control como alternativas a la prohibición. Ésta es una de las áreas de colaboración más importantes para avanzar, no solamente en función de posibles cambios en los marcos legales, sino también en el difícil terreno de las relaciones intercomunitarias y transnacionales que a la larga serán decisivas para el cambio en las narrativas dominantes.

Desde la perspectiva de las comunidades inmigrantes latinoamericanas en Estados Unidos, el habernos sumado a la Caravana que recorrió el país al final del verano del 2012 no fue un acto de apoyo tradicional. Fue una manera de avanzar en nuestros propios esfuerzos a favor de la humanización plena de todas las personas, sin importar la raza, el credo, la condición socioeconómica, y descubrir nuestra humanidad compartida. Para NALACC, la Caravana fue más concretamente una oportunidad de ampliar el significado de nuestra iniciativa de sensibilización, denominada SOMOS o WE ARE en su expresión en inglés. La Caravana fue también una oportunidad muy terapéutica para los liderazgos migrantes en cuanto a salir de nuestra inmersión cotidiana y ver nuestra realidad desde la perspectiva de quienes enfrentan situaciones de violencia y opresión en México, derivadas de políticas sobre las cuales Estados Unidos también tiene responsabilidad. Los líderes migrantes que participaron en la Caravana salieron fortalecidos en su compromiso de lucha por la justicia, más allá de fronteras.

La experiencia de trabajo con el MPJD nos ha dado también la oportunidad de reflexionar juntos y entender mejor la urgencia de no perder de vista las políticas públicas que justifican los patrones de conducta oficial violatoria de derechos humanos elementales. Tanto la infame guerra contra las drogas, concebida y financiada por Estados Unidos desde hace más de cuarenta años, como la política de inmigración hoy vigente deben ser urgentemente sustituidas por nuevos marcos de política pública basados en un diagnóstico más profundo de los "problemas" que ambas políticas pretenden resolver.

Más allá de los desafíos específicos en torno a temas espinosos tales como los narcóticos, el crimen organizado y la movilidad humana, el futuro nos irá demandando cada vez más nuestro involucramiento en temas más amplios y de gran trascendencia tales como la lógica dominante del modelo económico global. Al reflexionar sobre el significado de conceptos tales como la justicia, la paz y la dignidad, vistos desde la óptica de las mayorías y teniendo en cuenta las futuras generaciones, no hay duda que debemos ir atreviéndonos cada vez más a imaginar un futuro mejor, respaldado por una manera diferente de vivir, donde el SER pese mucho más que el TENER.

Más allá de imaginar ese futuro mejor, e irlo poco a poco dibujando en detalle, vamos a tener que ir poniendo en marcha mejores maneras de manejar la inescapable interdependencia entre el aquí y el allá. La trayectoria recorrida hasta ahora por el MPJD, como también la de sus aliados en el interior de México, en Estados Unidos y en otras partes del mundo debería servir como modelo en la construcción de una globalización desde las aspiraciones más básicas de las personas. La lucha por la justicia, la paz y la dignidad tendrá que seguirse impulsando desde cada una de nuestras localidades, pero con la intención clara de armonizar este trabajo con el de nuestros socios en el mundo. Las comunidades migrantes organizadas en favor de la justicia y con un compromiso transnacional seguiremos buscando ser socios y hacer causa común con el MPJD y otros colectivos de mujeres y hombres en México, el resto de América Latina y del mundo, que compartan esta visión. ❧

JAVIER SICILIA
¡Que repiquen la paz y la libertad!

Washington, D. C., 12 de septiembre de 2012

Comienzo con unos versos de Thomas Merton: "El mundo entero está [...]
en llamas./ Las piedras queman,/ aun las piedras queman./ ¿Cómo puede un
hombre aguardar/ o escuchar a las cosas quemándose?/¿Cómo puede atrever-
se a sentarse con ellas/cuando todo su silencio está en llamas?"
  *"The whole world is [...] on fire./ The stones/ burn, even the stones they burn
me./ How can a man be still/ or listen to all things burning?/ How can he dare to
sit with them/ when all their silence is on fire?"*
  Porque el mundo está en llamas a causa de la guerra contra las drogas,
porque el silencio de los muertos de esta guerra está en llamas y pide que nos
levantemos para detenerla y nombrarlos en el amor, en la paz, en la justicia y
la libertad que les debemos, guardemos un minuto de silencio.
  Hace cuarenta y nueve años, en esta ciudad, un gran estadounidense que
he llevado como una luz durante toda mi vida pronunció uno de los más
hermosos discursos sobre la libertad. Ese discurso no sólo significó una luz de
esperanza para los millones de afroamericanos que la Constitución, la Declaración de Independencia y la Proclama de la Emancipación del presidente
Lincoln habían traicionado. Significó también, al lado de las luchas civiles
que lo precedían, la realización de lo que una buena parte del pueblo blanco
de Estados Unidos les debía y aún, en muchas partes, les sigue debiendo: sus
"derechos inalienables a la vida, a la libertad y a la búsqueda de la felicidad".
  Esa Constitución y esa Independencia que sentaban las bases de la democracia, hay que recordarlo, no sólo fueron el legado que los padres fundadores
le dieron a esta nación, se lo dieron también, antes que Francia, a América
Latina y al mundo entero. Por desgracia, al igual que les sucedió a las poblaciones afroamericanas de Estados Unidos, los ciudadanos de América Latina
hemos tenido que sufrir, bajo el auspicio de políticas estadounidenses fallidas

que han generado todo tipo de dictaduras en nuestros países, las mismas traiciones a esa herencia. Y al igual que los afroamericanos, nosotros también hemos tenido que salir a conquistar y defender lo que los padres de esta nación, al encarnar el pensamiento ilustrado, entregaron de bueno al mundo: la democracia y sus libertades.

Sin embargo, cuando dolorosamente habíamos llegado allí, cuando comenzábamos a encarnar, después de mucho sufrimiento, los fundamentos que los padres de esta nación redactaron en 1787, el presidente Nixon decretó a nivel mundial una guerra contra las drogas que a lo largo de cuarenta años ha traicionado nuevamente los principios de los arquitectos de la democracia republicana.

Hoy, bajo esa guerra, todos, negros, blancos, latinos, asiáticos, europeos, estamos sometidos al crimen, a la corrupción de los gobiernos, a los abusos del poder, a la segregación racial y a la destrucción de la democracia y los derechos civiles. Lo que debió ser tratado como un asunto de salud pública ha sido equivocadamente tratado como un asunto de seguridad nacional cuyas consecuencias, como sucedió en Estados Unidos durante la guerra contra el alcohol en los años veinte, han destrozado a Colombia, están destrozando a México y a Centroamérica, y corren como una gangrena por el resto del continente y del mundo.

Cuarenta años después de decretada esa guerra, el consumo de la droga que ustedes querían erradicar no ha bajado. Pero nosotros traemos, en nuestro corazón y con nosotros mismos, hijos asesinados que jamás la habrían consumido; traemos hijos desaparecidos que nunca se acercaron a ningún *dealer*; traemos huérfanos y viudas que están desamparados; traemos jóvenes que –hijos de la miseria, porque el gobierno de México y de otras partes de América Latina gastan más dinero estadounidense en promover la guerra que en programas sociales– han encontrado refugio en el crimen y han terminado descuartizados; traemos migrantes que, a causa de la exacerbación del racismo que esta guerra ha traído, son tratados como delincuentes o desaparecen en territorio mexicano víctimas del crimen y de autoridades de migración corrompidas; traemos negros, latinos y blancos cuyas familias en Estados Unidos han quedado desamparadas porque sus padres purgan condenas por haberlos encontrado en posesión de unos gramos de droga; traemos miles de desplazados que han perdido sus hogares e incluso su patria; traemos miles de víctimas a quienes el ejército ha violentado sus derechos; traemos, en síntesis, un país lleno de miedo en donde los derechos civiles se pierden día con día.

Detrás de cada uno de los adictos norteamericanos que consumen droga por un acto de su libertad, detrás de las armas estadounidenses que abastecen legalmente a nuestros ejércitos e ilegalmente a los narcotraficantes; detrás del lavado de dinero de sus bancos, en síntesis: detrás de esta guerra que el presidente Nixon declaró y que las sucesivas administraciones de Estados Unidos han continuado; detrás del acatamiento bovino que nuestros gobiernos han hecho de ella, están no sólo nuestros muertos, nuestros desaparecidos, nuestros desplazados, sino un crecimiento de la segregación racial en Estados Unidos, un aumento de la criminalidad y de la corrupción de los Estados de todo el mundo que está haciendo peligrar la cultura y la democracia.

Por eso, después de recorrer miles de kilómetros en México y en Estados Unidos, hemos llegado hasta aquí como hace 49 años lo hicieron el doctor King y las comunidades afroamericanas, a cobrar también un cheque.

Cuando los padres fundadores de esta nación escribieron la Constitución de los Estados Unidos de Norteamérica, firmaron de alguna forma también un pagaré del que no sólo los estadounidenses sino el mundo entero serían herederos. Pero con esta guerra contra las drogas que han instalado, lo han incumplido una vez más. En lugar de honrar la palabra de sus padres, la han traicionado diciéndonos con esta guerra que ese cheque carecía de fondos.

Pero nosotros nos negamos a creer que los padres fundadores de la democracia estaban equivocados; nos negamos a creer que la Constitución que firmaron, que defendieron y entregaron al mundo, no tiene fondos. Por eso hemos llegado hasta aquí con nuestra fatiga, nuestros muertos y nuestro sufrimiento a cobrar ese cheque y a pedirles que, por amor a sus padres fundadores y a las libertades civiles que heredaron al mundo, terminen con esta guerra y hagan efectivo el cheque que, como lo dijo el reverendo King, "nos colmará con las riquezas de la libertad, de la seguridad y de la justicia" que esta guerra nos ha vuelto a arrancar.

Hemos venido también hasta aquí para recordarle a Estados Unidos el urgente e impetuoso deber que tiene de detenerla ahora y de cambiar el enfoque de la droga por políticas de salud pública, de seguridad humana y ciudadana y de profundos programas sociales que nazcan de las comunidades y de los barrios. No pueden decirnos, como he escuchado decir a muchos blancos estadounidenses, que el problema y el dolor que esta guerra ha desencadenado en México, en Centroamérica, en Colombia y en los barrios de Estados Unidos es asunto de los mexicanos, de los centroamericanos, de los colombianos, de los negros, de los latinos. Se equivocan: es un asunto compartido que tiene su origen aquí, en esta ciudad, en la Casa Blanca. Por eso hemos venido hasta aquí a decirles que ahora es el momento de que juntos defendamos las conquistas de la democracia, el momento de que juntos hagamos posibles los cambios necesarios para hacer válida la palabra de los padres del republicanismo democrático; ahora es el momento de que juntos pongamos como prioridad del gobierno estadounidense y de los gobiernos del mundo el camino hacia la paz que nos haga salir de las arenas movedizas del crimen, la violencia, la injusticia y la tentación del autoritarismo que esta guerra ha generado como forma de vida, y caminemos juntos "hacia la roca sólida de la hermandad".

Nosotros, a pesar del dolor que esta guerra nos ha infligido, no hemos hecho de nuestro sufrimiento un motivo para el odio y la derrota. Lo hemos transformado en amor y en una larga búsqueda de paz. Pero si ustedes no toman nuestro camino y pasan por alto la urgencia de este momento diciendo que esto no es asunto suyo, nos habrán dejado muy solos y un día también ese sufrimiento terminará por alcanzarlos.

Sabemos, sin embargo, que no lo harán. Sabemos, por todo lo que ustedes llevan de la nobleza de sus padres fundadores, que no nos dejarán solos, que tomarán el camino de la paz y la justicia con nosotros, y que se lo exigirán, como nosotros lo hemos hecho con el nuestro, a su gobierno.

Por ello, al igual que Martin Luther King y los miles de afroamericanos que hace 49 años se reunieron aquí, bajo la sombra de Abraham Lincoln, nosotros también, en medio de nuestras fatigas, de nuestros sufrimientos y batallas, hemos llegado hasta aquí con un sueño que se arraiga en el sueño que hace más de 200 años pusieron en palabras los arquitectos de la democracia.

Soñamos que juntos, blancos, afroamericanos, latinos, europeos, asiáticos, detendremos esta guerra y salvaremos la democracia y las libertades civiles que el crimen, las corrupciones de los Estados y de los señores del dinero y de la muerte están destruyendo a causa de esta guerra inútil.

Soñamos, que en Ciudad Juárez, en Tamaulipas, en Morelos, en cada uno de los rincones de México, de Centroamérica, de Colombia, en cada uno de los barrios de Estados Unidos, ningún hijo, ninguna hija, ningún padre, ninguna madre serán asesinados, secuestrados, desaparecidos, despedazados, a causa de esta guerra absurda, y podrán caminar libres y seguros por las calles de sus patrias.

Soñamos con que la droga, que ha formado parte de la humanidad en todas las épocas y en todos los tiempos y que el mercado ha convertido en consumo indiscriminado y ha deslegitimado, sea sometida, como un día se sometió el alcohol en este país, a las leyes férreas del mercado y de los controles de los Estados, para que su uso, que es parte de las libertades, se regule y el dinero que produce sirva para generar programas sociales.

Soñamos con que los gobiernos de todas partes persigan a cabalidad el lavado de dinero que la extorsión, el secuestro, la trata de personas y de órganos generan, y que sus decomisos sirvan para limitar y castigar el crimen y resarcir a las víctimas.

Soñamos con que el presidente Obama o su sucesor en el próximo gobierno ponga un cerco a las armas de exterminio y a su tráfico ilegal, y así salve no sólo a nuestro país de la violencia, sino también de este modo ponga fin a la profunda cultura de las armas que hay en Estados Unidos y a la corrupción y humillación que dicha cultura ha generado.

Soñamos que las fronteras se cerrarán a las armas, al dinero sucio y a la ilegalidad, y se abrirán a todos para que podamos sentarnos juntos en la mesa de la hermandad.

Sueño con que mi hija y mi nieto puedan volver algún día a México y saber que nadie los asesinará como un día asesinaron a mi hijo. Sueño con que los desplazados de esta guerra, que se encuentran en una indefensión absoluta, puedan regresar a su tierra y con sus familiares, y saber que nadie les hará daño.

Tenemos un sueño.

Soñamos que un día los Estados Unidos Mexicanos, cuyo presidente instauró servilmente esta guerra contra las drogas y no ha dejado de escupir frases de desprecio contra las víctimas, se convierta con el nuevo presidente en un sitio donde las víctimas encuentren justicia y donde los jóvenes que están muriendo a causa de esta guerra o convirtiéndose en ejército de reserva de la delincuencia tengan un presente y un futuro humano y digno. Soñamos con que ningún migrante, ningún afroamericano pobre será ya criminalizado, despreciado y segregado por los prejuicios que esta guerra absurda ha generado.

Tenemos un sueño.

Soñamos que juntos podremos salvar la democracia y darle un nuevo y más profundo cauce: el de una democracia que ponga por encima de cualquier interés la dignidad y la libertad de los seres humanos.

Ésta es nuestra esperanza. Ésta es también la fe con la que durante un mes hemos caminado por territorio estadounidense y regresamos a México. Con ella encendemos una vela en la oscuridad que nos envuelve y aguardamos, en la esperanza, que muchas más se enciendan hasta que la luz termine por cubrir las tinieblas. Con esa fe, nos enseñó el reverendo King, podemos trabajar juntos y defender la paz donde la libertad y el bien florecen.

Por eso hoy que nos hemos levantado porque no soportamos ver que el mundo entero se incendia, pedimos que repiquen la paz y la libertad desde la blancura de Washington, que repiquen la paz y la libertad desde todos los barrios pobres de Estados Unidos, que repiquen la paz y la libertad desde los desiertos de Ciudad Juárez y de Tamaulipas, que repiquen la libertad y la paz desde las cañadas y los pueblos de Morelos, que repiquen la paz y la libertad en las montañas de Chiapas y en los pueblos indios, que repiquen la paz y la libertad en cada ciudad de Colombia, de Centroamérica y de Brasil.

Cuando esta paz y esta libertad, que hemos traído con nosotros, repiquen en cada pueblo, en cada barrio, en cada ciudad, habremos entonces reencontrado el camino que esta guerra absurda y criminal nos ha hecho perder.[1] ❧

---

[1] Versión en inglés: http://movimientoporlapaz.mx/en/2012/09/12/que-repiquen-la-paz-y-la-libertad-palabras-de-javier-sicilia-en-washington/

ANNE-MARIE MERGIER
Recuerdos de Saint-Antoine-l'Abbaye

La voz de Javier Sicilia todavía suena en mi memoria. Intacta. Oigo esa voz cascada por demasiados cigarrillos, por discursos pronunciados en tantos mítines, por arengas y advertencias lanzadas a políticos autistas, por palabras de amor y consuelo compartidas con hermanos de duelo y lucha, integrantes del Movimiento por la Paz con Justicia y Dignidad.

Estaba caminando –dice Sicilia– en Baltimore, penúltima etapa del recorrido por Estados Unidos con la caravana del MPJD, cuando sentí que unos clavos me lastimaban el pie. Se había desprendido el tacón de una de mis botas. Estas botas me las había regalado mi hijo y desde su muerte siempre las llevaba puestas.

Me quedé muy turbado y de repente oí a Juan Francisco que me decía: "Padre, es tiempo de parar. Hicimos lo que debíamos hacer y lo hicimos bien, pero ya no más".

Mencioné esta confidencia al comienzo de un reportaje en torno a la estadía de Javier Sicilia en la comunidad francesa del Arca de Saint-Antoine-l'Abbaye publicado en *Proceso* a finales de diciembre de 2012.

No puedo ni busco evitarlo: el eco de esa confidencia vuelve a surgir ahora cuando escribo mi testimonio acerca del retiro del poeta en la abadía medieval.

También me viene a la mente la historia de Araceli, que Javier Sicilia me contó con mucha emoción.

Lo veo sentado en su habitación, amplia pero casi monacal, del Arca. Recuerdo libros amontonados en su mesa de trabajo, la luz tenue de un atardecer invernal que se colaba por la ventana y el crepitar de la estufa de leña que calentaba el cuarto.

Lo oigo. Dice que últimamente piensa mucho en Paul Celan, hermético poeta alemán de origen rumano, naturalizado francés, y en Mark Rothko, pintor nacido en Lituania pero que pasó casi toda su vida en Estados Unidos. Ambos se suicidaron en 1970. No los recuerda, afirma, por el suicidio en sí, sino por lo que éste significa: hundirse en el silencio.

Aunque Sicilia renunció a la poesía después del suplicio de su hijo, ésta no abandonó su vida.

No escribí poesía, pero mi palabra ha estado ahí. Mi palabra provocó la de los demás. No se trata de una palabra poética en el sentido académico del término, sino de una palabra que sale del alma. A lo largo de todos estos meses de convivencia con las víctimas vi cómo poco a poco recobraban la palabra. Vi cómo iban elaborando poéticamente sus relatos porque su dolor era tan grande que debían buscar metáforas para contar sus vivencias. De entre todas estas historias pienso de manera especial en la de Araceli.

Recuerdo el rostro de Javier difuminado detrás de las volutas de humo de su cigarro, mientras evoca el drama de Araceli:

Tenía un hijo policía que desapareció repentinamente. Lo buscó en vano durante meses hasta que un día le llegó la noticia de la detención de sus asesinos. También eran policías. El careo de Araceli con los criminales fue alucinante. Le explicaron cómo mataron a su hijo y disolvieron el cadáver en ácido. No omitieron detalle alguno. Incluso le indicaron dónde habían tirado los restos de la sustancia química. Ella fue a ese lugar en busca de un pedacito de su hijo, en busca de la memoria de su cuerpo que había habitado esta tierra. Sólo vio un campo de aguacates. "El único consuelo que me quedó fue tomar un aguacate y comerlo. Supe que mientras lo comía comulgaba con mi hijo", dijo con una sencillez que aún hoy me trastorna.

Recuerdo a Javier Sicilia caminando por su cuarto y parándose ante la ventana. Se queda mirando el caer de la noche y pregunta:

¿De dónde sacó eso Araceli? ¿Cómo pudo elaborarlo? ¿Cómo lo entendió? Lo que cuenta es poesía de una belleza desgarradora. Una poesía de una fuerza total y absoluta. Una poesía que es fuerza de vida.

Lo veo de nuevo sentado mirando su taza de café vacía y diciendo:

> Araceli se quedó del lado de la vida. Cuando llegó por primera vez con nosotros esa mujer estaba hecha pedazos. Ahí radica la fuerza del Movimiento por la Paz con Justicia y Dignidad: permitió que volviera a florecer la humanidad de las víctimas. Esa humanidad que la violencia, el desprecio, el cinismo y la indiferencia amenazaban con aniquilar.

Sicilia llegó a Saint-Antoine-l'Abbaye el 28 de octubre de 2012 y permaneció en ese apartado lugar del sureste francés hasta el 29 de diciembre. Estaba más que exhausto.

El asesinato de Juan Francisco y de sus seis compañeros ocurrido la noche del 27 al 28 de marzo de 2011 pulverizó la vida cotidiana de ese discreto poeta y escritor que se autodefine como "cristiano de las catacumbas".

El grito de Sicilia "¡Estamos hasta la madre!" tuvo resonancia en todo el país, a tal grado que lo convirtió en una figura emblemática de la lucha por la paz, la dignidad y la justicia. Se volvió protagonista, foco de atención mediática, blanco de ataques tanto del gobierno como de la izquierda, así como objeto de amenazas por parte de fuerzas oscuras. Acabó viviendo custodiado día y noche por guardaespaldas.

Despertó expectativas que lo rebasaron. Se vio forzado a tomar decisiones que generaron controversias. Junto con su indefectible compañera Isolda Osorio, recorrió miles de kilómetros con las tres caravanas del MPJD que lo llevaron sucesivamente a Ciudad Juárez, a Chiapas y por todo Estados Unidos. Con ello, por primera vez abrió espacio en la atención pública a miles de mexicanos flagelados por la violencia.

Desde su trinchera impulsó la Ley General de Víctimas, así como el Memorial de las Víctimas de la Violencia. No fue sino hasta que escuchó la voz de su hijo que lo paró todo. Tomó un avión para Francia y se refugió en la Comunidad del Arca, en el sureste de Francia. Lo acogió su amiga de muchos años, Malgalida Reus, quien dirige la Comunidad de Saint-Antoine-l'Abbaye.

La Comunidad ocupa la tercera parte de una imponente abadía cuya edificación empezó en el siglo XII y acabó en el XV. A lo largo de toda la Edad Media, monjes hospitalarios atendieron en ella a una multitud de indigentes que padecían ergotismo, enfermedad conocida por el vulgo como "fuego del infierno" o "fuego de San Antonio". Este mal provocaba alucinaciones y gangrenas. Muy pocos sobrevivían.

Fue Lanza del Vasto, poeta y filósofo italiano, discípulo de Ghandi, quien creó en 1948 la primera Comunidad del Arca, en Francia.

La Comunidad de Saint-Antoine-l'Abbaye cuenta hoy con unos sesenta miembros permanentes. Algunos son solteros, otros están casados y tienen hijos. Todos comparten la convicción de que la espiritualidad, la ética de la no violencia, la acción social y la política se encuentran íntimamente ligadas.

Viven en forma sencilla. Cultivan huertas, administran una parte de la abadía que convirtieron en albergue y siguen restaurando otras partes del edificio. Todos asumen las múltiples tareas domésticas. Llevan una intensa vida intelectual en la cual también participan distintos tipos de visitantes.

Algunos se quedan pocos días, sólo el tiempo necesario para recobrar un poco de paz interior. Otros, implicados en luchas sociales en Francia y Europa, se dan cita en el Arca para reflexionar de manera colectiva, y eventualmente coordinar acciones.

El tercer grupo está integrado esencialmente por jóvenes que decidieron permanecer uno o más años en la Comunidad. Son oriundos de distintos países y buscan profundizar sus conocimientos en torno a la filosofía de la no violencia. Empiezan con un intenso trabajo sobre ellos mismos que Malgalida Reus califica de "reconstrucción de la persona". Leen mucho y participan en talleres con filósofos, sociólogos, historiadores, pensadores o economistas que impugnan dogmas e ideologías dominantes. También exploran vías alternativas para la organización social y las relaciones humanas, al tiempo que aspiran a encontrar un nuevo aliento espiritual.

En los años ochenta Javier Sicilia descubrió el Arca. Leyó con avidez los escritos de Lanza del Vasto, convivió un tiempo con una comunidad e intentó crear una en México, pero fracasó. Lo reconoce: la influencia del Arca fue determinante en su reflexión sobre la no violencia, así como en su evolución espiritual.

Javier Sicilia llevaba mes y medio en Saint-Antoine-l'Abbaye cuando lo alcancé. Nuestra meta era ambiciosa: hacer un balance de los últimos veinte meses de su vida y de su lucha a favor del Movimiento por la Paz con Justicia y Dignidad.

Tenía preparado un esquema de entrevista que nunca consulté durante los tres días que pasamos juntos. Desde el primer momento en que hablamos se hizo evidente que a Javier no le interesaba una entrevista formal. Quería conversar. Necesitaba libertad. Le urgía expresarse sin freno, fuera de esquemas preestablecidos, sin pensar demasiado en la cronología de los hechos.

Entonces, de común acuerdo, soltamos las riendas y hablamos de todo. Platicamos mientras caminábamos por las calles vacías de Saint-Antoine-l'Abbaye, uno de los más hermosos pueblos medievales de Francia, petrificado en el tiempo y barrido por un viento gélido. Charlamos mientras comíamos los platillos vegetarianos del austero menú del Arca.

Pero sobre todo platicamos horas y horas en la habitación del poeta, interrumpidos de vez en cuando por la llegada de Isolda o la aparición de Estefanía y de Diego, la hija y el nieto de Javier Sicilia, a quienes Malgalida Reus acogió en la Comunidad poco tiempo después del asesinato de Juan Francisco. Urgía protegerlos. Necesitaban paz para tratar de reaprender a vivir.

En el momento de la tragedia el niño tenía escasos tres años y medio. Junto con su abuelo, su tío era su gran referencia masculina. De repente su mundo se derrumbó. El de Estefanía también.

Grabé estos tres días de conversaciones. Seleccioné fragmentos de nuestros diálogos para el reportaje de *Proceso*. Destaqué la distancia de Javier Sicilia con el papel de "líder" y de "símbolo" que le tocó asumir.

Nunca se mareó con tanto protagonismo. Lo salvó su cristianismo y el estar atento a su corazón que le decía: "Ahorita estás ahí. Ahorita te toca esto. Escucha. Consuela. Sé lo más digno y fiel posible a tu condición humana. Dales voz a quienes no tienen voz. Permite que el dolor se haga visible y luego retírate".

También reseñé sus desencuentros cada vez más cruentos con Felipe Calderón y con la izquierda; su decisión de apartarse del MPJD sin abandonar a sus compañeros de lucha; su encuentro cara a cara con el Mal, a raíz de la muerte de Juan Francisco; sus conflictivos diálogos con Dios, su imposibilidad de rezar, su identificación con Albert Camus, su refugio en la música…

Pero tuve que dejar de lado muchos otros temas. Quisiera destacar solamente uno, a manera de conclusión paradójica: la importancia del sentido del humor en la vida de Javier Sicilia, incluso después de la muerte de su hijo.

La estadía del poeta en la Comunidad del Arca distó de ser apacible. Pasar de la explosiva efervescencia mexicana al aislamiento en un pueblito francés de dos mil almas que sufre por sus caóticas conexiones de internet fue una experiencia brutal. Indispensable para el equilibrio del poeta, para su reencuentro consigo mismo y con su familia, pero de cualquier forma brutal.

Sicilia cumplió con las reglas un tanto espartanas de la Comunidad con una buena voluntad incuestionable. No obstante, por muchos esfuerzos que hiciera para integrarse en el Arca, nunca dejó de verse tan extraño como Gulliver en Liliput. Se reía de sí mismo cuando pelaba legumbres, secaba trastes en la cocina o fingía saborear un platillo vegetariano mientras soñaba con tacos de carnitas o chilaquiles.

Nunca perdí el humor –reconoció una mañana mientras estábamos extraviados en el laberinto de la abadía–. Es algo que heredé de mi padre. En las caravanas vivimos cosas terribles. Sin sentido del humor no hubiéramos podido seguir adelante. El humor nos permitió relativizar la gravedad de las cosas. No hay que perder de vista que sólo es posible reírse de las cosas graves. Posada lo sabía de sobra, por eso se rio tanto de la muerte.

En las caravanas hubo muchas risas. Me impresionó esa capacidad colectiva de relativizar las cuestiones graves. Estos viajes fueron duros: pasamos horas en camiones, dormíamos en iglesias, comíamos donde se podía y lo que había, no podíamos evitar brotes de conflictos. Pensándolo bien creo que fue el sentido del humor de Emilio Álvarez Icaza que contagió a todo el mundo. Reírnos juntos fue como un exorcismo. Reírnos juntos nos unió tanto como sufrir juntos.

Otro día contó:

Hasta con los policías que nos escoltaban nos reímos. A veces no teníamos tiempo para comer y les decíamos a los choferes de los camiones que siguieran sin pararse. Un día los policías se rebelaron. Iban muy en serio. Nos dijeron que estábamos violando sus derechos, que teníamos la obligación de pararnos por lo menos para que pudieran ir al baño. Nos miraban raro y nos preguntaban: "¿Ustedes cómo le hacen para aguantar tanto tiempo?" Ese motín de los policías fue una fuente inagotable de bromas y carcajadas en la caravana. Así sobrevivimos. ❦

El MPJD, la sociedad civil y la no violencia

CLARA JUSIDMAN

El MPJD, las organizaciones civiles y los diálogos con el ejecutivo federal en el 2011

Cuando el 8 de mayo de 2011 surgió el Movimiento por la Paz con Justicia y Dignidad como una expresión colectiva de las familias de las víctimas que hasta entonces no eran visibles, muchos y muchas percibimos un rayo de esperanza para revertir el desánimo que ha dominado la realidad social mexicana en los últimos años frente a la creciente distancia entre las élites políticas y económicas y la población mexicana. Era la primera vez que un grupo de víctimas, individuales y colectivas se reunían y levantaban la voz exigiendo justicia y acceso a la verdad. Pensamos que su grito de ¡basta! tocaría el alma de las élites económicas y políticas que no se percatan de la crisis social y cultural que está viviendo el país y continúan entregándolo, explotándolo y usufructuándolo en beneficio propio.

Esos seres humanos adoloridos y lastimados profundamente se hacían visibles en un movimiento social con una amplia convocatoria frente al irreparable daño que les había causado el México bárbaro despertado por la codicia de la delincuencia y el crimen y de los poderes de hecho y frente a gobiernos fallidos, capturados, debilitados y crecientemente corruptos.

En la marcha inicial del MPJD que salió de Cuernavaca varias personas y organizaciones acudimos a esperarlos a su llegada al Zócalo, para unirnos a su indignación y respaldar sus exigencias hacia el Estado mexicano. Así, una red de organizaciones civiles denominada Espacio Social de Diálogo Estratégico (ESDE), integrada por organizaciones progresistas,[1] que trabajamos en prevención social de las violencias con infancia, juventudes, mujeres y migrantes,

---

[1] La red estaba formada en ese momento por Católicas por el Derecho a Decidir, Cauce Ciudadano, CIMAC, el Centro Lindavista, Incide Social, A.C., el Instituto de Acción Ciudadana para la Justicia y la Democracia, la Organización Popular Independiente (OPI), Ririki Intervención Social, Sin Fronteras IAP, la RECUPAZ, entre otras organizaciones.

promovemos la cultura de paz y el diálogo, hacemos defensoría de derechos humanos y buscamos incidir en las políticas públicas sociales, decidimos sumarnos al Movimiento.

Además cada uno de los integrantes de la ESDE se fue aproximando de diversas formas al Movimiento. Mi primer acercamiento personal fue al asistir a una reunión en el sur de la ciudad a la que fui invitada. Estaban presentes los que yo suponía eran el liderazgo del Movimiento y quienes habían contribuido a la redacción del primer documento leído en el Zócalo capitalino por Javier Sicilia y que se convirtió en el Pacto Nacional por la Paz. Entre los asistentes que recuerdo se encontraban el propio Javier Sicilia, Emilio Álvarez Icaza, Alberto Athié, Miguel Concha, Rogelio Gómez Hermosillo, María Elena Morera y Mateo Lejarza. Era claro que el propósito de esta reunión era encontrar aliados en líderes de otras organizaciones con diversidad ideológica. Percibía yo un temor de que el MPJD fuera considerado por el Estado un movimiento político de izquierda y que por ello sus demandas y exigencias fueran rechazadas sin consideración, ni diálogo.

Mi temor, por el contario, era que ante la población informada y participativa el Movimiento apareciera con una fuerte presencia de liderazgos católicos, si bien de la Iglesia progresista, pero fundamentalmente representados por hombres. Yo sabía que eso no iba a ser bien recibido por las personas y las organizaciones que tienen un fuerte compromiso con el Estado laico y por las que defienden los derechos de las mujeres. Por ello y por haber conocido y compartido luchas democráticas previas con algunas de las cabezas visibles del Movimiento tomé la decisión de aparecer públicamente con el MPJD en las mesas de prensa principalmente.

El momento más emblemático de ese riesgo que corría el MPJD fue la presentación en Ciudad Juárez de los resultados de las mesas de trabajo de lo que se supondría llevaría al Pacto Nacional por la Paz. El podio colocado en una esquina de la Plaza Juárez estaba lleno de hombres, varios de ellos con sotanas blancas y con la presencia de sólo una mujer. Ese día Miguel Álvarez con otros compañeros de SERAPAZ hicieron lo imposible para que las organizaciones radicales de izquierda de Ciudad Juárez no se apropiaran del posicionamiento fundamental del Movimiento. A pesar de todos sus esfuerzos fueron vencidos por el radicalismo local y Sicilia tuvo que desconocer el documento resultante, que realmente no reflejaba lo conversado en las mesas de trabajo realizadas en la Universidad Autónoma de Ciudad Juárez, las cuales se habían conformado de acuerdo a los seis puntos planteados en el documento original presentado en el Zócalo.[2]

El Movimiento logró evitar ser capturado por posiciones políticas radicales de izquierda y finalmente tampoco fue acompañado, a pesar del esfuerzo de Sicilia, por víctimas que habían logrado destacar en el escenario público y que acostumbraban hacer presencia en las periódicas reuniones sobre seguridad pública convocadas por el presidente Calderón. Fueron SERAPAZ, CENCOS y Servicio Paz y Justicia las organizaciones que realmente le dieron sustento y apoyo al Movimiento. Muchas otras acompañaron y ayudaron a organizar las diversas marchas y caravanas, expresiones más acabadas del MPJD. Eran organizaciones tanto del Distrito Federal como de otras ciudades y varias de ellas pasaron a constituirse en los referentes territoriales del Movimiento, como por ejemplo Laguneros por la Paz en la Laguna; la Organización Popular Independiente y el Centro de Derechos Humanos Paso del Norte en Ciudad Juárez; CADHAC en Monterrey; Mujeres por México, Justicia para Nuestras Hijas, el Centro de Derechos Humanos de las Mujeres y el Barzón de la ciudad de Chihuahua; Propuesta Cívica y EDUCIAC, de San Luis Potosí.

Destaco la participación de diversas organizaciones civiles y comunitarias en el Movimiento porque en su deseo por apoyar a las víctimas aportaron sus capacidades organizativas, su capital moral, su capacidad de convocatoria y sus instalaciones y recursos, lo que permitió que las marchas encontraran acogida a su paso por el territorio nacional y que se pudiera convocar a diversos colectivos, a ciudadanos y a expertos en los temas de preocupación del Movimiento.

Dentro del programa incluido en el documento del Pacto Nacional por la Paz se planteaba que a partir de las seis exigencias se elaborarían una serie de planteamientos y de mandatos a los gobernantes, a los líderes de los partidos políticos y a los factores de poder. Se consideraba que el Pacto implicaba un esfuerzo de unidad y organización de la sociedad civil nacional para tener una voz y acciones con el fin de "parar esta guerra y la violencia social, la corrupción y la impunidad que nos están destruyendo como personas y como nación".

---

[2] Los seis puntos fueron: 1) esclarecer asesinatos y desapariciones y nombrar a las víctimas, 2) poner fin a la estrategia de guerra y asumir un enfoque de seguridad ciudadana, 3) combatir la corrupción y la impunidad, 4) combatir la raíz económica y las ganancias del crimen, 5) la atención de emergencia a la juventud y acciones efectivas de recuperación del tejido social, y 6) democracia participativa.

Con las aportaciones del resto de la sociedad civil se proponía ir especificando con más detalle las acciones correspondientes a cada exigencia. Se invitaba a toda la ciudadanía en las comunidades, barrios, colonias, lugares de trabajo, a aportar a esta discusión y construir espacios de reflexión y acción colectiva nacional permanentes.[3]

Un grupo de las organizaciones civiles integrantes del ESDE decidimos apoyar el trabajo para llegar a las mesas de diálogo con el Poder Ejecutivo y con el Legislativo que dieron inicio en julio y terminaron abruptamente en octubre del 2011. El Poder Judicial Federal, a diferencia de los otros dos poderes, no aceptó sentarse con el Movimiento en el Castillo de Chapultepec, sosteniendo que nunca salía de sus propias sedes.

El sentido de nuestra participación como OSC en las cuatro mesas de diálogo con el Ejecutivo Federal era darle contenido y concreción a las seis exigencias incluidas en el Pacto Nacional. La Secretaría de Gobernación no aceptó abrir una mesa para cada una de esas exigencias, sino establecer sólo cuatro. En la Mesa 1 se dio seguimiento y atención a casos de procuración de justicia planteados por el MPJD; se siguieron varios casos de desaparición con la Procuraduría General de la República. La Mesa 2 trataría el Sistema de Atención a Víctimas que finalmente se concentró en la propuesta de una Ley de Víctimas y de un fondo y un mecanismo institucional para la atención de las mismas. Estas dos mesas respondían a la primera exigencia del Pacto. La Mesa 3 se responsabilizó de la Revisión Integral de la Estrategia Nacional de Seguridad con énfasis en el fortalecimiento del Tejido Social. Se buscaba cambiar el paradigma de seguridad pública policial y militar por el de seguridad ciudadana. En esa mesa se concentró el tratamiento de las exigencias 2, 3, 4 y 5 del Pacto. La Mesa 4, denominada "Mecanismo de participación ciudadana y democratización de los medios de comunicación", dialogó sobre la exigencia 6.

Emilio Álvarez Icaza y Miguel Álvarez eran los interlocutores con la Secretaría de Gobernación a cargo entonces de Francisco Blake Mora y responsable de la relación con el MPJD. Se pidió que condujera la mesa 2 a Raúl Romero, la mesa 3 a Miguel Concha y a mí la mesa 4. Cada mesa tenía un secretario técnico que era integrante de SERAPAZ.

---

[3] Véase el documento del Pacto Nacional en el sitio del MPJD: movimientoporlapaz.mx

Lo primero fue conformar reuniones de trabajo del MPJD para definir las demandas que en cada tema se plantearían en los diálogos. Invitamos a expertos y miembros de otras organizaciones que conocían de los temas. Personalmente convoqué para los trabajos de la Mesa 4 a la Asociación Mexicana sobre el Derecho a la Información (AMEDI) y a varios miembros del Comité Conciudadano para la Observación Electoral (CCOE) y de la Asociación Democrática de Organizaciones Civiles (ADOC) para concretar las propuestas en materia de democracia y participación ciudadana y medios de comunicación.

Hicimos asimismo una mesa de trabajo para dialogar sobre estrategia de medios de comunicación del Movimiento, donde varios conocedores del tema nos hicieron sugerencias importantes. Otro grupo se integró para examinar las propuestas que se llevarían al Poder Judicial de la Federación. Todas las personas convocadas respondían con entusiasmo y otras se acercaban voluntariamente para aportar sus conocimientos.

En la concreción de las seis exigencias del Pacto en acciones de política pública buscamos plantear aquello que era factible de realizarse directamente por las instituciones del Ejecutivo o por el presidente mismo; es decir, que estaba dentro de sus tramos de control y que sólo sería cuestión de voluntad política llevarlas a cabo. Tratamos de evitar darle oportunidad al presidente Calderón de que "bateara" la responsabilidad de las acciones propuestas a otros poderes o niveles de gobierno, pues nos dábamos cuenta que eso venía haciendo con varias cuestiones fundamentales del combate al crimen organizado.

En los diálogos de la Mesa 4 en la Secretaría de Gobernación, donde logramos tener cuatro reuniones en total, la experiencia fue muy desalentadora. En cada reunión cambiaban los funcionarios y por ello en cada una de ellas teníamos que volver a dar una explicación del por qué el tema de democracia y participación ciudadana era importante para el MPJD y por qué ese tema correspondía a la Secretaría de Gobernación. Parecía que nuestra tarea era hacer pedagogía. La ignorancia de los servidores públicos era impactante, con excepción de los responsables de las áreas de gobierno relacionadas con los medios de comunicación.

Las principales demandas de la Mesa 4 se centraron en propuestas para eliminar los obstáculos y encontrar los caminos para cambiar la unidireccionalidad de la comunicación entre gobierno y ciudadanos a través de la publicidad oficial y entre los poderosos dueños de los medios de comunicación y sus clientes con la sociedad. Buscamos democratizar la comunicación y el diálogo social para fortalecernos y crecer como país y sociedad al propiciar la pluralidad y la participación social en la producción, emisión y recepción de información y contenidos. Esto lo veíamos también como una manera de que las políticas y programas del Estado mexicano se fundamentaran en la participación ciudadana plural y diversa, y que respondieran a las preocupaciones y recogieran las propuestas de las personas sujetas a esas políticas y programas.[4] Era pasar de una democracia electoral a una democracia participativa.

La amplitud de los temas incluidos en la Mesa 3 a cargo de Miguel Concha obligó a que las organizaciones del ESDE nos metiéramos a fondo a apoyar su desarrollo. El trabajo al interior del MPJD de esa Mesa resultó muy difícil por la insistencia de jóvenes de la organización de estudiantes rechazados de la educación superior de colocar su agenda como tema central de la mesa. Esta vez eran esos actores los que exigían a cada momento explicaciones sobre las propuestas que se estaban tramitando en la Mesa 3. Prevalecía la desconfianza en una mesa sumamente complicada que requería de personas conocedoras y especializadas en los complejos temas que debía tratar.

A diferencia de los interlocutores del gobierno de la Mesa 4, los de la Mesa 3, encabezados por el secretario ejecutivo del Sistema Nacional de Seguridad Pública, comprendían mejor nuestros planteamientos y funcionaba mejor el diálogo. Había más oficio político y más conocimiento y experiencia de los funcionarios en la temática social vinculada a las violencias y la delincuencia y el número y el nivel de los funcionarios públicos eran buenos. Esto se explicaba también porque varias organizaciones del ESDE veníamos dialogando con algunos de los funcionarios participantes en la Mesa 3 sobre la importancia de impulsar un enfoque y políticas de seguridad ciudadana y de prevención social de las violencias y la delincuencia.

En paralelo con el trabajo de las mesas, a varios integrantes de la Mesa 3 nos tocó participar activamente frente al Congreso y la prensa para detener la aprobación de la Ley de Seguridad Nacional que intentaba legitimar y legalizar la intervención de las fuerzas armadas en materia de seguridad pública. Fue el tema que exigió mayor atención de la Mesa 3 y en el que se logró detener la aprobación de esa Ley. También hubo buenas propuestas para la

---

[4] Ver en la página del MPJD los documentos presentados en el "2do encuentro con el Ejecutivo Federal en el Castillo de Chapultepec".

atención de la población juvenil en riesgo y para la protección del tejido social especialmente de las comunidades indígenas.

Las propuestas que se formularon están contenidas en los documentos de apoyo y en los leídos por los integrantes del Movimiento en el Segundo Encuentro del MPJD con el Ejecutivo federal en el Castillo de Chapultepec que tuvo lugar el 14 de octubre del 2011.

La respuesta a los planteamientos concretos del MPJD se nos entregó un día antes de la reunión y consistía en un listado de las acciones que el gobierno federal ya estaba llevando a cabo y que de alguna forma tenían que ver con algunas de las propuestas del MPJD.

En octubre se tomó la decisión de terminar el diálogo con el Ejecutivo federal. Francisco Blake muere en un accidente aeronáutico el 11 de noviembre de ese año. Las pláticas nunca se reanudaron en los temas de las mesas 3 y 4. Se continuó avanzando con la localización de víctimas con la Procuraduría y en el sistema de atención a víctimas, situación que desde el principio se intuía.

Felipe Calderón nunca tuvo la voluntad real de escuchar y cambiar. Se aferraba siempre a lo que él y su poco competente equipo de trabajo habían decidido. Nunca entendió que él estaba en la Presidencia por la gran movilización ciudadana para abrir los espacios de gobierno a la diversidad y a la pluralidad política del país y que su primera obligación debió haber sido honrar la lucha por la democracia participativa, escuchando, abriéndose al diálogo y a la participación ciudadana y permitiendo el escrutinio de la población sobre su gobierno. Su soberbia y su inseguridad no se lo permitieron y nos metió en una guerra que ha causado miles de víctimas, ha dañado de manera irreparable el tejido social y puesto en riesgo el futuro del país. ❦

Laura Carlsen
El camino andado
Las mujeres en el MPJD: de víctimas a defensoras

Es la última parada de la caravana: Washington, D.C., la capital del país más poderoso del mundo, del país que con sus políticas prohibicionistas y militaristas ha estado detrás de la catastrófica guerra que nos ha llevado hasta aquí. Es la tarde del viernes, el penúltimo día de la caravana, y aún se organizan grupos de víctimas para reunirse con congresistas e intentar hacerlos ver el costo humano de estas políticas. Como novedad, las historias de dolor y las palabras de indignación se meten en los pasillos del poder y entre las maquinaciones legislativas. Algunos las oyen, muchos no, porque no tienen oídos calibrados para esta baja frecuencia de la voz del pueblo.

Este mismo día se convoca, sin más preámbulo, una reunión sobre y para las mujeres del movimiento. A pesar de la premura, el salón de reuniones de un edificio colonial ubicado cerca del DuPont Circle se llena de mujeres del MPJD que llegan como pueden a participar en el único evento dirigido específicamente al tema de género de la caravana. Más de cuarenta mujeres, la mayoría víctimas, otras de organizaciones estadounidenses y algunos hombres se sientan con platitos de galletas y frutas. Empiezan las historias.

Luego de veinticinco ciudades y un mes en el camino, no es la primera vez que las mujeres de la caravana dan su testimonio. Sin embargo, esta reunión tiene características distintas. Está el llanto, que es común en "la caravana del dolor" pero esta vez es un llanto compartido y desinhibido, entre mujeres. Las historias son más largas, más detalladas, con fuertes descripciones de violencia sexual que muchas veces no se hablan en grupos mixtos. En el ambiente se mezclan la angustia y el alivio.

¿Por qué mujeres?

La organización anfitriona, Asociadas por lo Justo (JASS), afirma que abrir estos foros y procesos para mujeres de los movimientos es indispensable, tanto para las mujeres como para los movimientos. Son espacios de confianza y seguridad, en donde se reconoce el estrecho vínculo entre el compromiso político y los sentimientos más personales que motivan a las mujeres víctimas a dedicarse no sólo a su caso, sino al movimiento de muchas personas. Y pueden ser espacios para la capacitación en la medida en que las mujeres vayan asumiendo el papel de defensoras de los derechos humanos, activistas por la paz y dirigentes sociales, en un contexto social profundamente discriminatorio.

Es cierto que en la guerra contra las drogas la mayoría de los homicidios son de hombres, como es común en las guerras. Cuando la PGR mantenía un registro de lo que mal llamaron "homicidios por presunta rivalidad delincuencial",[1] sólo aproximadamente el 8 % fue de mujeres. Aunque hace falta un estudio a fondo, la mayoría de las personas que denuncian y siguen los casos de familiares asesinados o desaparecidos son mujeres –según la base de datos del MPJD, 66 % de los denunciantes son mujeres. Ellas se exponen a graves riesgos, a veces solas; otras han organizado grupos locales y estatales para la búsqueda de sus seres queridos y de la justicia.

Las mujeres en el Movimiento por la Paz enfrentan retos y obstáculos diferentes que sus compañeros del movimiento. En su contacto con las oficinas e instituciones estatales, encuentran discriminación por ser mujeres y una actitud de no tomar en serio sus investigaciones y sus demandas. Sus hijas desaparecidas "se fueron con el novio", las asesinadas "provocaron su propio ataque por su manera de vestir o divertirse": los comentarios comunes de las autoridades muestran el desdén y la indiferencia hacia la vida de la mujer en un mundo donde se presume que vale menos.

Además, las agresiones y las amenazas contra las mujeres que participan también son diferentes. Con frecuencia incluyen amenazas o insultos con connotaciones sexuales. Los agresores, sean del Estado o de las bandas criminales, utilizan amenazas contra sus familias para presionar a las defensoras a que abandonen la lucha, porque saben que muchas mujeres darán su vida en la lucha pero también ponen en primer lugar el bienestar de sus familias. Sin

---

[1] http://www.pgr.gob.mx/prensa/2007/bol12/Ene/b01112.shtml

estructuras de protección que tomen en cuenta la unidad familiar, estas mujeres son particularmente vulnerables.

El Diagnóstico 2012 sobre violencia contra defensoras de derechos humanos en Mesoamérica incluye un registro de agresiones contra defensoras. En segundo lugar están las que defienden el "derecho a una vida libre de violencia", donde están incluidas las mujeres del Movimiento por la Paz contra el feminicidio, la desaparición, el homicidio y otras formas de violencia. El registro representa la punta del iceberg en términos del problema global. De estas agresiones, casi el 40 % tiene un componente de género. La mayor parte de las agresiones en que se sabe quién es el perpetrador viene de las autoridades, ya que el camino hacia la justicia es un campo minado; al pasar por las oficinas de los representantes del Estado los familiares no saben si están hablando con protectores o con criminales.

En diciembre de 2012, la ONU reconoció: "Las familias y las organizaciones de la sociedad civil que trabajan el problema de la desaparición forzada deben ser fortalecidas y apoyadas, así como protegidas de cualquier maltrato, intimidación o represalia".[2] Sin embargo, estas defensoras enfrentan situaciones muy riesgosas en su búsqueda de justicia, con poco apoyo. Varias de las mujeres de la Plataforma de Víctimas han tenido que llevar a cabo investigaciones independientes y enfrentar cara a cara a sus victimarios y a autoridades que con frecuencia son responsables, cómplices o protectores del culpable del crimen.

De víctima a defensora

A pesar de todos estos obstáculos en la organización, y de manera notable en las caravanas, las mujeres se han convertido en voceras elocuentes de la necesidad de terminar con la guerra contra las drogas, ya que se expresan desde el corazón y apelan al corazón. Su empoderamiento como dirigentes fue uno de los logros más trascendentes de la Caravana, y del Movimiento en su conjunto.

En la larga trayectoria por México y los Estados Unidos, se hicieron vínculos instantáneos con otras madres que han sufrido como parte de esta injusta guerra. En México, hacia el norte y el sur, madres, hermanas e hijas se

[2] http://www.ohchr.org/SP/NewsEvents/Pages/DisplayNews.aspx?NewsID=12896 &LangID=S

conocieron y se reconocieron en cada llegada. Las madres de la Caravana a Estados Unidos escucharon los relatos de estadounidenses como Kimberly Armstrong de Baltimore, cuyo hijo de dieciséis años fue muerto a tiros por un adolescente de catorce, en la violencia endémica en torno al tráfico de drogas y armas, o Carole Eady, que tuvo que luchar para superar el estigma y reunirse con sus hijos después de pasar largos años en prisión en la ciudad de Nueva York por un delito relacionado con las drogas. Y se abrazaron.

En una sociedad machista en que no existe un verdadero estado de derecho, se da una doble victimización –por parte de los cárteles de la droga y por parte de autoridades del Estado. Los dos sistemas tienen lógicas profundamente patriarcales. Para enfrentar estos sistemas, las mujeres necesitan espacios propios, para el llanto y para la construcción de liderazgos propios. Espacio para verdades innombrables.

Organizarse en el Movimiento fue toda una hazaña para muchas mujeres, para colectivizar, compartir y trascender el dolor. Una describió su transformación cuando se dio cuenta que pudo ayudar a otros en el Movimiento: "fue lo que me hizo romper el círculo de sentirme víctima, de querer que me abrazaran todo el tiempo –al saber que yo también tenía que abrazar. Empecé a perder el miedo: el miedo a hablar, perder el miedo a las amenazas y no sentirme sola, paralizada por el dolor, por la sangre, por la frialdad del gobierno, por la indiferencia, por la simulación".

El camino por andar

En el interior de nuestro Movimiento hay mucho trabajo por hacer –con amor, con respeto y con plena conciencia de la necesidad de mejorar nuestras estructuras y dinámicas. La discriminación contra la mujer es la norma en nuestra sociedad patriarcal, es la situación que se da como *normal* cuando no estamos actuando para identificarla y cambiarla en cada instante.

Algunas mujeres del Movimiento se quejan de que han sido reclutadas en el último momento para leer públicamente textos escritos por hombres en reuniones cerradas, como si valiera más su presencia testimonial y una aparente equidad de género que su capacidad como pensadoras y estrategas. Se quejan de que pasan a un segundo plano en la prensa al momento de explicar el Movimiento y describir sus demandas sociales y políticas.

Es importante pero no suficiente su presencia en los puestos de dirección del Movimiento. De los nueve coordinadores que se han seleccionado en la Plataforma de Víctimas, tres han sido mujeres. Las mujeres constituyen la mayoría en los grupos de trabajo, en las acciones, en los escenarios y en las reuniones de todos los niveles. Si la cara del MPJD es masculina, su cuerpo es de mujer.

Profundizando, democratizando y capacitando, la participación de las mujeres nos permite avanzar de manera incluyente y más pareja y hace al Movimiento más fuerte y más justo. Las voces de las madres, hermanas, hijas le han dado al Movimiento una fuerza innegable y una autoridad moral inapelable en la lucha contra las políticas y las prácticas que llevaron a la violencia que sigue sin parar en el país. ◆

Dolores González Saravia
Las víctimas como sujeto social

La profunda crisis de inseguridad y violencia que vive México desde hace varios años ha generado una cantidad impensable de víctimas directas e indirectas de la violencia estatal y criminal que por su magnitud y la crueldad que revela, abre uno de los episodios más oscuros de nuestra historia.

Es imposible hablar de una cifra con toda certeza, sin embargo, se tiene registro de más de cien mil homicidios, decenas de miles de personas desaparecidas, y muchas más que han sufrido secuestro, extorsión y desplazamiento. Así, existe ahora un enorme número de viudas, de huérfanos, de familias que han perdido todo su patrimonio y viven en el desarraigo, y otras que cada día afrontan la inimaginable tarea de buscar a sus seres queridos, víctimas de la desaparición forzada o involuntaria de personas.

El camino que han tenido que recorrer estas víctimas ha sido largo y tortuoso, pero también ha sido un proceso de aprendizaje y fortalecimiento para construirse como sujetos históricos de la transformación social.

Durante los primeros años, cuando se hace evidente esta creciente tendencia de muerte y agravios, cuando empezaron a ser inocultables para la sociedad la recurrencia de los enfrentamientos, los numerosos hallazgos de cuerpos humanos en muchas regiones del país, el peregrinar de las familias por la dependencias públicas, la justificación gubernamental consistió en explicar este fenómeno como disputas entre delincuentes, ajustes de cuentas, sugiriendo de alguna manera que por ello era aceptable esta grave escalada de asesinatos y atrocidades en el país.

Para lograr la anuencia política y social ante esta espiral de violencia estatal desproporcionada y de violencia criminal permitida, el Estado nos puso frente al falso dilema entre la seguridad de la población y el respeto a los derechos humanos. A través del miedo y la incertidumbre apeló al conservadurismo de la sociedad para legitimar su estrategia represiva, a la que denominó "guerra contra el narcotráfico" y bajo este concepto construyó, en el imaginario social, la idea de un enemigo interno que debía ser aniquilado a toda costa.

Así, lograron invisibilizar y criminalizar a las víctimas, normalizando una realidad que hubiera sido intolerable desde la percepción pública en cualquier otra circunstancia. De cierto modo validaron esta dinámica de confrontación masiva y letal como si fuera una especie de limpieza social necesaria. Las pocas voces que pedían justicia fueron acalladas o neutralizadas en este escenario que parecía no tener salida.

Un trágico acontecimiento en marzo de 2011 abre un parteaguas en este proceso histórico: el asesinato de Juan Francisco Sicilia, hijo del escritor y poeta Javier Sicilia. La indignación que suscitó este crimen y la inmediata respuesta de amplios sectores sociales generó un importante referente hacia otras víctimas que se aglutinaron de manera espontánea en torno a él, catalizando el descontento social frente a este contexto.

Se inicia entonces la conformación del Movimiento por la Paz que permitiría por primera vez reconocer la verdadera naturaleza del conflicto que alimentaba la violencia y develar el rostro de las víctimas como un enorme universo de personas que en su composición y amplitud reflejaba la diversidad social, logrando por primera vez que la sociedad toda empatizara con el dolor y el clamor de las víctimas. El impacto del Movimiento en esta etapa inicial alcanzó a todos los estratos sociales; su pluralidad y el amplio respaldo social le dieron una voz pública sumamente poderosa para exigir verdad y justicia frente al Estado.

El proceso de construcción de las víctimas como sujetos sociales inicia entonces, con un primer acto, al desmontar el estigma de que quienes habían sido asesinados, desaparecidos, desplazados, extorsionados, y de sus familias. Es decir, las víctimas por el hecho de ser víctimas estaban criminalizadas: se había instalado la percepción de que estaban vinculadas de alguna manera a la delincuencia, quedando aisladas y estigmatizadas en sus propios entornos. El primer logro fue eliminar este estigma.

El siguiente paso fue el testimonio y la denuncia. En el acto del 8 mayo y posteriormente en la Caravana al Norte, tuvo un espacio fundamental la palabra de las víctimas, un espacio para contar su historia, para apelar a la justicia. Se convirtieron en las protagonistas fundamentales de este esfuerzo y como nunca antes su voz logró conmover al país. Fue un doloroso proceso de visibilización y legitimación de las víctimas.

Muchos y muy distintos actores de la sociedad civil se vinculan a este proceso: académicos, intelectuales, organismos civiles, organizaciones sociales, artistas, defensores de derechos humanos, comunicadores y personalidades públicas se adhieren a la causa que exige verdad, justicia, cambio de estrategia de seguridad y democracia.

Se abre una coyuntura que permite potenciar y vincular diversos esfuerzos incipientes para organizar a las víctimas que en algunos estados iniciaban también el camino por la búsqueda de familiares desaparecidos, sobre todo en el norte del país: Fuundec (Fuerzas Unidas por Nuestros Desaparecidos Coahuila), Cadhac (Ciudadanos en Apoyo a los Derechos Humanos, A.C.), además de las organizaciones de Chihuahua y Guerrero con mayor experiencia en esta arena de lucha.

Por otro lado, se da un proceso de reconocimiento e incorporación de las llamadas víctimas colectivas, es decir, las comunidades y organizaciones que defendiendo sus territorios comunitarios fueron blanco de los grupos delincuenciales en muchas ocasiones en un claro engarce con agentes estatales. Algunas expresiones de éstas fueron los casos emblemáticos de las comunidades de Cherán, Ostula, Copala y los defensores de Wirikuta, así como los Campesinos Ecologistas de Petatlán.

Con esta diversidad de actores y procesos, de trayectorias y propuestas, se llega al primer diálogo de Chapultepec con el titular del poder ejecutivo, Felipe Calderón, y su gabinete de seguridad pública. La agenda es el manifiesto del 8 de mayo, con un claro énfasis en las necesidades y los derechos de las víctimas.

En este foro, único en la historia reciente del país, ellas y ellos compartieron su calvario en busca de respuestas ante las instancias del Estado, para encontrarse siempre con una absoluta inacción e incapacidad gubernamental frente a sus demandas. Expresaron su desesperación y las exigencias de esclarecer de manera inmediata los hechos y dar con el paradero de sus familiares desaparecidos.

Las víctimas colectivas señalaron la dimensión estructural de esta problemática, los intereses en juego y los vínculos delincuenciales de los aparatos del Estado.

A este primer diálogo se sucedieron muchos otros espacios de interlocución con distintos temas y subtemas. El Movimiento se convirtió en un vehículo articulador de múltiples agendas vinculadas a una concepción integral de la seguridad humana y la necesaria transformación de las causas que dan origen a las diversas fuentes de violencia en el país, y por tanto abrió una propuesta amplia y compleja que incluye los distintos componentes de una estrategia alternativa de seguridad y reconstrucción del tejido social.

Para las exigencias directas de las víctimas se plantearon dos mesas: una dedicada a elaborar y promover un nuevo marco de derechos y procedimientos que las aproximara realmente al acceso a la justicia y otra para el seguimiento procesal de varios casos hasta su resolución final.

En este periodo convergen en las orientaciones estratégicas otros movimientos de víctimas, particularmente en el eje de personas desparecidas, que desde diferentes perspectivas y experiencias plantean varias necesidades: el acompañamiento psicosocial, la necesidad de construir capacidades de Estado para responder en la dimensión y la profundidad necesarias a esta problemática, particularmente para la investigación y búsqueda de los desaparecidos, así como ganar visibilidad, respaldo nacional e internacional.

Desde mi perspectiva cada uno de estos esfuerzos ha realizado importantes aportes en este sentido. El Movimiento por la Paz con Justicia y Dignidad promovió la Ley General de Víctimas que pretende la implementación de una normatividad y una institucionalidad para el ejercicio y la protección de los derechos de las víctimas; la organización de familiares Fuundec-Fundem (Fuerzas Unidas por Nuestros Desaparecidos en México), en Coahuila y otros estados, ha generado una propuesta basada en fortalecer prioritariamente las capacidades de investigación y búsqueda, en un marco de derechos para facilitar esta estrategia, tipificación penal de la desaparición forzada y la figura de persona desparecida, así como una política integral de atención a los familiares frente a los procesos de acelerado empobrecimiento que viven las familias; Cadhac, en Monterrey, consiguió un esquema de seguimiento de los casos que ha logrado algunos avances significativos; y otros desde sus luchas locales en Michoacán, Guerrero y Veracruz están contribuyendo de alguna manera en esta ruta.

En el desarrollo de estas dinámicas de exigencia y diálogo interno, hay un aprendizaje constante y un proceso de maduración de las víctimas. Sin desvincularse del conjunto de acciones y demandas del Movimiento por la Paz, las víctimas asumieron que desde su propia identidad requerían establecer su propio espacio de deliberación para la atención de su agenda específica, en la llamada Plataforma de Víctimas.

Este reconocimiento se da a partir de una serie de componentes identitarios que se van clarificando a lo largo de estos años: su dolor, las afectaciones emocionales, afectivas, las económicas y materiales; las afectaciones sociales; la búsqueda incansable, que requiere una serie de condiciones específicas políticas e institucionales para lograr resultados. El sentido de urgencia y la prioridad de su reivindicaciones les van llevando a asumir la conducción de su propio proceso organizativo. En el interior de esta plataforma se han vivido momentos difíciles, tensiones y rupturas en torno a qué hacer y cómo hacerlo, pero también momentos de profunda solidaridad y colectividad en el acompañamiento mutuo. Se han fortalecido capacidades, aprendizajes y saberes, lo que ha llevado a que varias de las víctimas se hayan convertido ya en defensores y acompañantes de otras víctimas que se siguen acercando a estos procesos organizativos. Les apoyan para ordenar, documentar la información de sus casos, les acompañan en el laberinto institucional al que tienen que acudir para procesar sus casos. A partir de su propia experiencia, estas víctimas los orientan y les ayudan a definir estrategias para el avance de las investigaciones, para la revisión de los expedientes y la ejecución de las diligencias, etcétera. Todo ello de manera voluntaria, con una generosa transferencia de información y canales que parte de un profundo sentido de afinidad y pertenencia al grupo.

Aun cuando todavía se trata de procesos en construcción constante, se han dotado de formas de coordinación formal, que les permiten tomar decisiones consensuales, decidir sus propias estrategias de organización e interlocución, actuar colectivamente con la conciencia de que en la medida en que logren hacerlo juntos tendrán mejores posibilidades de lograr sus objetivos.

Podemos decir que se está construyendo un sujeto social emergente, conformando su base de legitimación y sus lazos de cohesión, que ha elaborado una agenda específica muy compleja ante la adversidad del contexto y la diversidad de las realidades regionales, una capacidad de presión y exigencia ante la incapacidad y corrupción del Estado para la implementación de los acuerdos operativos y marcos legales, y que ha perfilado y desarrollado ya diversas estrategias para posicionar sus demanda.

Este movimiento está construyendo cada día su proyecto de identidad, agenda y organización propias frente a la difícil tarea de pugnar por la verdad y la justicia y está construyendo vínculos de solidaridad y alianzas para ello.

Hemos sido testigos de este impresionante proceso en un tiempo relativamente corto, en el que quienes fueron puestos ante estos desafíos de manera totalmente imprevista y circunstancial, con un enorme pesar y férrea voluntad han dedicado un esfuerzo mayúsculo a la construcción de sus procesos organizativos y políticos, a fin de construir las condiciones que en el corto y mediano plazo les permitan avanzar efectivamente en la búsqueda de la verdad y la justicia. Para todos ellos mi reconocimiento y mi admiración más profunda. ❧

Emilio Álvarez Icaza
Dios está entre nosotros
construyendo la paz y la esperanza[1]

La idea de emprender las caravanas del MPJD se da en el momento de cierre del sexenio de Felipe Calderón (2006-2012), quien negó visibilidad a la violencia, y cuando el país no reconocía la pérdida de vidas y desaparecidos. Por ello quienes participamos en el Movimiento sostuvimos la discusión de qué formas emplear para hacer frente a la violencia sin perder la dimensión humana. Teníamos alguna idea del costo tan doloroso porque había expresiones aisladas. Lo que hicieron las caravanas fue destapar la violencia. Todo comenzó con la muerte de unos muchachos en Cuernavaca, entre los que se encontraba el hijo de Javier Sicilia. El poeta, desde una espiritualidad cristiana muy profunda y de la no violencia de Gandhi, se había involucrado en las luchas de Cuernavaca y con el movimiento artístico de ese lugar. Con esos elementos hace que surja un grito nacido de lo profundo del dolor, y la consigna "Estamos hasta la madre" encontró eco.

A partir de la idea de las caminatas de Gandhi, se realizó la primera caminata de Cuernavaca a la Ciudad de México. Los caminantes eran víctimas de la violencia, es decir, el propio sujeto. No eran víctimas VIP: eran las personas no escuchadas y pobres. Es interesante que no haya una sola foto de esa caminata al pasar por el Eje Central para llegar al Zócalo de la Ciudad de México a firmar el Pacto Nacional, a pesar de que son muchos kilómetros. Otras manifestaciones siempre tuvieron la perspectiva aérea, pero eran manifestaciones más sobre la seguridad, con un contenido más ideológico, más social, para vincular agendas mediáticas y políticas, pero que no aglutinaban a familiares buscando a sus desaparecidos. Esta marcha fue más el grito de la

[1] Entrevista publicada en el libro *Las caravanas del Movimiento por la Paz con Justicia y Dignidad: itinerarios de una espiritualidad en resistencia*, editado por el Centro de Estudios Ecuménicos, México, 2013.

gente, como si fuera la Primavera de México, y desde entonces tuvo una clara identidad, con un liderazgo como el de Javier, y desde otros ámbitos de bases cristianas, jugaron un papel muy importante comunidades de fe, pastores y religiosas. En todo ello hubo un componente de construcción del Reino porque se le dio un cauce a todo el sentimiento de dolor, permitiéndole al país trabajar un tema de reconciliación.

Las caravanas tuvieron una metodología del encuentro y del abrazarse a fin de tratar de reconocer lo que estaba sucediendo. Si bien algunos teníamos idea, y por ello estábamos haciendo los recorridos, todos quedamos profundamente transformados. La Caravana al Norte fue una iniciación en el dolor; en lo personal yo no he llorado nunca tanto como en aquella experiencia, al escuchar tantos y tantos testimonios tan desgarradores. Creo que todo el país quedó impresionado cuando comenzaron a salir los testimonios, uno tras otro, y no porque los actos fueran masivos, como dicen algunas opiniones equivocadas. Por ejemplo, en Morelia nos recibieron quinientas personas; en Monterrey mil y creo que en Durango fueron más, pero en general las Caravanas no eran eventos multitudinarios, sólo desmesuradamente impactantes en términos del dolor y la fuerza.

La propia Caravana del Norte se fue transformando: de ser la Caravana del Dolor pasó a ser la Caravana del Consuelo y la Esperanza. La gente comenzó a construir una comunidad; incluso los propios periodistas. Yo fui testigo de cómo varios de ellos, hombres y mujeres muy forjados en la batalla de la noticia, se vieron obligados a llorar para procesar todo aquello que estábamos escuchando y viendo; eran momentos desgarradores. Recuerdo a un niño que salió con la foto de su papá, era un militar desaparecido, a esperar a la Caravana, y antes de llegar, se cayó. No olvido a una madre que tiene a cuatro de sus hijos desaparecidos. Con escenas así, se repetían el dolor y la ausencia del Estado. Fue muy fuerte, a veces como para preguntarse: "¿Dónde está Dios?" Y tuvimos la alegría de decirnos: "Está entre nosotros construyendo la paz y la esperanza con la Caravana". A mí me cambió la vida tanto dolor, tanto maltrato, tanta ausencia, tanta respuesta tan diluida.

La Caravana del Norte fue una expresión de solidaridad y de amor muy bella; fue una especie de bálsamo sobre ruedas. Gracias a ella se comenzó a construir una comunidad, a construir el rostro de las víctimas y tuvimos un reto: que la gente se atreviera a hablar y que saliera a las calles. En algún momento cuando escuchaba tanto grito de las madres que tienen a sus hijos desaparecidos, preguntaba, "¿Dios mío, dónde estás?" Y la respuesta llegó en una Caravana: Dios estaba en tanta gente interesada, tan auténticamente cristiana, no tanto por ser cristiana, sino por el amor del uno al otro, a la otra...

Pero también se vivieron riesgos al interior del Movimiento, pues en poco tiempo tuvo un ascenso con tantos intereses y era necesario canalizarlos. A la par que se organizaba, se venían las elecciones; entonces las causas y las luchas fueron un reto para tratar de mantener el horizonte de las víctimas. Fue muy difícil, y un liderazgo como el de Javier y otras víctimas que decían: "el tema no es cuántos votos, sino cuántas víctimas encontramos" hacían un poco más complicada la situación.

Después vino la Caravana al Sur, con otro componente. Quisimos entrar a Guatemala para hacer una ceremonia del perdón, pero no pudimos porque había mucha gente armada en la frontera; ese espacio es el que visibiliza la total ausencia del Estado. En algún momento tuvimos que parar y detenernos en la carretera porque nos avisaron que había personas con armas cerca de nosotros. Fueron diez minutos que pasamos agachados, acostados en los vehículos con la seguridad a nuestro alrededor, entre Villahermosa y Coatzacoalcos. Esos minutos se viven como si fueran una eternidad. Yo le decía a mi esposa Raquel: "A ver si no dejo huérfanos a mis hijos". Al poco tiempo recibí la llamada de un vecino que me dijo que había tres taxis afuera de mi casa; afortunadamente no había nadie, pero yo pensaba que nada tenían que hacer ahí, pues vivo en una cerrada. Esas cosas sí dan miedo porque preocupa a la familia, a los vecinos, a la comunidad; porque se tiene mucha fe y mucho amor en lo que se construye, por eso seguimos caminando. Fue así que hicimos los diálogos con el presidente, con el Congreso y buscamos opciones y respuestas para la gente.

Creo que las caravanas cambiaron el rostro y la conciencia del país. Fueron un espejo del dolor de México porque nos permitieron a todas y a todos ver lo que no queríamos reconocer. Yo siento que desde entonces tengo el corazón fracturado; no doy crédito del dolo que vivimos. ¿Cómo es posible que en Monterrey y Tamaulipas desaparezcan a gente, a hijos e hijas? Yo por eso quise acompañar, porque no puedo ser indiferente a lo que les pasa a mis hermanos y hermanas, y por eso voy a Monterrey cada mes, por eso acompañé a Javier...

El MPJD pronto tuvo una demanda muy grande. En mi caso, al caminar traté de dar una respuesta desde mi fe a esa situación tan dura. Recuerdo mucho el rostro de la gente y su dolor, por eso me involucré, tratando de acompañar a mis amistades para hacer presente el Reino de Dios. A nivel político logramos algunas cosas, entre ellas la Ley General de Víctimas, cosas inauditas para tan poco tiempo. Lo triste de todo fue que la gente no aparece. Luchamos y luchamos; nos reunimos diez veces con el procurador de Monterrey y no aparecen los desaparecidos. Entonces lo que se hace es poco para el tamaño de la tragedia humanitaria que hay; se tiene que seguir luchando.

Hoy día hay un proceso de transformación, de enseñanza valiosa en la construcción de comunidad a partir de las caravanas porque surgieron esperanzas diversas como Iglesias por la Paz y los pastores. Es decir, se dio paso a una posibilidad de esperanza en medio del dolor. Hubo otros momentos difíciles cuando se acercaron otros movimientos que traían su propio proceso, como Ostula en Michoacán, la muerte de Don Nepomuceno o la desaparición de los campesinos ecologistas en Guerrero. Éstos eran movimientos que tenían su propio contexto y por eso llegó el momento en que tuvimos que repensar las cosas para no agudizar la situación.

En todo ello lo importante fue la espiritualidad: los mensajes de Javier, los diálogos que tuvimos para enviar el mensaje de que no queríamos más violencia; buscamos lo más humano en términos del amor, por eso poca gente entendió los besos de Javier. Los besos eran un rechazo al acto, pero un perdón a lo humano. Javier es un líder que no quiere ser líder, no es político; Javier es un poeta que describe la realidad. Él no capitaliza para sí, no está buscando el próximo puesto o el "hueso" como se dice en nuestra cultura. Cuando le criticaban decía: "Yo dejaría todo esto si me regresaran a mi hijo; yo sólo quiero a mi esposa, a mi hija, a mi hijo". México todavía no responde como debería hacerlo.

Gracias a las caravanas fue posible sentar al presidente, al poder, a los medios, al Congreso; todo ello es una enseñanza profunda que va para largo. Yo no puedo ver la vida igual después de esas experiencias dolorosas y esperanzadoras a la vez. Desde mi experiencia de vida, las caravanas fueron una vivencia del Evangelio pues conocí desde cerca el terror y la miseria humana, pero a la vez el amor y la entrega. Eso creo que es el gran aporte de las Caravanas: la construcción de la esperanza.

Una de las experiencias que ahora tendría que tener el MPJD, sobre todo los familiares de víctimas y desaparecidos, sería conocer y compartir casos similares, por ejemplo de Colombia o Centroamérica. México tiene que ver más a otros que vivieron procesos similares. A veces los familiares se desesperan, pero es posible vivir el intercambio lo mismo que avanzar en la exigibilidad de justicia y el cumplimiento de la Ley. La fuerza del MPJD no está en que llenó plazas: sólo fue una vez en el Zócalo de la Ciudad de México; la fortaleza del Movimiento está en la ética.

Después del primer diálogo con el Ejecutivo, un amigo me dijo: "Mira, Emilio, si los más jodidos se levantaron, las víctimas se echaron a caminar, eso es una gran lección para todo México". Y así muchas personas expresaron lo mismo: "Si las víctimas salieron, entonces el país tiene horizonte". Algunos me decían cuando estuvimos en los diálogos con Calderón: "¿Por qué no te sentaste a la mesa?" "No", les dije yo, "para mí estar sentado en esa mesa es porque tenía que ser víctima. Gracias a Dios yo no era, y no me gustaría serlo." Entonces mucha gente entendió el mensaje que nos estaba mandando el Movimiento; un mensaje lleno de símbolos, no sólo racionales. La política mexicana no está acostumbrada a ello; tiene sólo códigos de poder, y el Movimiento ha logrado trascender esos códigos. ✤

Daniel Giménez Cacho
… cada minuto se sucede una nueva

Mac Duff: *¿Sigue Escocia como estaba?*
Ross: *¡Ah, pobre país! ¡No merece llamarse nuestra patria, sino nuestra tumba! Donde nadie sonríe, sino el que nada sabe, donde los lamentos, los aullidos, los gemidos que desgarran el aire pasan inadvertidos. Los dolores más violentos son tenidos por emociones vulgares, la campana de difuntos toca sin que se pregunten por quién.*
Mac Duff: *¿Y cuál es la desgracia más reciente?*
Ross: *La que data de una hora es tan vieja que provoca rechiflas para quien la relata, cada minuto se sucede una nueva.*

La tragedia de Macbeth, de William Shakespeare

Estos diálogos de Shakespeare, escritos hace ya casi quinientos años, nos obligan a preguntarnos si como seres humanos y como sociedad avanzamos, empeoramos o seguimos igual. En la tragedia de Macbeth su muerte pone fin al sufrimiento del pueblo pero nada nos asegura que esa paz sea duradera porque la ambición humana siempre estará al acecho y la traición siempre puede estar escondida en el corazón de cualquiera. La obra empieza con el asesinato de un rey y termina con la muerte de otro y eso se parece más a una espiral sin fin que a una solución del conflicto.

En marzo del 2011 es asesinado Juan Francisco Sicilia Ortega, cinco amigos y una mujer desligada: Jaime Gabriel Alejos Cadena, Luis Antonio y Julio Cesar Romero Jaime, Álvaro Jaime Aguilar, Jesús Chávez Vázquez y María del Socorro Estrada Hernández. Antes y después de estos asesinatos, los cadáveres y los desaparecidos son noticia diaria; hoy la tragedia continúa. Al inicio de aquella primavera, Javier Sicilia decide marchar a la Ciudad de México y romper el silencio. Lo acompañan muchos que sufren igual que él esta desgracia. Decide, con el dolor de un padre al que le matan a un hijo, romper el silencio. Silencio con el que el gobierno quiere ocultar la tragedia. Silencio con el que el gobierno de Calderón intenta esconder el fracaso de su guerra contra el narcotráfico. Silencio que se quiere imponer a los muertos para seguir sometiendo a los vivos. Esta acción de Javier es la que constituye un verdadero avance del espíritu humano. Esta acción para crear un movimiento nos dio y nos da la oportunidad de volvernos realmente humanos. Estos tres años del movimiento son el esfuerzo organizado para interrumpir la espiral de violencia: son tres años del MPJD que nos demuestran que sí podemos ser mejores seres humanos.

En las oficinas de Serapaz se organiza un encuentro del recién creado MPJD con artistas. Ahí acudo con muchos otros colegas y ahí inicia para mí un camino de aprendizaje muy importante. Empezamos a escuchar los testimonios de madres, padres, hijos y hermanos de asesinados o desaparecidos. Nos bautizamos en el dolor de los otros y cambiamos. Empezamos a compartir la impotencia y el sufrimiento de los que buscan justicia, de los que buscan a sus familiares desaparecidos. Comprobamos cómo el sistema de justicia amenaza, encubre, intimida, y permite que sigan siendo asesinados los que buscan a sus desaparecidos. Alarmados, nos dimos a la tarea de ayudar a visibilizar la tragedia y, en colaboración con el Movimiento, hicimos una campaña de difusión con personalidades que se colocaban en los zapatos de las víctimas. Quisimos compartir con la sociedad una idea sencilla: ponte por un momento "en los zapatos del otro". Trata de imaginarte lo que es que te maten a un hijo o que desaparezca tu hermano. Nos pusimos a trabajar y creamos el colectivo El Grito más Fuerte. Hicimos amigos en el Movimiento y luego nos asesinaron a algunos. Y al escuchar los testimonios de las víctimas, comprendimos que el problema es muy grande y nos rebasa: un sistema de gobierno y justicia carcomido por la corrupción, cómplice con el crimen organizado y del narcotráfico... Aprendimos muchas cosas y también comprendimos que ante la magnitud del problema podíamos hacer algo relativamente sencillo: aportar consuelo, solidarizarnos... simplemente. Para nosotros fue la chispa para organizarnos y aunque no nos convertimos en activistas de tiempo completo, nos dimos a la tarea de ir sumando más compañeros para defender nuestro derecho a ser escuchados. En nuestro pequeño colectivo hicimos a un lado las ocupaciones diarias y respondimos al llamado del dolor y su consuelo. En esos meses fuimos reconfortados con la respuesta de muchos que nos ayudaron en la tarea y sentimos profundamente la belleza que produce realizar una acción hacia los otros. También tocamos varias puertas que no se abrieron entonces y que hoy siguen cerradas. Puertas de palacios modernos donde vive la indiferencia y se acumula el dinero.

Aprendí sobre el dolor y el sufrimiento. Para muchos mexicanos arrinconados y rebasados por la tristeza, el llamado que hizo Javier fue la diferencia entre la resignación y la acción. La diferencia entre la destrucción y la esperanza en la lucha. Pude ver cómo el llamado de Javier significó para muchas víctimas el inicio de un camino para convertirse en defensores de derechos humanos. Conocí a gente extraordinaria y bien organizada que aportó su experiencia de lucha: Emilio Álvarez Icaza, Miguel Álvarez, Pietro Ameglio y muchos otros.

El grito "Estamos hasta la madre" del Movimiento, fue contundente y significa muchas cosas, pero hay una esencial: el grito por la vida, el grito de amor por la vida. Este movimiento ha puesto siempre el acento en la recuperación de aquello que la violencia nos arrebata, de aquello que nos hace humanos: el amor al otro. Gritar "Estamos hasta la madre" fue gritar por la defensa de la vida y elevarse por encima del dolor que pretende esclavizarnos, es gritar para recuperar la grandeza del espíritu humano. Se necesita valor para gritar "Estamos hasta la madre". El valor de los que creen y luchan por un futuro donde puedan cosecharse los frutos del amor humano. A la sociedad mexicana le impactó el hecho de que, tras el asesinato de su hijo, un poeta se pusiera a besar a cuanto ser humano se cruzaba en su camino. A mí también. Ese modo de besar que tiene Javier también fue una enseñanza que me hizo reflexionar. La mayoría queremos que nuestro país cambie, que sea mas justo, que se acabe la violencia; pero eso tomará tiempo y sin embargo amar a nuestros semejantes es un primer paso efectivo. Eso lo aprendí con el MPJD.

El contacto con la violencia y la muerte nos transforma pero el rumbo de estas transformaciones depende de nuestra cultura y sentido de lo humano. Aquí el MPJD refrendó otra enseñanza: la violencia sólo genera más violencia, la muerte más muerte. Por eso, el MPJD nos propuso transformar esta tragedia en una oportunidad de transformación social. Estableció mesas de diálogo, propuso leyes y defiende el estado de derecho y la democracia como los únicos caminos viables para la convivencia armónica y pacífica.

En ese punto estamos hoy, ésta es la gran batalla del MPJD y la nuestra. Pero el gran obstáculo es que la lucha por el poder ha convertido al Estado en nuestro adversario y que para sostenerse intenta negar la realidad, conservar su impunidad, invisibilizar a las víctimas, ocultar nuestro dolor y esconder sus nexos con el crimen organizado. Nuestra supuesta democracia es demagógica porque no hemos avanzado en la participación ciudadana. Los partidos cierran el paso al avance de la democracia directa, nuestro presidente se niega al diálogo ciudadano y nuestros representantes, nuestros jueces, nuestra policía sólo están queriendo salvarse a sí mismos.

Los ciudadanos que se organizan en el MPJD también están queriendo salvarse porque la muerte y el horror se adueñaron de las calles y campos, pero ellos no están pensando en salvarse sólo a sí mismos. Los miembros del MPJD no están pensando en un penthouse en Nueva York, están pensando en un país para todos.

El "Estamos hasta la madre" del MPJD es contra la corrupción extrema de nuestras instituciones, contra la falta de democracia y contra las prioridades del modelo económico que nos tiene en la ruta del exterminio, el desprecio por la vida y la pérdida de la dignidad humana. El grito del MPJD es la evidencia de que como sociedad estamos fracasando, pues para demasiados jóvenes es más atractivo ser sicario que campesino, universitario o músico.

Si el tamaño de esta lucha puede determinar el tamaño del MPJD, entonces se trata de un movimiento enorme. Un movimiento que sin dejar de caminar se ha transformado y profundizado. Un referente importante que avanza con otros grupos de la sociedad civil organizada. Este movimiento, como otros tantos, es la oportunidad consistentemente ignorada que tiene el gobierno de trabajar con los ciudadanos por un proyecto de país para todos. Este movimiento es la voz de miles que, como la mayoría de los mexicanos, luchan por poner fin a la pesadilla que vivimos y sueñan con un país habitable. Un país en el que al menos se empezaran a dar los primeros pasos que nos permitan tener un mejor futuro. Un país en el que no seamos asesinados y se respete a las víctimas. Un país con paz, con justicia y con dignidad. Mi respeto a todos los que forman este movimiento. Sigamos avanzando. ❧

Jorge González de León
Un poeta en resistencia
Donde la lectura del dolor trasciende al alfabeto

*¿Por qué deberíamos honrar al hombre que entra
al campo de batalla, cuando un hombre muestra igual
arrojo y valor al entrar al abismo de sí mismo?*
W. B. Yeats

*Un hombre debería enorgullecerse de sufrir; todo
sufrimiento es un recordatorio de nuestra alta condición.*
Novalis

I

De los muchos andares del Movimiento, pero particularmente del de las víctimas y los activistas, hemos aprendido que el mundo del dolor contiene muchas lecturas y que limitarse a la racional o a la literal, lo empobrece y lo despoja de su verdadera complejidad y riqueza. Aprendimos de los códigos de las sensaciones (los sentidos en toda su vastedad); de los significativos y cargados códigos de las emociones, y de los códigos mediáticos que los noticiarios y periódicos que pretenden "dar" las noticias deben ser leídos entre-líneas y que entre el evento y su noticia se desfigura el contenido, por el trabajado método de la "forma", en un país donde, elementalmente, todavía se cree que algo es verdad porque alguien lo dijo en una televisora.

En el extremo de los eventos y las acciones no televisadas, la lectura fiel reside en los dolores que verdaderamente provocan. Hay dolores de una variedad inaudita que se expresan de infinidad de maneras: el grito, el sollozo y el balbuceo, el gemido, el silencio. Las palabras ininteligibles y las claridades que se muestran en una frase corta o en un gesto asumido desde el horror o el abismo adquieren, apenas si me atrevo a decirlo, una luminosidad que trasciende al mundo en su condición de normalidad y lo hacen aparecer más real, más terriblemente real. Esta escritura hecha de dolor tiene el poder de despertar, no necesariamente a lo mejor, a veces, incluso a lo peor, pero despertar al fin: la implacable operación de convertir al orden aparente y epidérmico en un caos profundo, pero por lo mismo, tangible, penosamente real. Ahí reside el poder de mostrar el dolor. Revela un mundo, sin duda, menos artificial, mucho menos inhumano menos cómodo, sin duda, pero menos vacío. Sin embargo, cuando la expresión se multiplica y se hace colectiva converge en que el todo es mucho más grande que la suma de sus partes y trasciende lo cuantitativo para volverse cualitativo. Porque las piezas comienzan a caer en su lugar y a adquirir un orden incómodo, pero radicalmente necesario. ¿Incómodo para quién? En primer lugar para las víctimas, por supuesto; sin embargo, incómodo también para el resto de la sociedad; incómodo para los activistas ("éste es el único movimiento que no debiera existir"), incómodo para los transeúntes, observadores de paso y los hedonistas, pero infinitamente más incómodo para los que festejan esta condición de cosas del mundo, lo que tantos se empeñan en escribir con mayúsculas, el Estado, las élites, los concientes o inconcientes beneficiarios de que las cosas estén como están.

II

El andar

La actividad que el Movimiento por la Paz con Justicia y Dignidad generó lo rebasó de entrada, por todos los flancos. Horizontalmente se vio insuficiente y terminó embriagado por los "éxitos y logros" del comienzo, dirigiendo sus energías al exterior a expensas de un casi total descuido de los procesos internos; terminó privilegiando lo visible y aparente, a costa de sacrificar lo no aparente, lo interior, lo sagrado, que era lo único que podría haber robustecido al Movimiento mismo, porque lo único imprescindible, es lo interior. Y vino el éxodo.

Hay por lo menos una treintena de subgrupos paridos por la eficacia de visibilizar el dolor –el dolor a secas y sin ideología– y la ineficacia de atender directamente el problema. Por supuesto, se confundió a los medios con los fines. No se entendió que el Movimiento no trabaja para los medios, sino que los medios, si quieren tener sentido, trabajan para "los movimientos" de la sociedad. De todos los grupos que se escindieron del Movimiento, hay una docena que siguen floreciendo y por lo menos ocho que no están en el Distrito Federal. A la fecha, el MPJD es el único movimiento que tiene una verdadera Agenda Nacional, luego de que el EZLN se replegó, fingiendo, sanamente, que se trataba de un movimiento regional, como si no supiéramos que los caracoles son una estructura profundamente humana y global, un arquetipo universal y una íntegra apuesta al futuro.

"Yo es otro" (o mejor, "Yo es el otro") decía Rimbaud; la otredad, quizá el mejor "hallazgo" paceano (casi nunca original), resiste el tiempo de una manera casi viral... Y la única otredad válida aquí se da en la acción del otro, por supuesto, pero sobre todo en la acción amorosa con el otro

III

Los liderazgos

> *El amor tiene tres enemigos principales:*
> *la indiferencia que lo mata lentamente,*
> *la indecisión que no lo deja avanzar*
> *y la desilusión que lo elimina de una vez.*
>
> @nochedeletras

> *A leader is best when people barely know he exists;*
> *of a good leader, who talks little, when his work is done*
> *his aim fulfilled, they will say, "We did this ourselves."*
>
> Tao Te King

Complejo como es el asunto de los liderazgos, en el Movimiento se fue de un traspié al otro. El verdadero liderazgo tiene que ver, claro está, con el amor y con nada más. De por sí chocante como palabra, el liderazgo suena a ambiciones de poder, política, manipulación, provecho personal y un largo etcétera. No es fortuito que los discursos del neoliberalismo estén llenos de apologías del liderazgo ni que sus élites llamen a cursos cuyo contenido de dizque automejoramiento está basado en este ambiguo concepto. Hay otras acepciones más nobles, aunque no debiera llamarse en ese caso liderazgo, que están basadas en el ejemplo de la acción, la ética o si se quiere la moral. Desgraciada y lamentablemente, en muchos casos en el Movimiento se ha confundido el liderazgo con el protagonismo. El caso de Javier Sicilia me parece emblemático de un liderazgo basado en el ejemplo y de un caminar modesto, pero profundamente sincero. ¿Qué es el poeta como activista (aunque sería más divertido el activista como poeta)? Se ha intentado definir al arte como la calidad contra la cantidad. Pero incluso la publicidad tiene que recurrir al arte (y concretamente a la poesía) para adquirir sentido, para dizque dar un meta-sentido a la barra de jabón o al cacahuate enchilado...

No es fortuito que el Movimiento esté altamente cargado de talento. La mera convocatoria de un poeta movió a actores y bailarinas, a narradoras y cronistas, historiadores, músicos y pintores, artistas callejeros, payasos y *performanceros*, escultores, artistas conceptuales y mimos... (además de poetas), todos de una enorme variedad de estratos sociales y con una altura y dignidad de contenidos que nunca se había visto en México; y causó un cierto tipo de música. ¿Por qué? La primera respuesta que me surge tiene que ver con el compromiso hacia la palabra y su consecuente congruencia, desde el centro de los actos. Mientras que la política (no la ideal) a la que estamos acostumbrados es la del lenguaje que oculta, disimula o desfigura el mundo, la palabra del Movimiento es acto, pues visibiliza, revela, descubre... (*actos son amores y no buenas razones*); no busca convencer, busca tocar.

IV

Las víctimas

> *La víctima que ha logrado articular la situación de la víctima ha dejado de serlo y se ha convertido en una amenaza.*
>
> James Baldwin

Jamás se me ocurrió relacionar la condición de víctima con la poesía. Ni en los casos más dramáticos de poetas y escritores, pude relacionar poesía y victimidad: por los efectos sanadores de la poesía y la música, acaso; porque relaciono (¿una debilidad personal?) más a la poesía con el gozo, las bendiciones y los buenos augurios, quizá; porque, en mí, poesía es antónimo de dolor y oscuridad, puede ser; porque, por el otro lado las tragedias personales, históricas, de personajes literarios y escritores me parecen lejanas, muy lejanas a la poesía. No importa cuántos Raskolnikovs, no importa cuántos Horacios Quiroga, ni cuántos Cervantes, ni cuántos Rimbauds, Verlaines, Ceccos Angholieri o Jorges Cuesta; para redefinir la tradición del rompimiento, sino es que sólo qué esperan de nosotros. Ni uno se ha acercado a la poesía en el estricto sentido estético redentor en el que yo, ingenua y modestamente, imaginaba. Pero por encima de todo esto, un juego, un sueño, una memoria no podían encadenar la poesía al dolor, a la oscuridad... No importaban los Novalis, los Sabines o los Vallejos: me parecía profundamente inmoral ligar la poesía a la condición de víctima, a la condición del dolor (o del placer, para el caso). Inocentemente, creía que podía exorcizar el problema dándole un carácter cualitativo, hasta el momento en que se prefiguró en mi vida la cantidad en la forma de la desmesura y el horror. Curiosamente me llegó a la mente o al ojo de la mente, o al corazón, la imagen del Único que no sufrió: Sidharta Gautama, a pesar de que lo que lo despierta es el dolor, la vejez, la enfermedad y la muerte.

En el movimiento, alarmantemente vacío de autocrítica, no se han ensayado los diferentes y posibles significados de la palabra "víctima". En otros movimientos se ha intentado sustituir la palabra por otras: "afectados" (que suena demasiado leve), "marginados del derecho", "desplazados" (en el sentido ciudadano o del estado de derecho) o la que me parece más exacta: "dolientes". La verdad es que se trata de personas arrojadas a la marginalidad humana, defenestradas de las condiciones mínimas de vida. Comoquiera que sea, a pesar de malentendidos en algunas víctimas, serlo, lejos de ser un privilegio, es una inmensa desgracia, pero sobre todo, una tragedia.

V

El entrenamiento

Decidimos algunos en colectivo estudiar lo que estábamos transitando y, por supuesto, buscamos ayuda en los expertos; pero casi siempre nuestras iniciativas no eran bendecidas por la buena fortuna. Entrenamos a ciento ocho personas en una introducción mínima a lo que es, o pudiera ser, la lucha no violenta. Nos entrenaron Pietro Ameglio, Al Giordano y Martha Molina, a treinta y tantos por vez. Por supuesto, en un movimiento inundado por el pasmo, hipnotizado por la verdad y el horror que arrojaban los índices de violencia, en un país que intentaba distanciarse del dolor, perdón, del amor, organizábanos actos. Y, por supuesto, no hubo organización; esa palabra que tan lejana está de la palabra organismo está igualmente lejos del individuo. Organizarse, siempre, en el movimiento, estuvo casi prohibido... en el fondo somos anarquistas y ahí la organización huele a rata.

De ahí nace la "Brigada Nepomuceno Moreno", "Piedra en el Zapato" y, finalmente, "La Roca en el Zapato". Logramos hechos notables: forzamos a la representación de Nuevo León, con unos cuantos activistas, a reconocer a los grupos locales de la entidad; visibilizamos por primera vez el caso Patishtán y, luego, logramos liberarlo; logramos incomodar a la representación de Michoacán, para el pleno reconocimiento de Cherán y participamos en la Caravana a Michoacán. De ahí los dichos y máximas de ser activista: "no hay acción pequeña, cuando viene del corazón" (una extension budista); "lo único que no se vale es no hacer nada"; "todos contamos"... y toda la parafernalia del rock: "*All you need is love*".

VI

Interludio

> *El hecho estético es la inminencia de una revelación.*
>
> Jorge Luis Borges

> *Se ha llegado a una especie de consenso en cuanto a que hay experiencia estética cuando se nos dice un mensaje de un modo diferente a la publicidad o al discurso político, moral o religioso.*
>
> García Canclini

> *Da un beso en los labios, quien da una buena respuesta*
>
> Proverbios

La unidad es plural y su número es el tres.

Luis Quinranilla, "Pupús"

Hay juramentos entre los activistas del Movimiento: secretean poesía; se mueren de risa porque saben que el humor es lo que más aligera la carga y el dolor y porque saben que Javier Sicilia sabe del humor; artistas notables, como Gerardo Gómez o el Topo II de Cuernavaca o Yayo, un payaso estructural, o Laura Linares y Jorge o la misma Fátima y Miriam, actriz talentosa, les cargan las maletas a las víctimas cada vez que pueden o que se ofrece; organizan actos de ingenio que sueñan alcanzar un nivel simbólico; planean sobre estrategia, economía de elementos, participantes; comen bien, duermen lo necesario, pero sobre todo sueñan… entienden y escuchan a las víctimas, son ellos mismos víctimas sin reclamo, pero en el reclamo innecesario ubican dimensiones que sobre todo los trascienden, "son únicos, valiosos e irrepetibles"; "observan, deciden y actúan"; "pican, lican y califican"; "sacan, revolotean y atacan", y entienden, como el Buda, como nadie, que "no hay acto pequeño"…, diseñan, economizan, calculan… pero sobre todo, ejecutan.

VII

El amor

En las tormentas de la tarde, en las tormentas de las noches, surgen las voces de los muertos para todos, o casi todos; y replican el día y la noche, no son de paja, ni de ciruela, son de carne y hueso, son hermanos y hermanas, chiquitas y grandotes, son la humedad que permite el crecimiento del mundo; son, nada más, pero nada menos. Aborrecemos a los estatólatras y a los que confunden hincarse con empinarse: no hay más soberanía que el Pueblo, el verdadero gobierno emana de abajo. Eso es consenso, nada más… pero nada menos

La verdadera fuerza del Movimiento está en la paradoja del desconocimiento; es saber que hay otro, y que el otro soy siempre yo, y ahí es donde se resuelven los problemas, los poemas y el resto de la canción, que siempre es colectiva.

VII

La Gracia

> *La vida y la muerte están en poder de la lengua;*
> *del uso que de ella hagas, tal será el fruto.*
>
> Proverbios

Se ha dicho que "los artistas son los depositarios del dolor de la especie". Es justo decirlo, sin duda, porque los artistas son los necios que se empeñan en afirmar que sentir es importante, en una sociedad que a su vez se empeña en validar el saber muy por encima del sentir, y que ha creado esta barbarie moderna, disfrazada de civilización, enferma de "saber", pero de un saber divorciado del sentir. Sin embargo, la frase es una verdad a medias: ni son los únicos en sentir ese dolor, ni el dolor es el único sentir, afortunadamente; y aunque en nuestro país el dolor se encuentre desbordado, como si fuera una suerte de catástrofe natural, una plaga, un destino, sabemos que la violencia tiene nombres y apellidos. Para los que hemos tenido el privilegio de servir y apoyar a las víctimas de la guerra contra el crimen organizado, y que terminamos formando parte del "cuerpo del dolor", es decir, víctimas también, la retribución ha sido dura pero extremadamente valiosa. Hemos aprendido de ellas lecciones que calan hasta lo más hondo de la condición humana. En su libro *Tú eres eso* (editorial Emecé), Joseph Campbell cita, en la primera página del libro, a Schopenhauer en su ensayo *Sobre los fundamentos de la moral*: "¿Cómo es posible que un sufrimiento que no sufro yo, ni me concierne, me afecte inmediatamente como si fuera mío, y con tal fuerza que me lleva a la acción?" Y agrega Campbell: "Esto es algo realmente misterioso, algo para lo cual la razón no puede dar explicación, y para lo que no puede hallarse fundamento en la experiencia práctica. No es algo desconocido ni siquiera para el egoísta más duro de corazón." Luego da algunos ejemplos de actos heroicos gratuitos e impensados, casi instintivos (bomberos, bajo riesgo personal, salvando a un niño, personas poniendo el cuerpo como escudo para salvaguardar la integridad de un desconocido). Campbell regresa a Schopenhauer y ensaya una respuesta a su propia pregunta: "Tú eres eso", tomada del sánscrito *Tat tvam asi*. Para Schopenhauer es la emergencia de una revelación metafísica expresada en ese epigrama: "Tú eres eso"; la posibilidad de identificarse con algo distinto de uno mismo, de trascenderse a uno mismo, la percepción del otro, no como un extraño indiferente, sino como una persona "en la cual sufro, a pesar del hecho de que su piel no envuelve mis nervios".

De las víctimas del Movimiento hemos aprendido lecciones hondas, fundamentales: entereza, el valor de la palabra, la capacidad para convertir el dolor en amor y el amor en fuerza, pero un amor basado en la gratuidad desinteresada y en reconocerse en el otro, determinación para caminar juntos y no cejar hasta que el horror termine. Hemos decidido caminar en los zapatos del otro, y por ello optamos por acompañar a las víctimas en su lucha por la paz con justicia y dignidad. Ahora, a sabiendas, postulamos que no hay paz sin justicia, ni justicia sin verdad.

Pero cuando las víctimas hablan, primero se hace un profundo silencio y luego sus voces se escuchan como el sonido del trueno y del monzón a veces como una brisa que se hace vendaval y luego tormenta, como el sonido del mar cuando se encabrita. Y el lenguaje adquiere un significado radicalmente diferente. Y aparece la dimensión de lo trágico, en el sentido griego, e irrumpe la carga de lo mítico. Con horror sagrado escuchamos historias que fracturan el orden natural. La muerte de un joven, aparte de la tragedia personal, siempre es una rotura del orden cósmico, la suspensión de una estirpe, la aparición de un mundo alrevesado, invertido, monstruoso, inexplicable, descoyuntado, profundamente infeliz... Y adquiere otro sentido el lenguaje porque es puro aullido que viene de sabe dónde y la prestidigitación de palabras verdaderas o falsas no tiene cabida, porque es un puro lamento que se funda en una verdad irremediable: el dolor.

No está lejano todo esto de ciertas concepciones poéticas (y en general, artísticas) donde el bardo se concibe como un conducto de voces que lo trascienden, que lo colocan más allá de sí mismo, que lo convierten en la voz de la tribu. Y no es necesariamente que los otros no las sientan, sino que simple y sencillamente no las expresan. Para decirlo más claramente: los artistas cavan en lo profundo para encontrar las consonancias que los hermanan con el sentir de la especie. Y no necesariamente es un privilegio, ni un poder: muchas veces se trata de una inevitabilidad. Paul Valéry, cuando le preguntaban por qué escribía, socarronamente respondía "Por debilidad". Así, en medio de la desgracia, resulta una fortuna la aparición de un movimiento con voz, con la voz de un poeta.

Finalmente, hemos aprendido que más que parar una guerra, lo que intentamos ahora es la construcción de una paz; el país no pide menos. Y para construir la paz hay muchas herramientas, pero todas se fundan en saber lo que se siente y sentir lo que se sabe. Hay el trabajo modesto de cada día; hay la búsqueda de la verdad como ciencia, como servicio a los demás, como recuperación de las memorias para entender un poco mejor lo que somos, como el amor a la pareja, a los hijos y a los demás; hay el arte como herramienta de sanación y de identidad... Pero como dice un anónimo hindú: "Dios me respeta cuando trabajo, pero me ama cuando canto". 🕊

Pietro Ameglio Patella

¿Cómo construir la paz y reflexionar sobre ella en medio de la guerra en México?

El estado del poder en México es la guerra

Partir de la construcción de un buen "principio de realidad" es la mejor arma –en cualquier sentido– para iniciar una lucha y/o reflexión, por ello queremos caracterizar desde el inicio al orden social mexicano actual dentro de la conceptualización de "la guerra", algo ampliamente encubierto desde el poder y los medios con una imagen muchas veces simplista acerca de "la violencia". Por eso nos parece fundamental empezar esta reflexión desde este principio de realidad, con el fin de comprender mejor el espacio social, en qué piso se insertan las luchas no violentas de los familiares de víctimas y la sociedad civil solidaria en México del 2011 al 2013, en particular del Movimiento por la Paz con Justicia y Dignidad (MPJD), en una de las experiencias y movilizaciones de masas más grandes que han existido en el país y en América Latina en los últimos años.

Así, para cualquier análisis, no se debe olvidar que México es un territorio atravesado por "acciones de guerra" en todas sus partes, aunque no con la misma intensidad y forma en cada región. Esta guerra, en una muy breve descripción, podemos decir que tiene al menos tres características centrales en sus aspectos más violentos: es civil (toca en forma transversal a todos los sectores de la población en los enfrentamientos armados, en lo económico y lo social); es de "exterminio masivo" y de "exterminio selectivo". Estas formas de exterminio masivo alcanzan en los últimos años desde el 2007, según cifras de organizaciones no gubernamentales, más de 102 mil muertos, 32 mil desaparecidos según organizaciones de víctimas, y cientos de miles de desplazados, cifras que han sido comparadas –por Amnistía Internacional entre otros– con la guerra en Bosnia, Irak, Ruanda y con las dictaduras sudamericanas de la década de 1970.

Hoy día sabemos también, sobre todo gracias a los numerosos movimientos de familiares de víctimas de esta guerra, en lo que fue también un gran logro del MPJD, que la inmensa mayoría de las víctimas no tenían ninguna relación con el delito organizado y eran miembros honrados de la sociedad civil como cualquiera de nosotr@s, cuyas vidas fueron atravesadas por una coyuntura territorial y social de enorme inhumanidad. Las movilizaciones e investigaciones personales –valientes y heroicas– de los movimientos de víctimas y del MPJD, y las denuncias públicas masivas lograron visibilizar la dignidad de sus familiares y la falsedad de la imagen oficial de que se trataba de "una guerra contra el narco", cuando en realidad se trata de una guerra intercapitalista trasnacional por el monopolio de una nueva mercancía ilegal, así como de al menos otros veintitrés delitos, por el control de los cuerpos y recursos materiales y naturales en los territorios del país. En esta guerra, como en todas, hay bandos, y en cada bando hay representantes del delito organizado, del aparato de poder estatal en todos sus niveles, de fuerzas con armas legales y no, de empresarios y de porciones de la sociedad civil directa o indirectamente involucradas.

Finalmente, como parte de la caracterización de este proceso de guerra que nos atraviesa, el "exterminio selectivo", siempre presente en la historia mexicana, se ha incrementado últimamente en forma notable, con un nivel de impunidad total. En el estado de Guerrero, por ejemplo, en los últimos tres meses del 2013 habían sido asesinados casi veinte líderes sociales en forma totalmente impune, y como parte de ese mismo proceso en ese estado el 26 y 27 de septiembre de 2014 –en una "acción genocida"– fueron desaparecidos brutalmente –hasta hoy–, por policías y delincuentes, con la complicidad y la omisión de funcionarios públicos de todos los niveles de poder, 43 estudiantes normalistas rurales de Ayotzinapa, en Iguala. Se abrió así la interrogante: ¿el "exterminio selectivo", del que los estudiantes normalistas siempre han sido víctimas por su radicalismo justiciero de izquierda, podría convertirse en un "exterminio masivo" si se activan cierto tipo de decisiones genocidas?

La reserva y la frontera moral en México

¿Cómo ha enfrentado y resistido la sociedad civil mexicana en esta guerra? Una importante "arma no violenta" y de cualquier otro tipo de lucha social de masas es la llamada "reserva moral". En la historia de la mayoría de los pueblos del mundo, en contados momentos de excepcional inhumanidad, una porción muy importante de la sociedad se ha manifestado públicamente –de diferentes maneras– clamando por un "¡Alto a la inhumanidad!": una especie de delimitación de una "frontera moral" que –como conjunto social– no se está dispuesto a atravesar, una expresión de indignación moral y rebelión ética. En estas masas indignadas hay personas de identidades muy diferentes, y hasta contrapuestas, pero ante esa coyuntura tan violenta se unen por metas y valores superiores, incluso a veces para salvaguardar su propia existencia material. Estas acciones aparecen pocas veces en la historia, se realizan en excepcionales momentos de peligro de la vida y la moral de una nación y sus individuos, pero cuando lo hacen tienen un carácter decisivo en el proceso social que impugnan.

En las últimas décadas de México, hemos visto aparecer en la calle esta masiva reserva moral en especiales ocasiones: con el trabajo voluntario ante la ineficiencia gubernamental frente a los sismos del 85; en la multitudinaria concentración del Zócalo que pidió el "Alto a la guerra" y el fin de los bombardeos gubernamentales a los zapatistas el 12 de enero del 94; en el repudio a la masacre de Acteal (22 de diciembre del 97); en las gigantescas marchas contra el desafuero de López Obrador y el fraude electoral del 2006; en las igualmente enormes marchas de Oaxaca para demandar la destitución del gobernador Ulises Ruiz… Así, a partir de re-construir esta autonomía inicial de parte de la sociedad frente al gobierno y la co-operación (individual y colectiva), se pudo avanzar en un proceso hacia la realización de un principio central de la no violencia y la humanización de la especie: "debemos ser capaces de sensibilizarnos ante cualquier acto de inhumanidad y tratar de que la desobediencia debida sea la respuesta de todo nuestro pueblo: una moral de la autonomía se forja cuando se comprende, y se aprende, que hay que desobedecer toda orden de inhumanidad".

En esta etapa reciente de la historia de México, los hechos sociales de guerra más brutales, por desgracia, han sobreabundado: masacre de 49 niñ@s de la Guardería ABC en Hermosillo (Sonora) el 5 de junio de 2010; masacre de 16 jóvenes en Villas de Salvárcar (Ciudad Juárez, Chihuahua) el 31 de enero de 2010; masacre de 72 migrantes en San Fernando (Tamaulipas) el 22 de agosto de 2010; masacre de 52 personas en el Casino Royale (Monterrey, Nuevo León) el 26 de agosto de 2011. Considero por varias razones estos hechos que menciono brevemente como de "excepcional inhumanidad", por lo que constituyen una parte delimitante extrema de esa frontera moral de una sociedad que mencionábamos antes, y se trata, por tanto, del tipo de hechos que "no se pueden dejar pasar y normalizar" sin masivas expresiones públicas en la calle, de repudio ciudadano y exigencia de "¡Justicia inmediata!", que continúan en seguida con otras acciones no violentas de mayor intensidad. En ninguno de estos hechos la reserva moral mexicana amplia salió con suficiente determinación, intensidad de acción y cantidad de gente a la calle para expresar su exigencia de "¡Ya basta!", o sea, de que hasta que no haya verdad, justicia y reparación "No nos vamos a mover de aquí" (ésta es la "firmeza permanente" de la no violencia). Se dejó así avanzar más en su grado de inhumanidad la frontera moral nacional, y las consecuencias –en cuanto al incremento de la impunidad y la espiral de la guerra– de ese "silencio social masivo" o de la falta de determinación de lucha no violenta proporcional a tan alta violencia se empezaron a padecer cada vez más hasta hoy.

Por otro lado, la reserva moral no es sólo una cuestión de cantidad de gente y masas, pues existen cuerpos que concentran –por su identidad social (obispos o jerarquías de todas las iglesias, rectores, intelectuales y artistas, líderes políticos, campesinos-obreros…)– más "fuerza social" que otros, y ésos son precisamente los que también pensamos han estado (casi) ausentes –con sus cuerpos por delante en acciones no violentas más radicales– en manifestaciones públicas claras ante tamañas inhumanidades, para convocar a la sociedad civil a acciones directas, para "protegerla" y hacer una crítica y una presión fuertes hacia el poder y las fuerzas de la violencia. Al hablar de acciones no nos referimos al plano declarativo-mediático, o de política y función institucional, sino a otros grados de acciones no violentas que guardaran una relación de escala semejante a las de la violencia. Ya no basta con ser críticos del orden social o de ciertas autoridades en foros, homilías o mesas redondas, o con hacer denuncias mediáticas o jurídicas, sino que es necesario comprometerse con el propio cuerpo –"meter el cuerpo con una temporalidad indeterminada"– a ayudar a cambiar el proceso constituyente de la violencia, a desprocesar la cultura inhumana y sus principales actores.

Cuatro gritos masivos de indignación nacional

Por otra parte, desde 2011 se han vivido en México cuatro "gritos" masivos de indignación moral cuyo eco se prolongó en procesos de lucha social, profundamente conectados con el grito indígena maya zapatista del 1° de enero de

1994 del "¡Ya Basta!", que es realmente el inicio de esta nueva etapa de resistencia civil mexicana y mundial.

El Primer Grito empezó el 28 de marzo del 2011, con el "Estamos hasta la madre" lanzado por el poeta Javier Sicilia, ante el brutal asesinato de su hijo Juan Francisco y otras seis personas en Cuernavaca (Morelos). Fue inmediatamente seguido por un número muy grande de víctimas individuales en todo México y de sociedad civil solidaria, quienes luego construyeron un gran movimiento nacional de víctimas que constituyó en mayo de ese año el MPJD. Con base en una serie inicial de grandes movilizaciones sociales en todo el país se logró: visibilizar el horror y la magnitud de la guerra en el país; dignificar a las víctimas en su identidad social e historia particular, organizarlas y consolarlas, convertirlas en sujetos sociales de derechos humanos, paz, verdad y justicia; romper la normalización de lo inhumano y el terror de este modelo de "paz armada", mostrándolo como agravante de la violencia, como un gran negocio y que tiene como parte directa asociada al delito organizado a porciones del gobierno en todos sus niveles, a empresarios y a sectores de la sociedad civil; cuestionar de fondo el modelo económico capitalista neoliberal que nos imponen como gran reproductor de la pobreza y el desamparo en todos los sectores sociales, especialmente de los niños y jóvenes.

En mayo del 2012, el Segundo Grito dado por los jóvenes –también masivo pero relacionado más con la política, los medios de comunicación y la democracia– lo dio el movimiento #YoSoy132, que aparte de ser un gran estallido con deseos de democracia, de participación de los jóvenes y de oponerse a la manipulación de un proceso electoral, fue también una forma no violenta de "dar la cara", de enfrentar al poder, mirarlo a los ojos y decirle "Estamos hasta la madre de su manipulación y ya basta de imponer presidentes y formas corruptas de hacer política".

En febrero de 2013 se registró un Tercer Grito –más regional–: el de las autodefensas comunitarias michoacanas, víctimas comunitarias –sobre todo de clase media y pauperizadas– de esta guerra: el doctor José Manuel Mireles, líder histórico de este movimiento en Tepalcatepec (Michoacán), exclamaba que llega un momento en que hay que decir "¡Ya no!" Se llegó a esta afirmación porque un sector de la sociedad rural-urbana aprendió con su propio dolor que en esta coyuntura mexicana no se había avanzado mucho por el camino de presionar no violenta y simbólicamente a la autoridad y esperar a que cambie y actúe para detener la guerra, y ante el aumento brutal en el nivel de inhumanidad y agresión violenta a sus familias decidieron asumir en forma directa –con mucha valentía, dignidad y autonomía respecto del gobierno en todos sus niveles– su propia autodefensa comunitaria armada. Se dieron cuenta de que para vivir humanamente en su territorio debían instalar un poder paralelo, en cuanto a su propia seguridad en su territorialidad, "sin pedir permiso". Las autodefensas comunitarias entendieron que en México no se trataba de un "Estado fallido", o de un Estado que hacía la "guerra al narco" como proclamaba el gobierno, sino de un "Estado delictivo" y profundamente involucrado en la guerra de bandas por controlar una mercancía ilegal, los territorios y los cuerpos. Esta determinación de asumir una "autodefensa armada" como último recurso para detener la "mano asesina" e impune del contubernio delito-gobierno, como una "determinación de fuerza moral", desesperación y dignidad, nos abre muchas interrogantes acerca del estado en que aún se encuentra la lucha no violenta para enfrentar procesos de elevado ataque directo armado en medio de la total impunidad y aterrorizamiento social; es también un cuestionamiento acerca del real estadio actual de la especie humana frente a la violencia.

Finalmente, en septiembre del 2014, ante la acción genocida del gobierno y la delincuencia en Iguala contra 43 estudiantes normalistas rurales, grandes masas nacionales e internacionales volvieron a llenar las calles del país con el Cuarto Grito Nacional de Indignación Masiva bajo la consigna de "Fue el Estado". Incluso ocurrió que parte de la sociedad elevó, en una indispensable búsqueda de mayor radicalidad y proporcionalidad de las acciones no violentas respecto a las de la violencia, el nivel de las acciones directas hacia la no cooperación (paros, dualidad de poderes municipales...) y la desobediencia civil, pero por poco tiempo. Hoy día el grito de "Fue el Estado" ya no es suficiente pues sirve, en parte, para mantener la impunidad, ya que es como decir que no fue nadie en particular y, en cambio, es fundamental dar nombres concretos de esa complicidad que existió, exigir verdad, justicia y reparación a las víctimas, y sobre todo "que aparezcan los 43".

Las formas noviolentas de lucha del MPJD

Un actor determinante para tratar de "parar la guerra", y sus inhumanos efectos directos e indirectos, han sido los familiares de víctimas individuales que pasaron, de un gran dolor, encierro y terror, a ser actores sociales públicos con gran valor y dignidad: son leones luchando como pueden por buscar la verdad, los cuerpos y la justicia. Otro efecto positivo de este proceso de construcción de defensores de derechos humanos y constructores de paz en que se han convertido hoy muchas de las víctimas en el país –y que fue desencadenado en parte por el MPJD– es que se multiplicaron y empoderaron las organizaciones de familiares de víctimas en todos los estados, y otras organizaciones ya existentes han crecido mucho en su lucha ejemplar, de modo que su número en la actualidad llega a más de cincuenta.

Los pueblos y comunidades de víctimas colectivas, con su resistencia "civil y pacífica" contra el despojo de sus territorios, cultura y riquezas, han sido el otro actor fundamental de la resistencia civil no violenta en el país, con una enorme radicalidad y valentía en sus acciones, a pesar del alto costo humano. Algunos de estos pueblos como Cherán, los wixárikas, el Consejo de Pueblos de Morelos… se integraron desde el inicio al MPJD.

Primera etapa: ofensiva estratégica no violenta

Pasemos ahora a explorar con un poco de mayor descripción y análisis el proceso de lucha social no violenta del MPJD en sus primeros dos años. Podemos así señalar que la primera etapa de fuerte movilización inició con varias grandes marchas nacionales (paralelas en muchas ciudades) donde se comenzó a visibilizar la magnitud de las víctimas de la falsamente llamada por el presidente Felipe Calderón "guerra al narco", la dignidad e identidad social de la mayoría de las víctimas que no estaban involucradas en el delito organizado como afirmaba la autoridad y la fuerza moral de ellas bajo el liderazgo humano y mediático de Javier Sicilia, la necesidad de organizarse entre las víctimas y denunciar al gobierno por no apoyarlas, la urgencia de cambiar la política de paz armada y militarización de la seguridad pública. Posteriormente, se desarrolló una Caminata del Silencio (arma no violenta material y moral) de víctimas y sociedad civil, durante cuatro días desde Cuernavaca al DF, que culminó con una multitudinaria marcha (8 de mayo de 2011) donde la población rompió su miedo y aterrorizamiento y salió masivamente a la calle. Por tres horas en el Zócalo de la capital del país se escucharon setenta y dos testimonios de familiares de víctimas de todos los rincones de México y el anuncio de un Pacto Nacional Contra la Guerra y por la Paz. En el discurso de Javier Sicilia quizá se planteó la acción del MPJD más radical y de consecuencias más reales para la justicia y el fin de la guerra: en medio de una gran fuerza social en la calle y de una gran capacidad de presión política, se pidió la "renuncia de Genaro García Luna", jefe de la Seguridad Pública nacional y fuertemente señalado por todos los sectores –incluso del gobierno de Estados Unidos– como directamente ligado al delito organizado. Fue el momento de mayor "acumulación de fuerza moral y material" del movimiento, y de mayor "debilidad" del gobierno frente a él, por el gran apoyo de la sociedad y medios nacionales e internacionales; la acción apuntaba directo al corazón del contubernio delito-gobierno, origen y causa central de esta guerra. Al otro día, sin embargo, el movimiento corrigió y matizó esa demanda, que efectivamente entrañaba alto riesgo para las vidas de todos. De todos modos, ése fue un momento de gran importancia en esta lucha no violenta pues, como diría Gandhi, "se desnudó la verdad" ante el país de esta guerra, con su inmensa carga de dolor e impunidad; se tuvo también un gran eco en toda la prensa nacional e internacional, lo que resultó fundamental como arma no violenta para presionar al poder.

Las semanas siguientes se dedicaron a la construcción de un movimiento social nacional (el MPJD) centrado en las víctimas de la guerra; se comenzaron a tejer redes también con las "víctimas comunitarias" de esta guerra de exterminio y despojo, los pueblos indios y campesinos; comenzó también a formalizarse un complejo y nada fácil proceso de organización y articulación entre individuos, grupos, ONGs, movimientos nacionales de muy diversas identidades, ideologías y experiencias de lucha, unidos por el "Alto a la guerra" y "Que aparezcan los desaparecidos"; empezó asimismo a construirse la Red Global para la Paz.

En paralelo, se fue también construyendo una gran movilización y un "estado de agitación" a través de medio territorio nacional, de la capital hacia el norte (la zona más desolada y desprotegida contra el crimen organizado). La Caravana del Consuelo –del DF a Ciudad Juárez (2 a 10 de junio)–, permitió hacer visibles para la nación y el mundo los testimonios -sobre todo individuales– de las víctimas, con lo que fue quedando en gran evidencia la enorme complicidad oficial en este proceso de guerra y la ausencia de una política real de verdad y justicia. Otro objetivo, que concluyó con un resultado negativo (por muy diversas y complejas razones que involucran a todas las partes en conflicto), fue que la sociedad civil, en sus muchas identidades, firmara masivamente el 10 de junio –en forma por demás precipitada– un Pacto Nacional por la Paz, que tuvo un contenido muy amplio y con algunas demandas incluso hasta antagónicas entre sí, sin "principio de realidad" consensuado, porque el texto se construyó apresuradamente a partir de unas mesas de trabajo que se tuvieron en la mañana del mismo día, lo que creó fracturas y enconos en la organización del naciente del MPJD. Este hecho debilitó mucho el proceso organizativo posterior del movimiento y la confianza entre muchos actores, algo fundamental para la construcción de la estrategia no violenta.

Sobre la Caravana, valdría la pena reflexionar acerca de una de las múltiples acciones que se realizaron, en esa experiencia que constituyó una forma de "interposición no violenta de cuerpos en medio de un territorio en guerra". El 6 de junio se realizó en Monterrey un acto nocturno muy emotivo de testimonios de víctimas, y ya se venía reflexionando colectivamente más a fondo acerca de cómo utilizar, con más presión no violenta hacia la autoridad, la fuerza moral y material que la caravana estaba construyendo –como bola de nieve– en las diferentes etapas del camino, y en no sólo concentrar su acción en el acto final en Ciudad Juárez. Así, se decidió hacer una marcha de toda la caravana desde la plaza de los testimonios hasta la Procuraduría de Nuevo León, muy tarde en la noche casi sin nadie en la calle, y emplazar al procurador a resolver urgentemente los casos de desaparecidos de ese estado que venían en la caravana y los que habían testimoniado en el templete. A esta acción no violenta –de una pequeña masa en un espacio abierto– se le agregaba la variable de la fuerza moral de las víctimas, de la hora, de la interpelación firme a la máxima autoridad para que acudiera a media noche, y el lugar: el espacio central del poder frente al delito.

Para reforzar esta acción, se utilizó otra herramienta central de la lucha no violenta: la firmeza permanente, o sea: no nos retiraríamos de ese espacio sin una solución satisfactoria inmediata, a la hora o día que fuera. Esta "determinación moral y material" fue fundamental para que la autoridad tuviera que aceptar las condiciones del MPJD y la consecuente "exposición pública-mediática" a que fue sometida. El movimiento organizó, por unas horas, una "sentada" (sit-in) afuera de la Procuraduría ante las advertencias atónitas de la población aterrada de Monterrey que no podía creer que hubiera una acción ciudadana a esa hora allí. De una manera que no fácilmente se aprecia en el proceso de construir cuerpos para la lucha, esas horas empoderaron, radicalizaron y unieron mucho a los miembros del movimiento (hubo silencios, oraciones y música, diálogos y reflexiones), los dignificaron, porque ése es un efecto preciso de "luchar", y los entusiasmaron. Además se esbozó un "camino estratégico de acción"; fue un pequeño laboratorio de cómo confrontar al poder para obtener justicia. En la madrugada salió la comisión del movimiento que participó en la negociación con la autoridad a informar que se había logrado el objetivo de que en un mes regresaríamos a constatar los avances reales en esos casos de desaparición. Otro elemento estratégico importante de esta acción fue que se logró la articulación entre el movimiento y una ONG local (CADHAC: Ciudadanos en Apoyo a los Derechos Humanos), que era uno de los grandes objetivos de la organización ante la imposibilidad para el MPJD de tener presencia propia en todo el país, para dar seguimiento a los casos planteados a la Procuraduría.

Con la Caravana del Consuelo, me parece, concluyó esta primera etapa de grandes movilizaciones nacionales –e internacionales– para detener la guerra, donde una "ofensiva estratégica no violenta" desempeñó un papel central. Se activó así positivamente esa reserva moral mexicana hacia el terreno de la lucha social en la calle y existió la denuncia clara de la complicidad entre el crimen organizado, las fuerzas del Estado y los sectores económicos; se comenzó a construir una importante herramienta de la no violencia que es la "fuerza moral" (principalmente de Javier Sicilia y los familiares de las víctimas) que desencadenó a su vez la "fuerza material"; se visibilizó la magnitud de la guerra en el país con la cifra de al menos 40 mil muertos y 10 mil desaparecidos, así como la dignidad de esas víctimas y sus familias que nada tenían que ver con el delito; se desaterrorizó por momentos a parte de la población y se posibilitó su unión e un inicio de organización; se puso en cuestión el modelo de seguridad pública militarizada, causante central de la espiral de violencia e impunidad; se cuestionó el modelo económico neoliberal como raíz de la pobreza y el desamparo que llevan al delito. La sociedad mexicana empezó a tomar conciencia de que caminaba sobre un gran piso de sangre o "una tumba" como dicen hoy los familiares de los 43 desaparecidos en Iguala.

Segunda etapa: diálogo y negociación con los poderes políticos

La segunda etapa del MPJD, desde el ángulo de la lucha social, se caracterizó por el énfasis en el diálogo, en la dimensión política y de justicia, para cristalizar toda esa movilización ciudadana y fuerza moral en logros concretos sobre los temas centrales de la lucha contra la guerra y por la aparición de los desaparecidos. Hubo así tres encuentros públicos: dos con el Ejecutivo y uno con el Legislativo (28 de julio de 2011), y cuatro mesas de trabajo con representantes del Ejecutivo acerca de los temas centrales a resolver: justicia, "seguridad ciudadana", violencia en el tejido social y medidas económicas sobre todo para los jóvenes. Esta etapa inició con un hecho inédito en el país (23 de junio de 2011): el presidente Calderón, su esposa y parte de su gabinete, en cadena televisiva nacional, se sentaron a escuchar a un número importante de familiares de víctimas de todo el país, que presentaron sus testimonios y demandas con enorme claridad, fuerza y dignidad. Además de la parte emotiva, que fue muy importante para las víctimas y la población nacional, se acordó tener mesas de trabajo entre las autoridades, las víctimas y miembros del MPJD en los meses siguientes, lo que duró hasta el segundo encuentro con el presidente.

En paralelo, actores sociales importantes en la dinámica de construcción del movimiento además de realizar continuamente acciones de protestas simbólicas se fueron organizando más (medios independientes, artistas, jóvenes, intelectuales, iglesias, movimientos sociales, ONGs…) y buscaron ampliar el espectro de las alianzas y la solidaridad nacional e internacional. Se realizaron así pequeñas caravanas y visitas solidarias a comunidades indígenas acosadas por la violencia de todo tipo, como Cherán, Ostula, Wirikuta, Acteal, San Cristóbal de Las Casas… En cuanto a las alianzas con organizaciones que articulaban a los familiares de las víctimas, destacan particularmente los lazos y el aprendizaje con las Fuerzas Unidas por Nuestros Desaparecidos en Coahuila (FUNDEC, hoy FUNDEM) y con las Casas del Migrante, encabezadas por el padre Alejandro Solalinde. La visibilización pública de casos de víctimas hizo también necesario iniciar la construcción de una base de datos y sistematización del trabajo con los casos registrados en las caravanas y acciones de los voluntarios del movimiento, así como procurar apoyo psicosocial para los familiares.

En septiembre (9 a 19), se organizó y realizó también una segunda caravana, la Caravana al Sur, que llegó incluso a Guatemala para resaltar la lucha de los migrantes, con el objetivo central de articularnos, escuchar y visibilizar a otro tipo de víctimas –estas centenarias– de la guerra en México: las comunidades indígenas y campesinas, que resisten ejemplarmente a la expropiación de sus territorios y a la violencia, a partir de sus organizaciones comunitarias. Pensábamos también que en este último aspecto había muchísimo que aprender acerca de la construcción social y comunitaria de otros modelos de seguridad y reeducación. Entre los múltiples encuentros con organizaciones que hubo en este caminar por el sur, destacó el que se dio en Oventic, por invitación de la Junta de Buen Gobierno del EZLN, en otro gesto solidario del zapatismo con las víctimas del movimiento.

Esta segunda etapa de la lucha, concluyó el 14 de octubre con el Segundo Diálogo Público de los familiares de las víctimas con el Ejecutivo, donde los miembros del movimiento que habían encabezado las mesas de trabajo –en los dos meses anteriores– declararon el fracaso de ese trabajo conjunto, ante los logros casi nulos: de 31 casos de violencia presentados sólo se avanzó en la resolución de uno (el del hijo de Javier Sicilia y seis personas más) y sin que hubiera hasta ese día sentenciados ni se hubiera apresado a todos los responsables; el modelo de "paz armada" o "seguridad militarizada" permanecía intacto y, por el contrario, se potenciaría. Pocos días antes del Diálogo, el gobierno –en un intento de legitimación y simulación– creó apresuradamente una Procuraduría de Atención a Víctimas del Delito (ProVíctima), instancia que atendería casos individuales de violencia, pero sin presupuesto ni personal.

De este segundo Diálogo en el Castillo de Chapultepec destacó el momento en que algunos familiares de víctimas que acompañaban al movimiento, saliéndose por suerte del protocolo, se pararon frente al presidente para entregarle y explicarle brevemente su expediente de agravios y violencia; destacaron don Nepomuceno Moreno, padre ejemplar de Hermosillo que luchaba por recuperar a su hijo desaparecido, y la autoridad wixárika Julio de la Cruz que defendía su sitio sagrado de Wirikuta contra una minera canadiense. El presidente les prometió protección y revisar esos casos. Poco más de un mes después, el 28 de noviembre, don Nepo fue asesinado brutalmente al mediodía en pleno centro de Hermosillo.

Una semana antes del diálogo con el presidente Calderón, el 6 de octubre, fue asesinado en su casa Pedro Leyva, autoridad nahua de Santa María de Ostula (Michoacán), quien iba a estar sentado frente al presidente como integrante de las mesas de trabajo. Dos meses después, el 6 de diciembre, en la misma comunidad autónoma nahua de Ostula fue asesinado brutalmente, por la delincuencia organizada, otra importante autoridad y líder social ejemplar, don Trinidad de la Cruz, cuando era acompañado por una pequeña misión de 12 personas del MPJD, invitadas por la comunidad para participar como observadores en una consulta comunitaria para poner fin al conflicto de despojo de tierras que enfrentaban. Ahí se pudo constatar cómo en México, frente al nivel de violencia, contubernio delito-gobierno e impunidad existente, ya no era suficiente la fuerza moral y material de una acción de paz desde la "interposición no violenta de cuerpos".

Esa misma noche del 6 de diciembre del 2011 fue desaparecida en Guerrero, poco después de atravesar un retén militar junto a su compañero

Marcial Bautista, Eva Alarcón, otra muy valiosa luchadora social del MPJD y de la Organización de Campesinos Ecologistas de la Sierra de Petatlán y de Coyuca de Catalán (OCESPC) que enfrentaba a los talamontes y el tráfico de droga.

Hasta hoy no hay ninguna justicia en esos asesinatos directos, ni han aparecido Eva y Marcial.

A raíz del golpe, en todos los sentidos, que recibieron esas familias y organizaciones de activistas sociales y el MPJD, y ante la impunidad total de esa violencia, se replantearon las estrategias de acción no violenta y de seguridad interna. Se decidió así potenciar un instrumento de la acción directa no violenta que habían sido las "acciones-espejo", realizadas para reforzar mesas de trabajo de familiares de las víctimas con autoridades en los estados donde estaban desaparecidos sus hijos, acciones que consistían en una combinación de protestas simbólicas y exigencia pública a las autoridades, en los edificios de las representaciones de los poderes estatales en el DF; así se creó la Brigada Don Nepo.

Tercera etapa: la imposibilidad de una organización nacional, la Ley Nacional de Víctimas y la multiplicación de organizaciones de víctimas

Inició así en 2012 una nueva etapa del MPJD que tuvo como uno de sus objetivos –además de seguir avanzando en el tema del alto a la guerra y de lograr la aparición de los desaparecidos– pasar de las movilizaciones a ser un movimiento más organizado, de características nacionales y binacionales, articulado con grupos locales y regionales afines y con los pueblos indígenas, donde se agruparan los familiares de víctimas, se escucharan todas las voces y las decisiones estratégicas y organizativas se asumieran lo más horizontal y colectivamente. Se realizó un importante Encuentro Nacional del movimiento en Cuernavaca, con invitados de la Red Global, los días 21 y 22 de abril de 2012, seguido de otro Encuentro Nacional de familiares de víctimas. El diálogo y la participación abundaron, acuerdos hubo muchos, pero su cumplimiento y la forma de organización interna y con los aliados en las acciones, en la comunicación y la toma de decisiones no pudieron realizarse en los meses siguientes, lo que aumentó la falta de claridad en su posición política y de relación frente al poder y los conflictos internos y polémicas dentro del movimiento. Por otra parte, empezaron a ser observables fracturas, enfrentamientos sobre estrategias y tácticas, conflictos de liderazgo entre los familiares de las víctimas del MPJD, lo que sería el germen de un fuerte debilitamiento, en todos sentidos, del movimiento a futuro.

En esos primeros meses del 2012, algunas acciones siempre simbólicas, interesantes –en el campo de la cultura y el arte–, que mostraban por dónde caminar en la lucha no violenta fueron la campaña mediática lanzada por un grupo de actores solidarios organizados bajo el nombre de El Grito Más Fuerte –parte de esa reserva moral necesaria en la lucha– denominada "En los zapatos del otro", donde se buscaba que la población tomara conciencia de la necesidad de involucrarse en el dolor de tantos seres humanos similares en su identidad social, injusta y brutalmente violentados en su propio país, y también de que la violencia extrema padecida por unos le podía suceder a cualquiera. Igualmente se potenció la construcción de una red nacional de "Bordadores por la paz", que permitía a la gente reflexionar colectivamente, bordar juntas historias de víctimas, para visibilizarlas y denunciar al gobierno. De este modo una considerable porción de la reserva moral mexicana se activaba simbólicamente –al menos– y seguía confrontando públicamente la inhumanidad que padecíamos, se organizaba y rompía el aterrorizamiento social.

En mayo del 2012 se realizó también un encuentro público mediático de los familiares de víctimas con los candidatos presidenciales, pues iba a haber elecciones en julio de ese año, con el fin de fijar compromisos de justicia para el próximo gobierno. Con el objetivo de llevar la lucha también fuera de las fronteras del país, donde estaban muchas de las causas de la violencia de nuestra guerra (consumo de drogas, tráfico de armas, lavado de dinero, ataques a migrantes…) se realizó una Caravana Binacional a Estados Unidos. Duró del 12 de agosto al 12 de septiembre de 2012, con más de 80 organizaciones de Estados Unidos involucradas en la organización de actos diarios de testimonio de víctimas de la "guerra contra las drogas", las políticas migratorias de México y EU, y el despojo trasnacional de los recursos naturales; recorrió del oeste al este, y del sur al norte del país, iniciando en san Diego y terminando en Washington. Hubo en esta Caravana acciones no violentas simbólicas emblemáticas y mediáticas, encabezadas por Javier Sicilia y las víctimas individuales y colectivas que viajaron.

El 18 de enero de 2013 se cumplió uno de los mayores objetivos de lucha de las víctimas del MPJD y de su líder Javier Sicilia: fue aprobada la Ley General de Víctimas, después de muchos meses de acciones políticas y no violentas de presión de todo tipo, la cual según opiniones de especialistas es una de las más avanzadas del mundo. Prevé un Sistema y un Registro Nacional de Víctimas, un Fondo de Ayuda, Asistencia y Reparación a Víctimas, y muchos aspectos positivos más. Se creó también, tiempo después, la Comisión Ejecutiva de Atención a Víctimas (CEAV), cuyos miembros (7) fueron designados por el poder político, con excepción de uno, en una clara demostración de la poca fuerza que ya tenían el MPJD, las ONGs aliadas y las organizaciones de víctimas en ese momento. Hasta hoy la operación real de la Ley –sin un Reglamento todavía–, de la CEAV, en el nivel nacional y estatal, ha sido fuertemente cuestionada en todo sentido –una desilusión y una simulación totales–, en una típica acción política del "gatopardismo" mexicano.

En el mismo mes de 2013 hubo también un II Encuentro Nacional del MPJD en el DF, con presencia de representantes de organizaciones de EU y Canadá, en un nuevo intento por articular formas organizativas y de toma de decisiones y estrategias de lucha, entre diversos grupos y movimientos del país, pero nuevamente falló este intento por muy diversas razones: la dinámica de la conflictividad social y la represión en el país; la presión de la violencia padecida por muchas organizaciones en sus localidades con características muy particulares; las políticas económicas del nuevo gobierno y su autoritarismo político; las políticas de cooptación y engaño –nacionales e internacionales– del nuevo gobierno; la identidad social, organizativa, de lucha y de toma de decisiones de los grupos; los diferentes estilos y formas de lucha de las víctimas individuales y colectivas del movimiento; los ritmos del proceso de empoderamiento y liderazgo social de los familiares de víctimas dentro del MPJD y de otros movimientos similares aliados; el estilo de liderazgo de algunos activistas sociales.

En el transcurso del 2013 el MPJD cambió fuertemente su identidad, su capacidad de presión política, social y mediática, su cohesión interna, sea entre activistas o entre familiares de víctimas. Se ahondó una crisis de identidad, incluso en las formas de construir la "memoria colectiva" de esta guerra; de consensuar la estrategia y las tácticas de la lucha social y política, así como en el diagnóstico de la realidad nacional; en las relaciones humanas internas fraternales y solidarias; en las formas de liderazgo de los activistas sociales, en Javier Sicilia y su entorno de confianza, y en los familiares de las víctimas. A partir de una fragmentación de los liderazgos de las víctimas del MPJD y del crecimiento de la lucha de los familiares y de la guerra en todo el país, se dio un aumento muy importante en el número de organizaciones de víctimas en todos los estados del país, y también en su experiencia acumulada en esos primeros años acerca de las mejores formas de presionar al poder político para lograr verdad, justicia, reparación y memoria.

Formas de lucha no violenta: una reflexión final

¿Qué esbozos de reflexión podemos adelantar a partir de esta experiencia tan reciente, y aún viva, de lucha social, que sean útiles a otros y otras que luchan por las causas legítimas que sean?

Respecto a las formas de acción del MPJD, sobre todo en sus primeros dos años, de 2011 al 2013, ciertamente se hicieron muchas movilizaciones de masas (caravanas, marchas…); hubo también un diálogo directo con los poderes –que tuvo más de simulación e impunidad que de logros. La reserva moral movilizada (en cuanto a individualidades, actores sociales organizativos y comunitarios claves, como el zapatismo por ejemplo), el liderazgo moral de Javier Sicilia y los familiares de víctimas con sus testimonios valientes y directos contra el contubernio gobierno-delito, el tener la "verdad" y el gran apoyo mediático nacional e internacional fueron importantes "armas no violentas" que, en cierto sentido, compensaron la falta de una mayor intensidad y radicalidad –en el enfoque de la "firmeza permanente"– en las acciones no violentas instrumentadas en relación al nivel de violencia e impunidad que se enfrentaba. Pero, a la larga esto no fue suficiente, pues no se logró pasar a la etapa que la historia de la resistencia civil no violenta enseña: la no-cooperación y la desobediencia civil. Cuando hay un nivel tan grande de violencia, impunidad y complicidad del Estado, si no se activan otras escalas de mayor radicalidad moral y material en las acciones, la presión de las movilizaciones de masas y el diálogo ante las autoridades no son suficientes, porque se permite que el Estado tenga márgenes de simulación, de "gatopardismo", y para crear "instituciones virtuales" –como Províctima y la Ley de Víctimas– que en la práctica no operan para lo que fueron realmente creadas. Como diría el doctor Marín, "se impuso el empirismo lógico del poder, al hacernos creer que el discurso es la realidad".

El poder político logró llevar la lucha social y la gran confrontación a su legitimidad y legalidad que el MPJD le creó en su primera etapa hacia el terreno –espacio social– que domina: lo institucional, lo jurídico, la negociación política, la cooptación, la "penetración", la amenaza y el miedo. Lo hizo bajo muchas, muy variadas y a veces sutiles tácticas, pero logró "desprocesar" el nivel de confrontación directa no violenta y moral que el MPJD y otros movimientos similares le plantearon inicialmente.

Así, en la resistencia civil no violenta mexicana, la escala de denuncia-diálogo-foro-negociación-movilización de masas se ha demostrado insuficiente para presionar al Estado y lograr avances en la aparición de los desaparecidos, justicia para los muertos y cambio del modelo de seguridad militarizada, guerra y despojo económico. No es suficiente sólo el carácter masivo de una acción para otorgarle la intensidad de presión que hay que ejercer ante la autoridad. Aunque sí ha habido algunas acciones de mayor radicalidad, no fueron continuadas estratégicamente por más personas ni acompañadas por el movimiento en su conjunto: dos huelgas de hambre de familiares de víctimas frente a la Secretaría de Gobernación; la organización de búsqueda de desaparecidos directamente por familiares (Baja California, Guerrero, Morelos, Coahuila, Chihuahua), algo que afortunadamente ya es una decisión tomada por muchas organizaciones de víctimas, que mucho se debatió sin éxito dentro del MPJD y que marca el camino de la imprescindible autonomía frente al poder y, en consecuencia, el empoderamiento de las víctimas como actores directos de su búsqueda de la verdad y la justicia.

Uno de los mayores "obstáculos epistémicos" en la lucha no violenta es hasta dónde apostar por el "cambio del adversario", y en esta relación de confrontación con el "otro" cuáles son los "valores no violentos" y de "humanización del adversario" que se buscan; es un tema muy reiterado y complejo en el que no ahondaré ahora. Pero sí mencionaré que en el MPJD fue determinante en las diferentes concepciones y enfoques de la no violencia que se enfrentaron, en gran parte desde el liderazgo de Javier Sicilia que apostó siempre al cambio positivo de las autoridades, a través de una relación y unos gestos lo más cordiales posibles aunque sí con una denuncia clara. Creo que no es correcto plantear la identidad social de alguien como un "todo individual" sino como un gran "entramado social" –como diría Norbert Elías–, por lo que sus decisiones no dependen sólo de él, más bien en mayor medida dependen de las relaciones sociales que lo "pusieron en ese lugar".

Este aspecto tiene que ver también en la construcción del conflicto social con el adversario, donde varios miembros del MPJD –incluso líderes– no tenían mucha experiencia previa de lucha social directa contra el poder. En particular la mayoría de los familiares de víctimas eran parte de una clase social media o pobre que, por el contrario, "creía en sus autoridades" y las "obedecía ciegamente", por lo que su proceso de "ruptura epistémica" y posteriormente moral se prolongó bastante, ya que implicaba negar muchos valores determinantes en su construcción humana pasada. Ese proceso de fuerte lucha social de las víctimas de la guerra y el MPJD originó un cambio de identidad social en muchas personas mexicanas que pasaron de la apatía o indiferencia a la solidaridad, y de la solidaridad a la lucha. Estos cambios son muy complejos, tardados y dolorosos, nada "mecánicos" ni fáciles de lograr.

Por otro lado, en lo estratégico, también es cierto que el MPJD no se logró articular con los pueblos indios y el Ejército Zapatista de Liberación Nacional (EZLN). Los pueblos indios y el EZLN fueron muy generosos en su ofrecimiento de articulación con las víctimas, en sus movilizaciones solidarias, pero hubo complicaciones de entendimiento y prejuicios. Hay que asumir que existieron, por lo menos, dificultades culturales y de experiencia política y de lucha, de estilos de liderazgo, para entender la dinámica de los pueblos indios, y se perdió la gran oportunidad de crear realmente un movimiento nacional de masas organizadas de víctimas y sociedad civil solidaria, con toma de conciencia como sujetos sociales, junto a los pueblos indios, que son los que por mucho tienen en el país las formas de luchas más claras y avanzadas de resistencia civil y seguridad. Ellos son los que mejor conocen y actúan el modelo hacia donde caminar en defensa de los territorios y la seguridad, de una economía solidaria, autosuficiente, integrada regionalmente, autónoma, de educación y salud en manos del pueblo.

Un aspecto ético-moral muy importante para el MPJD son los asesinatos y desapariciones directas de activistas sociales que se tuvieron. Todos y todas, ellos y ellas, fueron seres humanos absolutamente ejemplares para la historia de México; siempre dieron todo lo que tenían e impulsaban a todos y todas a caminar hacia adelante en la lucha por la justicia. En ninguno de estos casos hay verdad, justicia, reparación ni memoria al día de hoy. Por todo ello, en México antes que hablar de paz y memoria hay que hablar de verdad y justicia. ❦

Bibliografía

Ameglio, Pietro (2013), "Caminar y luchar: acción y espiritualidad no violentas", en *Iglesias por la paz. Espiritualidad en las caravanas del MPJD*, Centro de Estudios Ecuménicos, México, pp. 22-32.

———— (2011), "La reserva moral mexicana sale a la calle", en *Proceso*, México, 17 abril.

———— (2014), "A tres años del MPJD: es necesario hablar más de justicia y menos de paz", en *Cristus*, México, noviembre.

———— (2012), "El Movimiento por la paz y su lucha noviolenta", en *Brújula Ciudadana*, México, junio.

Barbé, Domingos, et al. (1977), *A Firmeza-Permanente. A Força da Nao-Violencia*, Coedición Loyola-Vega, São Paulo.

Colectivo "Ángela Esperanza", (2013), *El estado de la guerra en México hoy*, México, julio.

———— (2013), *El 'exterminio selectivo' en México hoy*, México.

Díaz De Los Reyes, K. (2014), "Yo soy #132, una forma de resistencia por la paz", en Ameglio, P., y T. Ramírez (coords.), *Antología. ¿Cómo construir la paz en el México actual? Textos, autores y preguntas sobre cultura y educación para la paz*, Universidad de El Claustro de Sor Juana / Plaza y Valdés / UAEM / Serpaj, México, en prensa.

Equipo Bourbaki (2011), *El costo humano de la guerra por la construcción del monopolio del narcotráfico en México (2008-2009)*, en http://webiigg.sociales.uba.ar//revista cuadernosdemarte/revista.htm

Gil-Olmos, José (2013), "Sólo el pueblo puede defender al pueblo", en *Proceso*, México, 24 noviembre, p. 7.

Grupo Interdisciplinario de Expertos Independientes (GIEI) de la CIDH (2015), *Primer Informe de Avances*, México, septiembre.

Marín, Juan C. (1995), *Conversaciones sobre el poder. (Una experiencia colectiva)*, Universidad de Buenos Aires, Instituto "Gino Germani", Buenos Aires.

———— (2007), *Los hechos armados. Argentina 1973-1976. La acumulación primitiva del genocidio*, La Rosa Blindada, P.I.CA.SO., tercera edición, Buenos Aires.

———— (2014), "Conocimiento y desobediencia debida a toda orden inhumana", prólogo de Myriam Fracchia, en *Cuadernos de Noviolencia*, Universidad Autónoma de Morelos, Cuernavaca.

Olivares A., Emir. (2015), "Persiste una grave crisis de derechos humanos y el gobierno lo niega: ONG", en *La Jornada*, México, 6 de octubre, p. 3.

Piaget, J. (1985), *El criterio moral en el niño*, Roca, México

Román, José A. (2015), "Dejaron su lugar de origen por violencia 6% de los mexicanos", en *La Jornada*, México, 21 de diciembre, p. 8.

———— (2016), "Padece México epidemia de desapariciones, asegura AI", en *La Jornada*, México, 15 enero, p. 3.

Tejera, A (2011), "Desapariciones forzadas en México, al nivel de las dictaduras de América Latina: Amnistía Internacional", en *La Jornada*, México, 2 agosto, p. 5.

Wallerstein, Immanuel (2010), "Marcos, Mandela y Gandhi", en *La Jornada*, México, 9 octubre.

La voz de la tribu

JAVIER SICILIA

El mundo ya no es digno de la palabra
Nos la ahogaron adentro
Como te asfixiaron
Como te (desgarraron) a tí los pulmones
Y el dolor no se me aparta
Sólo queda un mundo
Por el silencio de los justos
Sólo por tu silencio
Y por mi silencio
Juanelo.

MARÍA RIVERA
Los muertos

Allá vienen
los descabezados,
los mancos,
los descuartizados,
a las que les partieron el coxis,
a los que les aplastaron la cabeza,
los pequeñitos llorando
entre paredes oscuras
de minerales y arena.
Allá vienen
los que duermen en edificios
de tumbas clandestinas:
vienen con los ojos vendados,
atadas las manos,
baleados entre las sienes.
Allí vienen los que se perdieron por Tamaulipas,
cuñados, yernos, vecinos,
la mujer que violaron entre todos antes de matarla,
el hombre que intentó evitarlo y recibió un balazo,
la que también violaron, escapó y lo contó viene
caminando por Broadway,
se consuela con el llanto de las ambulancias,
las puertas de los hospitales,
la luz brillando en el agua del Hudson.
Allá vienen
los muertos que salieron de Usulután,
de La Paz,
de La Unión,

de La Libertad,
de Sonsonate,
de San Salvador,
de San Juan Mixtepec,
de Cuscatlán,
de El Progreso,
de El Guante,
llorando,
a los que despidieron en una fiesta con karaoke,
y los encontraron baleados en Tecate.
Allí viene al que obligaron a cavar la fosa para su hermano,
al que asesinaron luego de cobrar cuatro mil dólares,
los que estuvieron secuestrados
con una mujer que violaron frente a su hijo de ocho años
tres veces.

¿De dónde vienen,
de qué gangrena,
oh linfa,
los sanguinarios,
los desalmados,
los carniceros
asesinos?

Allá vienen
los muertos tan solitos, tan mudos, tan nuestros,
engarzados bajo el cielo enorme del Anáhuac.
Caminan,
se arrastran,
con su cuenco de horror entre las manos,
su espeluznante ternura.
Se llaman
los muertos que encontraron en una fosa en Taxco,
los muertos que encontraron en parajes alejados de Chihuahua,
los muertos que encontraron esparcidos en parcelas de cultivo,
los muertos que encontraron tirados en La Marquesa,
los muertos que encontraron colgando de los puentes,

los muertos que encontraron sin cabeza en terrenos ejidales,
los muertos que encontraron a la orilla de la carretera,
los muertos que encontraron en coches abandonados,
los muertos que encontraron en San Fernando,
los sinnúmero que destazaron y aún no encuentran,
las piernas, los brazos, las cabezas, los fémures de muertos
disueltos en tambos.
Se llaman
restos, cadáveres, occisos.
Se llaman
los muertos a los que madres no se cansan de esperar
los muertos a los que hijos no se cansan de esperar,
los muertos a los que esposas no se cansan de esperar,
imaginan entre subways y gringos.
Se llaman
chambrita tejida en el cajón del alma,
camisetita de tres meses,
la foto de la sonrisa chimuela.
Se llaman mamita,
papito,
se llaman
pataditas
en el vientre
y el primer llanto,
se llaman cuatro hijos,
Petronia (2), Zacarías (3), Sabas (5), Glenda (6)
y una viuda (muchacha) que se enamoró cuando estudiaba la primaria,
se llaman ganas de bailar en las fiestas,
se llaman rubor de mejillas encendidas y manos sudorosas,
se llaman muchachos,
se llaman ganas
de construir una casa,
echar tabique,
darle de comer a mis hijos,
se llaman dos dólares por limpiar frijoles,
casas, haciendas, oficinas,
se llaman

llantos de niños en pisos de tierra,
la luz volando sobre los pájaros,
el vuelo de las palomas en la iglesia,
se llaman
besos a la orilla del río,
se llaman
Gelder (17)
Daniel (22)
Filmar (24)
Ismael (15)
Agustín (20)
José (16)
Jacinta (21)
Inés (28)
Francisco (53)
entre matorrales,
amordazados,
en jardines de ranchos
maniatados,
en jardines de casas de seguridad
desvanecidos,
en parajes olvidados,
desintegrándose muda,
calladamente,
se llaman
secretos de sicarios,
secretos de matanzas,
secretos de policías,
se llaman llanto,
se llaman neblina,
se llaman cuerpo,
se llaman piel,
se llaman tibieza,
se llaman beso,
se llaman abrazo,
se llaman risa,
se llaman personas,

se llaman súplicas,
se llamaban yo,
se llamaban tú,
se llamaban nosotros,
se llaman vergüenza,
se llaman llanto.

Allá van
María,
Juana,
Petra,
Carolina,
13,
18,
25,
16,
los pechos mordidos,
las manos atadas,
calcinados sus cuerpos,
sus huesos pulidos por la arena del desierto.
Se llaman
las muertas que nadie sabe nadie vio que mataran,
se llaman
las mujeres que salen de noche solas a los bares,
se llaman
mujeres que trabajan salen de sus casas en la madrugada,
se llaman
hermanas,
hijas,
madres,
tías,
desaparecidas,
violadas,
calcinadas,
aventadas,
se llaman carne,
se llaman carne.

Allá
sin flores,
sin losas,
sin edad,
sin nombre,
sin llanto,
duermen en su cementerio:
se llama Temixco,
se llama Santa Ana,
se llama Mazatepec,
se llama Juárez,
se llama Puente de Ixtla,
se llama San Fernando,
se llama Tlaltizapán,
se llama Samalayuca,
se llama El Capulín,
se llama Reynosa,
se llama Nuevo Laredo,
se llama Guadalupe,
se llama Lomas de Poleo,
se llama México.

JORGE GONZÁLEZ DE LEÓN
Donde el Altiplano se hace Desierto

A Cocó

I

Desde ya, a partir de Zacatecas y hacia Durango,
el desierto se hace voces
en medio del silencio, y un rumor apenas.
Diez veces diez y siete y una se puebla
la ausencia de penas en un vacío que solloza.
¿Pero quién vive aquí; es que aquí hay alguien?
—alguien pregunta. Y entre los huizaches
la zoología vegetal, un hálito de pura extravagancia
vertical y variedad casi infinita, hay un alguien,
unos alguienes que inesperadamente dan voz
a los huizaches hechos mujeres y hombres
del desierto; arena y terregal hecho hombres
y mujeres de la tierra: la patria es la comunión
entre lo público y lo privado; la patria es un huizache
enamorado, un huizache hecho hombre, hecho mujer.

II

Por no saber ver la luz y leer mejor la sombra
                              (pidamos perdón)
porque la sombra nos rige y no el silencio
                              (pidamos perdón)
porque hay una hembra en cada pliegue de la vida
y un macho no embona siempre en el fiel de la balanza
                              (pidamos perdón)
porque una madre nunca merece la muerte de un hijo
                              (pidamos perdón)

porque confundimos el final con el principio
                              (pidamos perdón)
porque con cruel hijada nos lastimamos lastimando
porque no vemos que la mano de aquél o aquélla
es una extremidad de la nuestra y la nuestra
un confín de los otros y el centro de nosotros mismos
aprendamos que el perdón comienza en el alma
y es la puerta que permite poblar el vacío
y llenar la copa de nuestro corazón y ofrecer
la comunión entre los huizaches, los muertos y los hombres.

III

Agua fresca en medio de la tierra de Coahuila,
por las lágrimas derramadas en medio del desierto
al borde de la zona del silencio
donde brújulas y compases enloquecen
y las direcciones giran como estrellas de mar
porque en ese Norte, en ese Durango, Zacatecas,
Coahuila, Chihuahua y Nuevo León
no hay más brújula, más compás o dirección
que la del agua que se hace cristal
en los altiplanos del corazón.

María Ortega
A su lado

Para mi hijo Juan

¡Qué difícil es saber que eras prestado;
Y que el mal tu sonrisa apagaría,
Que tu dulce mirar me arrancaría!
El silencio de pronto se ha instalado.

¡Cuánta rabia y dolor no consolado!
¡Cuántas noches sin ver llegar el día!
Y de pronto, la imagen de María
Se aparece ante mí y tú a su lado.

Desde entonces la paz reina en mi alma,
Juan amado, tan vivo, tan cercano,
Que ya nadie podrá robar mi calma:

Cuando salgo, camino de tu lado;
y en el Arca, vivimos palma a palma.
Sigue, hijo, muy cerca de mi alma.

Eduardo Vázquez Martín

Los nuestros

Para María Herrera

Están aquí
entre nosotros
los desaparecidos de México

A veces parecen invisibles
pero están aquí
no pueden irse
porque no hay dónde para ellos
que no sea estar entre nosotros

Míralos
son tuyos
son nuestros desaparecidos
y cuando entre las sombras buscas su rostro
el corazón quiere arrojarse al árido paisaje y sus espinas
y el costillar le recuerda la cárcel en que habita
y el esternón afila su estructura vertical de puñalada
y dice tente
no te desboques corazón
no dejes que tu boca grite su hiel amortajada
calla
serénate aun cuando te duela tanto

Al corazón que cede
no le queda del llorar mas que el salitre
Al que teme mirar
se le desaparece el alba

Sótanos camastros cinta canela
negras bolsas basura puntapiés gritos de odio
muertas de Juárez cabezas de Michoacán
colgados de Morelos levantados de Acapulco
billetes sobre el torso inerte de los capos
Ése es el lenguaje que quieren imponernos
ése su día a día
el de la costumbre mansa de quedarse muerto
o la insensatez de sentirse a salvo
que hace voraces a los cerdos del chiquero
antes que la matanza los desangre de cabeza

Importa
y no importa
en qué cajuela
dónde les cortaron la garganta
en qué solar le fueron arrancados los pechos de muchacha
con qué artes carniceras se empeñaron en borrar
los trazos viriles de los jóvenes
cómo acabaron de desfigurar el rostro los verdugos
de vaciar de sus cuencas tantos ojos
para quitarse de encima la obstinada perplejidad
del ser frente a la muerte

Importa sí
en qué rincón de mierda padecen maniatados
y no importa
porque en la imagen que su ausencia nos revela
los desaparecidos recobran su íntegra alegría
de haber sido en los brazos carne viva
porque los desaparecidos
miran con la cara de las horas necesarias
las horas del pan del brindis del abrazo
miran sostenidos por las manos de sus madres
por hermanos brazos
por las manos de los otros
mis manos

que han sostenido al hijo de Teresa de Araceli de Carlos de María
manos para levantar la mirada
de quien celebra un día haber nacido
y estar entre nosotros

La tristeza asedia
porque mira que el dolor de amor *que no se cura*
sino con la presencia y la figura
Pero ésta es la casa
el pueblo la comarca
ésta la nación el tiempo y el relámpago
ésta la hora donde le hacen falta
a la merienda y al pan y a los cumpleaños
Porque necesitamos
urgentemente
rescatarlos del infierno que narran policías periódicos ministros
rescatarlos de la condena a no ser a no pertenecer
para traerlos aquí
a nuestro lado
y caminar junto con ellos

No son "ausentes para siempre"
como quisieron fueran
los generales de Argentina
Son el concreto vacío de tenerlos cerca
Son tan sangre tan verdad tan vivos tan presentes
que el costillar y el esternón se rinden
y el corazón se nos escapa al monte
vuelve a la sierra
al mar se entrega
canta a su amor desaparecido
Atacama adentro
canta a todos los huesos desasidos
que retoñan como aquel árbol talado
del poeta con sangre de cebolla

Canta el corazón
por los restos que ama el poeta Javier
que permanece en los puertos
al vacío de Dios uncido
como África al pecho de una madre muerta

Están aquí los desaparecidos de México
pero también los hijos de un país que quiso llamarse El Salvador
y no hubo quien salvara su cuerpo diminuto
Ni la voz de Dalton pudo
asesinado por sus propios camaradas
ni las plegarias de Óscar Arnulfo
ni la sangre del jesuita Ellacuría

Aquí los desaparecidos mayas de abajo del Suchiate
miran con nosotros la desgracia compartida
de ser parientes de sicarios y caibiles
generales sin honor
inversionistas en el redituable negocio del despojo
políticos sin madre

Aquí también desaparecen los hijos de Nicaragua
que creyeron en redentores rojinegros
y se quedaron sin Solentiname y sin Sandino
Aquí vagan anónimos los hijos de la China
como hormigas rojas
mil veces pisoteados por emperadores
timoneles ebrios de eternidad y mando

Están aquí
juntos y apiñados
en la fosa común de los apátridas
porque no hay nación ni tierra ni cielo
que contenga tanto hueso triste
Ellos están aquí también
y son igualmente nuestros
y cada quien canta por los que conoció un día

aunque incomode el canto
el sueño del orden y la plaza pulcra
y se convierta la tristeza en piedra
para quien patrocina el maquillaje del progreso
la peste del olvido

No podemos volverles la cara
ni negarles el saludo
Pecado es no besar sus mejillas de humo
y faltar a sus labios y a las frutas y a la cita

Digo con Gelman
¿rostro es el tuyo?/ ¿qué no vemos?/ ¿cerca?
¿muriendo?/ ¿desmuriendo?/ ¿para siempre?
¿tan para nunca?/

Alcanza para poco
lo que de tanto dolor nos queda ahora
Apenas para decirles
y no más
como se dice aquí
mi casa es la casa de usted
y abrirles en el cuerpo una morada

Los ojos de aquellos que los buscan
son ahora sus ojos
son los ojos de los nuestros que nos buscan.

Josué Ramírez

Estábamos cansados, todos nos veíamos cansados;
la calle estaba mojada, el ánimo adelante pero los vehículos atascados
en el lodo de las luchas, divididos desde el tronco más antiguo

y como era más fácil aparentar que estábamos bien, que al fin el mundo
nunca ha dejado de engendrar dolor, muchos se fueron a la fiesta
o a sus casas, a mirarse en el espejo de sus aguas inconscientes

y era el rumor del viento lo que hacía que la aparente calma
cambiara el ritmo de las olas, como en un río subterráneo que no vemos
va tomando forma la invisible presencia de la memoria que se olvida,

y escuché en la radio al idiota que insulta por teléfono, y vi en el televisor
al que inventa las noticias y siembra culpas, oculta a los culpables
y se arroga entender el sentido último de las palabras, porque creyó

que estábamos cansados, y lo estábamos, pues el camino es largo
y los monstruos y las pérdidas hacen pesada la carga, y sin embargo
no supo que nosotros lo pusimos todo a la intemperie, donde se ve
el rostro que se esconde detrás de los maquillajes para negar el tiempo.

Hermann Bellinghausen
Los instantes

para la Caravana Internacional por la Paz para Todos, 2012

1.
La eternidad del instante
¿Qué otra cosa ha sido si no?
La captura precisa
de todo a la vez
de un solo trago estropajoso

Monumental musgo son los bosques
viendo las laderas y las crestas de la sierra
y diminuto el chapulín rojo y negro
que salta y mastica de día
y de noche trista una canción monocorde
en los gonces del portal que se abre
a una simultaneidad inexpresable

Hay noches que un estruendo de cigarras
nos hace subir la voz
Ésas a media loma
o en un punto muerto de la carretera
Esas que vuelan en talco
que desoyen a los sargentos
que no piden un permiso ni dos

Noches de luna vestida de seda
dirigiendo un baile de nubes al por mayor
Asomada a los pozos
su blanca pupila de ciega
irradia de fuego

la negrura candente que da tamaño
a su color

2.
Hay noches que ni así
que una negra pestilencia
de dolor acumulado acecha
tras la coraza rota de tanto corazón

Que lo que se oye en la maleza
es el feo ruido del miedo
la mano tendida de la desesperación

Instantes que eternizan el silencio
y el odio y la usura de la crueldad
Ésos son los instantes que debemos terminar
Impedir Suspender Prohibir
El dolor ahogado tiene todos los derechos
entre ellos servir en la curación
de lo que en un instante horrendo
fulminó en los nervios más delicados
de muchos que perdiendo a alguien
lo perdieron todo y quedaron
atrapados en ese instante

Allí hace falta un coro de cigarras
Una comadreja ondulando hacia la madriguera
con salto de ángel
Una ofrenda en volandas
acariciada por el futuro de atrás
Un millón de falenas doradas art decó
Un lugar donde el pasto crece
A paso veloz

3.
Y llegar a la ocasión de cuando
las vaharadas de la mañana

entran por las puertas y las ventanas
y les cubren a los moradores el rostro
con sus suaves manos cálidas
de un tamaño infinitamente superior

No doblarse en un morir
Baldosas para deslizar el canto
Balcones para mayor distancia de la visión
Un patín del diablo para pisar con gracia
Una bolsa de canicas bulliciosas
de inusitado primor
Inocentes teclas de piano
Remington portátil
y acordeón

Con todo lo que ustedes saben y han dicho
el peor instante, hermanos, se rompió
El instante es ora una fila de mujeres
acariciando sus preciosos cultivos de col y de flor

Es ora el punto poderoso
de la radiante sanación
Bienvenidos a la noche de las cigarras
A la luna portavoz
A la mañana florecida que asoma
Por donde no la ven

Y ya ven

ALBERTO BLANCO
Mi tribu

De lago en lago,
de bosque en bosque:
¿cuál es mi tribu?
—me pregunto—
¿cuál es mi lugar?

Tal vez pertenezco a la tribu
de los que no tienen tribu;
o a la tribu de las ovejas negras;
o a una tribu cuyos ancestros vienen del futuro:
una tribu que está por llegar.

Pero si he de pertenecer a alguna tribu
—me digo—
que sea a una tribu grande,
que sea una tribu fuerte,
una tribu donde nadie
quede fuera de la tribu,
donde todos,
todo y siempre
tengan su santo lugar.

No hablo de una tribu humana.
No hablo de una tribu planetaria.
No hablo siquiera de una tribu universal.

Hablo de una tribu de la que no se puede hablar.

Una tribu que ha existido siempre
pero cuya existencia está todavía por ser comprobada.

Una tribu que no ha existido nunca
pero cuya existencia
podemos ahora mismo comprobar.

Epílogo

Juan Villoro
La vida por delante

Mi juventud no me sostiene, ni sé yo
lo que digo y lo que callo.
Estoy en mi ternura
lo mismo que en el sueño están los párpados,
y si camino voy como los ciegos
aprendiéndolo todo por sus pasos.

Jaime Sabines

La primera escritura del mundo fueron las huellas de los animales. Así lo entiende Elias Canetti en su inmenso estudio sobre el comportamiento colectivo, *Masa y poder*. Ante los copiosos rastros de una manada, los cazadores descubrieron ser menos numerosos que sus rivales. Si deseaban sobrevivir, debían actuar en grupo y simular que eran más. ¿Cómo lograrlo? A través de las pisadas; el ritmo de la marcha revela autoridad y anuncia una causa. Consciente de esto, la horda del comienzo avanzó para realzar su fuerza y se apoyó en sí misma para contagiar su movimiento: "Donde andan muchos, andan otros con uno", escribe Canetti, y continúa, "Los pasos que se suman de prisa a los pasos simulan un mayor número de hombres". Cuando llegan al límite de lo que pueden reunir, se acrecientan simbólicamente: "Se mueven como si se hicieran cada vez más".

Milenios después, en México, un poeta herido en lo más hondo por el asesinato de su hijo repitió estas lecciones. No lo hizo por un afán personal de justicia ante una muerte *contra natura*, sino para estar con los otros que también sufren. No hay comunión en soledad; compartir el dolor es el primer paso para superarlo. Javier Sicilia vio las huellas de la sangre y echó a andar.

Este libro es el saldo de quienes caminan más allá de las sombras. Testimonio de lo que se pierde y se preserva, representa un singular acto ético: la conciencia avanza en estas páginas.

Los nómadas, los peregrinos, los desplazados y los manifestantes caminan por un motivo. Su andar proclama los desafíos y la importancia de la meta. En el trayecto, los pasos anticipan las palabras.

En *Los trazos de la canción*, Bruce Chatwin se ocupa de los aborígenes de Australia que se orientan en el espacio gracias a las canciones. La música es para ellos un mapa. Si conocen la tonada, remontan el paisaje. Ahí se relata este pasaje: "Un explorador blanco en África, ansioso de apurar su viaje, pagó a sus cargadores para que avanzaran a marchas forzadas. Pero cuando ya estaban muy cerca de su destino, dejaron las cargas en el piso y se rehusaron a seguir adelante. Ningún pago extra pudo convencerlos de que hicieran lo contrario. Dijeron que debían esperar a que sus almas los alcanzaran". En ocasiones, primero llega el cuerpo, luego el espíritu. En las caravanas por la paz, los cuerpos fueron alcanzados por las almas.

De 2006 a 2012 la guerra contra el narcotráfico dejó un saldo de al menos 80 mil muertes violentas y 30 mil desapariciones, que se incrementa a medida que se descubren fosas comunes. Aun antes de llegar a cifras de genocidio, las estadísticas del espanto indignaron a muchos, sin que supieran cómo actuar. En ese lapso, según Reporteros sin Fronteras, México se convirtió en el país más peligroso para ejercer el periodismo.

Este libro narra la alborada de un cambio, el momento en que el miedo se atrevió a verse a sí mismo, a sacar fuerza de su propia debilidad para negar el mal y construir un camino promisorio.

En abril de 2011, poco después del asesinato de su hijo Juan Francisco, Javier Sicilia llamó a la movilización. El 8 de mayo el Zócalo se llenó de personas dispuestas a hacer eco a la frase que el poeta tomó como un trozo de lumbre en la fogata del habla popular: "¡Estamos hasta la madre!"

Una de las grandes aportaciones de este libro tiene que ver con el papel desempeñado por las mujeres en la lucha contra la impunidad. Como explica Laura Carlsen, en los "homicidios por presunta rivalidad delincuencial" sólo el 8 % de los casos se atribuye a mujeres. Mucho más ajenas a la violencia, han cobrado mayor conciencia de ella: el 66 % de las denuncias ha sido hecho por mujeres dispuestas a correr riesgos para que se sepa la verdad.

Después de la concentración en el Zócalo, las caravanas del Movimiento por la Paz con Justicia y Dignidad dieron cauce a un descontento que no tenía un sello de partido. Decenas de miles de mexicanos habían perdido la vida sin que el crimen organizado diera señas de modificar su ultraje ni el gobierno cambiara su infructuosa estrategia militar.

El Movimiento otorgó visibilidad a la tragedia. Entonces había una comprensible negación del horror. Es más fácil sobrellevar la violencia si pensamos que las personas que caen tienen que ver con ella. Sin el respaldo de las pruebas, el gobierno insistió en responsabilizar a los muertos de su suerte.

En diciembre de 2006, a unos cuantos días de haber tomado el poder, el presidente Felipe Calderón lanzó una guerra irresponsable, para la que no estaba preparado y que no contó con el consenso de la población (durante su campaña a la presidencia, nunca habló de sacar el ejército a las calles). Una vez desatada la contienda, no tuvo el respaldo del Congreso y ni siquiera lo tuvo de su propio partido. El discurso oficial ante las víctimas de la violencia tuvo un eje inamovible: a causa de los patrullajes militares, las bandas criminales combatían entre sí, buscando nuevas plazas y nuevas rutas para el tráfico de drogas. De acuerdo con esta versión, si alguien moría era porque estaba involucrado en actos delictivos. Dolores González Saravia explica con elocuencia: "Así lograron invisibilizar y criminalizar a las víctimas, normalizando una realidad que hubiera sido intolerable desde la percepción de cualquier otra circunstancia".

No hay nada más eficaz contra el miedo que replegarlo a una zona en la que no puede afectarnos. Tranquiliza suponer que los muertos siempre son los otros. Sin embargo, poco a poco la violencia estrechó su cerco y afectó a personas que nada tenían que ver con los ilícitos. Llegó un día en que todos los mexicanos nos convertimos en posibles "daños colaterales", el eufemismo con que se nombra a las víctimas azarosas de la guerra. Eso éramos: víctimas aplazadas.

Este libro muestra el proceso de construcción de una alternativa ciudadana en el momento en que todos los bandos perdían la guerra.

Ante el progresivo imperio del horror, el Movimiento no opuso una idea de venganza. Honrar a las víctimas significaba saber quiénes fueron, dónde quedaron sus cuerpos. Había que decir sus nombres, recordarlos para siempre. Mientras los periódicos se llenaban de rojas estadísticas, como si la sangre fuera un deporte, el Movimiento hizo saber que la atención no debía concentrarse en los Señores de la Muerte, sino en las vidas que segaban.

Desplazar la atención de los verdugos a las víctimas es un gesto ético decisivo. Una vez consumado el delito, no puede haber restitución de lo que se aniquila. Pero el agravio no debe cubrirse con el manto protector del silencio. Lo que no se salvó en el mundo de los hechos, se puede preservar en el tribunal de la memoria.

El Movimiento por la Paz con Justicia y Dignidad emprendió una insólita tarea de sanación social. Denunció ultrajes, propuso soluciones prácticas (de la creación de una Ley General de Víctimas a la modificación de la fallida estrategia de seguridad nacional), despertó las conciencias y demostró que la única batalla que debe ser ganada acaba con la guerra. Su reclamo no podía ser más intrépido. "Éste es el México en el que la paz es subversiva", escribe con brillantez Eliana García.

Integrado por personas de diversas convicciones políticas y religiosas, el Movimiento se rigió por un principio moral: el derecho ciudadano a preservar la vida. El sacerdote dominico Miguel Concha Malo habla con pertinencia de "transitar de una visión de seguridad nacional, de seguridad interior, e incluso de seguridad pública, a una de seguridad ciudadana para reconocer las obligaciones del Estado con relación a los derechos a la vida, la integridad física, la libertad y la seguridad personales". La mayor lección que se les puede dar a los verdugos es la de no ser como ellos. Quienes recorrieron el país en nombre de la paz enarbolaban una protesta que implicaba la reconciliación nacional.

En enero de 2013, durante la presentación del libro *Entre las cenizas*, en el auditorio Digna Ochoa de la Comisión de Derechos Humanos del Distrito Federal, escuché a Diana Iris García hablar de su hijo asesinado en Saltillo en 2007: "De ser madre de tres, pasé a ser madre de miles", explicó. En la misma sintonía, José Gil Olmos recoge el testimonio de María Herrera, michoacana de 62 años, con cuatro hijos desaparecidos: "Estaba como muerta en vida, no quería levantarme de la cama, me sentía enferma. Cuando empezó la primera caravana al norte del país escuché que pasarían por Morelia. Fui al mitin y participé, subí al templete y, por primera vez, hablé de mis hijos. Hoy ya no pienso dejar al Movimiento, son como mi familia". Diana Iris García y María Herrera definieron el sentido de una lucha donde las ausencias se transformaron en solidaridad. Esto permitió, como expresa con hondura Jorge González de León, que quienes habían perdido a seres queridos brindaran inspiración a los testigos que sufrían sin haber padecido en carne propia. Ponerse "en los zapatos del otro" es la decisiva empatía del caminante. Como comenta González de León, situarse mental y afectivamente en una circunstancia ajena contribuye a "salvaguardar la integridad de un desconocido […], identificarse con algo distinto de uno mismo, de trascenderse a uno mismo".

Teniendo razones para convertir su dolor en odio, los deudos de las víctimas optaron por la más atrevida aventura de la conciencia humana: el perdón. México no había atestiguado un acontecimiento moral de esa magnitud.

Este libro habla de las convicciones que respaldan una causa, pero también de la original forma de expresarlas. Miguel Álvarez Gándara encuentra una perfecta formulación para el desafío: se trataba de pasar "de un movimiento de inspiración a un movimiento de estrategias".

No es fácil incorporar convicciones en la conciencia colectiva. La sociedad del espectáculo parece regirse por lo que sucede en la televisión y su repercusión viral en las redes sociales. En ese horizonte mediatizado, el Movimiento recuperó la manera más antigua de dirigirse al futuro: la caminata.

La resistencia civil ha dependido del pueblo en movimiento. Durante veinticuatro días, Gandhi recorrió la India para protestar por el impuesto a la sal. Inglaterra despreció una insurrección pacífica que se centraba en algo tan precario. Pero el abogado a quien Rabindranath Tagore llamó "Mahatma" (alma grande) sabía que los litigios decisivos dependen de necesidades básicas. Al llegar a la ciudad de Dandi, el líder pacifista tomó un puñado de sal y dijo: "Esto sacude los cimientos del imperio británico".

La multitud se unió a la movilización de Gandhi como luego se uniría a la de Martin Luther King, en su lucha por los derechos civiles de la comunidad afroamericana en Estados Unidos, y a las caravanas pacifistas en contra de la guerra de Vietnam, que Norman Mailer retrataría en *Los ejércitos de la noche*. En sintonía con estos históricos precedentes, el Movimiento por la Paz con Justicia y Dignidad escribió su propia narrativa.

Los líderes políticos dependen del carisma y el proselitismo. Los líderes morales predican con el ejemplo. Gustavo Esteva recuerda en este libro la definición de Iván Illich del "acto revolucionario": se trata de "una transgresión de fronteras culturales que abre un nuevo camino". Al respecto, comenta Esteva: "Esta exigencia, en las condiciones actuales, sólo podía planteársele a un poeta. No era para ideólogos y menos aún para líderes de masas".

Alguien que no acata una ideología estricta es necesariamente heterodoxo. Javier Sicilia desconcertó a la izquierda laica al besar a interlocutores con los que tenía obvias diferencias, mostrando con ese gesto que el acuerdo entre personas diferentes, y aun adversas, resulta posible, y desconcertó a la derecha al asociar la violencia con la discriminación y la desigualdad social. Los actos y las consignas rompían esquemas. Algunos eran tan antiguos como el mensaje rebelde de la Biblia, tantas veces adulterado por la Iglesia, otros surgían de uno de los recursos más eficaces para sobrellevar los avatares de la vida mexicana: la improvisación. Ajenos a dogmas y ortodoxias, los caminantes renovaron la vieja costumbre de estar juntos. Quienes desearan la paz y la concordia cabían en sus filas. Sólo al alcanzar esa meta, se puede pasar a la creativa discrepancia de decidir qué clase de tranquilidad nos gusta más. En palabras de Clara Jusidman: "El Movimiento logró evitar ser capturado por posiciones radicales de izquierda y finalmente tampoco fue acompañado, a pesar del esfuerzo de Sicilia, por víctimas que habían logrado destacar en el escenario público y que acostumbraban hacer presencia en las periódicas reuniones sobre seguridad pública convocadas por el presidente Calderón". Había que avanzar entre extremos para descubrir que la verdadera radicalidad (en el sentido etimológico de la palabra, que tiene que ver con llegar a la raíz del asunto) estaba en un incómodo lugar intermedio: el hueco entre dos sillas.

Este volumen es el saldo de una enseñanza y de un aprendizaje. El Movimiento ofreció una respuesta ciudadana no codificada por los partidos y al mismo tiempo aprendió de la gente.

En otoño de 2012, sostuve un diálogo con Javier Sicilia en la Universidad de Princeton. Ahí, el poeta y activista habló de las lecciones recibidas en sus caravanas. Una de sus preocupaciones centrales era la seguridad de la gente que se les unía. En la caminata al norte, que desembocó en Ciudad Juárez, entonces conocida como "la ciudad más peligrosa del mundo", los cuerpos de seguridad asignados por el gobierno lucían tensos, dispuestos a intervenir en cualquier momento. Por el contrario, en la marcha al sur la seguridad se relajó. Sicilia habló al respecto con los responsables de la custodia. "¿Por qué están tan tranquilos?", preguntó, y recibió esta reveladora respuesta: "Es que aquí los cuida la gente". Mientras más estrechos son los lazos de una comunidad, menos oportunidades tiene la violencia. El sur de México es más pobre que el norte, pero su tejido social es más fuerte. En gran medida, esto se debe al sentido comunitario de los pueblos indios. La caminata al sur mostró lo que años antes había experimentado Colombia: la solución duradera contra el crimen no está en las armas, sino en la gente y en los vínculos que establece.

Una tercera caravana partió de San Diego a Washington. Estados Unidos es el principal consumidor de drogas y el principal vendedor de armas del mundo. Solucionar la violencia pasa por acuerdos bilaterales; sin embargo, lo que en México es percibido como un horror cotidiano en Estados Unidos semeja un guion de Hollywood. Tanto el cine como la política exterior de Estados Unidos procuran realizar sus virtudes nacionales en la medida en que construyen un adversario externo. En forma sucesiva, el Villano Favorito ha sido el nazi, el comunista, el terrorista islámico o el narco.

La marcha por Estados Unidos acercó a la gente a un problema que parecía lejano. Una hábil estrategia de política interna —en la que la DEA participa activamente— ha permitido que los capos mexicanos o colombianos sean conocidos por nombre, apodo y hábitos íntimos, y que en cambio se ignore todo de sus contrapartes en Estados Unidos. El Movimiento logró que un quebranto que se suele asociar con los riesgos de la globalización fuera visto como un desafío local. De acuerdo con Sicilia, esto llevó a un curioso trato por parte de los medios de comunicación. Los programas y los periódicos encargados de cubrir *local news*, informaron ampliamente de la caravana. Pero los grandes medios nacionales la ignoraron. Se logró plantear el tema como algo de interés próximo sin que esto llegara a la agenda nacional. Estamos ante una compleja enseñanza acerca de cómo se genera la opinión pública en un país donde el consenso no depende de la suma de opiniones regionales.

Al final de los desfiles del 16 de septiembre, suele aparecer un perro callejero. En forma espontánea, se incluye en el cortejo sin uniforme ni autorización. Lo más importante ya pasó, pero él muestra que aún hay espacio para un colado.

El Epílogo que sigue a la caravana de textos tiene un sentido semejante. Lo importante ya fue dicho, pero alguien debe constatarlo. ¿Qué se contempla desde aquí? ¿Qué ve el último de la fila?

Los que pasaron primero, antes de esta frase, representan el futuro. Más allá de las tinieblas, encontraron la esperanza. Tocados por la muerte, caminaron y caminan para negar la muerte.

Los héroes cívicos del Movimiento por la Paz con Justicia y Dignidad llevan la vida por delante. ❦

**El Movimiento
por la Paz
con Justicia
y Dignidad**

se terminó de imprimir
el 16 de mayo de 2016 en
Litográfica Ingramex, S.A. de C.V.
Centeno 162-1, 09810 México, D.F.